KLAUS HOPT

Die Dritte Gewalt als politischer Faktor

AF821368

Schriften zum Öffentlichen Recht

Band 108

Die Dritte Gewalt als politischer Faktor

Eine Fallstudie zur Reform der Wahlkreiseinteilung in den USA

Von

Dr. iur. Klaus Hopt

M.C.J. (New York University)

DUNCKER & HUMBLOT / BERLIN

Gedruckt mit Unterstützung des
Kultusministeriums Baden-Württemberg

Alle Rechte vorbehalten
© 1969 Duncker & Humblot, Berlin 41
Gedruckt 1969 bei Alb. Sayffaerth, Berlin 61
Printed in Germany

Meiner Frau Nhu Dung

Vorwort

Vorliegende Untersuchung ist die Frucht eines einjährigen Postgraduate-Studiums am Institute of Comparative Law der New York University, an der ich 1964/65 mit Hilfe eines Forschungsstipendiums der Stiftung Volkswagenwerk studieren konnte. Die besondere Art der anglo-amerikanischen Rechtsfindung und der weitreichende Einfluß, den insbesondere der Supreme Court auf das amerikanische Verfassungssystem nimmt, haben mich veranlaßt, ein damals in den Vereinigten Staaten geradezu brennendes Thema, die Wahlkreiseinteilung, aufzugreifen und an Hand der Rechtsprechung des Supreme Court einmal zu untersuchen, welch vielschichtige Problematik die Lösung einer scheinbar rein juristischen Frage beinhaltet. Mein Anliegen war es darüber hinaus, aus der Perspektive der Wahlkreisentscheidungen des Supreme Court von 1962 und 1964 die Stellung dieses höchsten Gerichts mit Normenkontrollbefugnis im politischen System der Vereinigten Staaten zu betrachten. Diese Themenstellung und das Bemühen, die Rolle des Supreme Court möglichst rein aus dem amerikanischen Selbstverständnis her zu begreifen, erklären die Beschränkung auf nahezu ausschließlich amerikanische Literatur. Diese konnte vollständig nur bis 1965 berücksichtigt werden, da sie in Europa zum allergrößten Teil nicht greifbar ist. Doch konnte teilweise Literatur bis 1969 in den Fußnoten erwähnt werden.

Die Veröffentlichung der Untersuchung gerade im derzeitigen Moment trifft sich günstig mit zwei Umständen: einmal ist soeben erst mit dem Rücktritt von Chief Justice Warren eine Phase des Supreme Court zu Ende gegangen, die ohne Zweifel als die des Warren Court in die Geschichte der Vereinigten Staaten eingehen wird. Ein Rückblick auf die Entscheidungen des Supreme Court zur Wahlkreiseinteilung, insbesondere auf Baker v. Carr, ein Urteil, das nach Warrens eigenen Worten zu den drei wichtigsten Urteilen des Warren Court neben Brown v. Board of Education und Gideon v. Wainwright zählt, ist deshalb sicher am Platze. Zum anderen sind in der Bundesrepublik Wahlrechtsfragen nach wie vor ein heißes Eisen. Vielleicht begegnet die Untersuchung, die vom amerikanischen Zweiparteiensystem ausgeht, auch unter diesem Gesichtspunkt Interesse und Kritik.

Danken möchte ich an dieser Stelle ganz besonders Herrn Professor Dr. Theodor Eschenburg, der mich zu dem Thema der vorliegenden

Arbeit angeregt hat. Er hat mir als Juristen den Zugang zur politischen Wissenschaft eröffnet und die Arbeit großzügig gefördert. Danken möchte ich auch Herrn Prof. Dr. Ernst Steindorff, der mir den Weg in die Vereinigten Staaten geebnet hat. Nicht zuletzt gilt mein Dank Herrn Prof. Dr. Ekkehard Schumann und all jenen Privatpersonen oder Körperschaften, die durch Rat und Tat oder durch finanzielle Unterstützung am Entstehen dieser Arbeit mitgewirkt haben, sowie Herrn Ministerialrat a. D. Dr. Johannes Broermann für die Aufnahme der Arbeit in seine Schriftenreihe.

München, Frühjahr 1969 *Klaus Hopt*

Inhaltsverzeichnis

Abkürzungsverzeichnis

Genauer zu Abkürzungen und Zitierweise des amerikanischen Rechts vgl. A Uniform System of Citation (10th ed. 1963), The Harvard Law Review Association, Cambridge/M., USA.

A.	Atlantic Reporter
A. 2d	Atlantic Reporter, Second Series
A.B.A.J.	American Bar Association Journal
Ala.L.Rev.	Alabama Law Review
amend.	amendment
Am.J. of Sociology	American Journal of Sociology
Am.Pol.Sci.Rev.	American Political Science Review
Annals	Annals of the American Academy of Political and Social Science
Ann.Survey of Am.Law	Annual Survey of American Law
app. dismissed	appeal dismissed
art.	article
at	auf Seite
Baylor L.Rev.	Baylor Law Review
bill	Gesetz
Buffalo L.Rev.	Buffalo Law Review
B.U.L.Rev.	Boston University Law Review
BVerfGE	Entscheidungen des Bundesverfassungsgerichtes
Calif.L.Rev.	California Law Review
Cambridge L.J.	Cambridge Law Journal
cert. denied	certiorari denied, zur Revision nicht angenommen
ch.	chapter
Circ.	Circuit Court
col.	column, Spalte
Colum.L.Rev.	Columbia Law Review
Cong.Q.Almanac	Congressional Quarterly Almanac
Cong.Q.Special Rep.	Congressional Quarterly Special Report (= Congressional Quarterly Weekly Report, Part 2)
Cong.Q.W.Rep.	Congressional Quarterly Weekly Report
Cong.Rec.	Congressional Record
const.	constitution
Cornell L.Q.	Cornell Law Quarterly
D.	District
De Paul L.Rev.	De Paul Law Review
Duke L.J.	Duke Law Journal
ed., eds.	editor, editors
(2d) ed.	edition
etc.	et cetera
et s.	und folgende
ex rel.	ex relatione

F. 2d	Federal Reporter, Second Series
Fla.B.J.	Florida Bar Journal
Fordham L.Rev.	Fordham Law Review
F.S.	Federal Supplement
Geo.L.J.	Georgetown Law Journal
Geo.Wash.L.Rev.	George Washington Law Review
Harv.L.Rev.	Harvard Law Review
Hastings L.J.	Hastings Law Journal
Hrsg.	Herausgeber
ibid.	ibidem
id.	idem
J.L. and Econ	Journal of Law and Economics
Ill.L.Rev.	Illinois Law Review
Ill.B.J.	Illinois Bar Journal
J. of Pol.	Journal of Politics
Iowa L.Rev.	Iowa Law Review
J.Pub.L.	Journal of Public Law
Ky.L.J.	Kentucky Law Journal
La.L.Rev.	Louisiana Law Review
Law and Contemp.Prob.	Law and Contemporary Problems
Md.L.Rev.	Maryland Law Review
Mich.L.Rev.	Michigan Law Review
Midwest J.of Pol.Sci.	Midwest Journal of Political Science
Minn.L.Rev.	Minnesota Law Review
Modern L.Rev.	Modern Law Review
n.	note, Anmerkung
N., n.	number
Nat'l Civic Rev.	National Civic Review
Nat'l Munic.Rev.	National Municipal Review
N.C.L.Rev.	North Carolina Law Review
N.D.L.Rev.	North Dakota Law Review
N.E.	North Eastern Reporter
N.E. 2d	North Eastern Reporter, Second Series
Neb.L.Rev.	Nebraska Law Review
Notre Dame Law.	Notre Dame Lawyer
N.W.	North Western Reporter
N.W. 2d	North Western Reporter, Second Series
Nw.U.L.Rev.	Northwestern University Law Review
N.Y.	New York (Appellate Division Reports)
N.Y.S.	New York Supplement
N.Y.S.B.J.	New York State Bar Journal
N.Y.U.L.Rev.	New York University Law Review
Okla.L.Rev.	Oklahoma Law Review
p.	page
P., Pac.	Pacific Reporter
P. 2d	Pacific Reporter, Second Series
Pa.B.A.Q.	Pennsylvania Bar Association Quarterly
Philosophical Rev.	Philosophical Review
Pol.Sci.Q.	Political Science Quarterly
prob. juris. noted	probable jurisdiction noted
prosposal	Gesetzesentwurf
pt.	point
Pub.Admin.Rev.	Public Administration Review

Pub.Op.Q.	Public Opinion Quarterly
rearg.	reargued
reh. den.	rehearsal denied
reprint	unveränderte Neuauflage, Neudruck
rev'd	reversed
rev. ed.	revised edition
Rocky Mt.L.Rev.	Rocky Mountain Law Review
S.	Seite
S.C.	Supreme Court Reporter
S.D.N.Y.	Southern District of New York
section, §	Abschnitt
S.E.	South Eastern Reporter
S.E. 2d	South Eastern Reporter, Second Series
sess.	session
s. o., s. u.	siehe oben, siehe unten
So.Cal.L.Rev.	Southern California Law Review
sog.	sogenannt
So.Tex.L.J.	South Texas Law Journal
State Gov't	State Government
St.Louis U.L.J.	St. Louis University Law Journal
supplement	Beilage
supra	siehe oben
Supr. Court Rev.	Supreme Court Review
S.W.	South Western Reporter
S.W. 2d	South Western Reporter, Second Series
table	Tafel
Tenn.L.Rev.	Tennessee Law Review
Texas B.J.	Texas Bar Journal
Texas L.Rev.	Texas Law Review
u. a.	und andere
U.Chi.L.Rev.	University of Chicago Law Review
U.Cinc.L.Rev.	University of Cincinnati Law Review
U.C.L.A.L.Rev.	University of California at Los Angeles Law Review
U.Pa.L.Rev.	University of Pennsylvania Law Review
U.Pitt.L.Rev.	University of Pittsburgh Law Review
U.S.	United States Supreme Court Reports
U.Toronto L.J.	University of Toronto Law Journal
v.	versus, gegen
Va.L.Rev.	Virginia Law Review
Vand.L.Rev.	Vanderbilt Law Review
vgl.	vergleiche
vol., vols.	volume, volumes
Wash. and Lee L.Rev.	Washington and Lee Law Review
Western Pol.Q.	Western Political Quarterly
Yale L.J.	Yale Law Journal
z. B.	zum Beispiel
z. T.	zum Teil

Einleitung

"The judiciary, on the contrary, has no influence over either the sword or the purse; no direction either of the strength or of the wealth of the society, and can take no active resolution whatever. It may truly be said to have neither FORCE nor WILL but merely judgment ..."

Das schrieb Alexander Hamilton im Federalist[1]. Wer den Supreme Court und seine Entscheidungen und die Reaktion der Öffentlichkeit auf diese in den letzten zehn bis fünfzehn Jahren betrachtet, wird vermutlich anderer Anschauung über Wesen und Funktion des Supreme Court im politischen System der U.S.A. werden. Seit den Entscheidungen des Supreme Court über die Aufhebung der Rassentrennung in öffentlichen Schulen[2], in denen der Supreme Court unter Preisgabe seiner früheren Rechtsprechung[3] die Trennung der Rassen in den Grundschulen selbst bei Gleichwertigkeit der Ausbildung für verfassungswidrig erklärt hat, wird die amerikanische Öffentlichkeit immer wieder durch Entscheidungen aufgeschreckt, die in ihrer Auswirkung weit, nach der Ansicht vieler zu weit, über das rein Rechtliche hinausgehen. Man denke etwa an Engel v. Vitale[4], wo gemeinsames Gebet und Bibellesung in öffentlichen Schulen für verfassungswidrig erklärt wurden, oder an die große Zahl von Entscheidungen, die den Strafverfolgungsbehörden immer weitergehende Schranken setzten, etwa Mallory v. U.S.[5], Gideon v. Wainwright[6], Mapp v. Ohio[7], um nur einige zu nennen. In ähnlicher Weise nahm sich der Supreme Court im Jahre 1962 in *Baker v. Carr* eines Problems an, das in den Vereinigten Staaten schon lange bestanden hatte und politisch ungemein brisant war: die Wahlkreiseinteilung[8]. Bei den Kongreßwahlen

---

1 The Federalist Papers, n. 78 at 465 (Rossiter ed. 1961).

2 Insbesondere Brown v. Board of Education, 347 U.S. 483 (1954).

3 Plessy v. Ferguson, 163 U.S. 537.

4 370 U.S. 421 (1962).

5 354 U.S. 449 (1957).

6 372 U.S. 335 (1963).

7 367 U.S. 643 (1961).

8 Interessanterweise fällt die Entscheidung des deutschen Bundesverfassungsgerichts zur Frage, ob der einzelne Wähler durch die in bezug auf die Bevölkerungszahl ungleiche Größe der verschiedenen Wahlkreise in seinen Grundrechten, insbesondere aus Art. 3 GG, verletzt wird, in die gleiche

und in noch stärkerem Maße bei den Wahlen zu den Einzelstaatsparlamenten war infolge der verschiedenen Größe und Einwohnerzahl der einzelnen Wahlkreise das praktische Stimmengewicht des einen Wählers oft um das Zehnfache geringer als das des anderen.

Daß der Supreme Court dieses Problem anfaßte und sich nicht scheute, damit in die Verteilung politischer Macht einzugreifen, mußte ungeheure Konsequenzen haben. Inhalt und Tragweite der Rechtsprechung des Supreme Court zur Wahlkreiseinteilung darzustellen und die Auswirkung der Entscheidungen auf das politische System der U.S.A. zu untersuchen, soll im folgenden versucht werden[9].

Zeit (BVerfGE 16, 130; Beschluß vom 22. Mai 1963). Zu der Entscheidung des Bundesverfassungsgerichts vgl. Laufer, Heinz, Verfassungsgerichtsbarkeit und politischer Prozeß (1968), S. 569 ff. mit weiteren Nachweisen.

[9] Eine kurze Information über Wahlrecht und Wahlverfahren in den USA bietet dem deutschen Leser Loewenstein, Karl, Verfassungsrecht und Verfassungspraxis der Vereinigten Staaten (1959), S. 127 ff.

Erstes Kapitel

Die Lage vor Eingreifen des Supreme Court

Apportionment und districting sind die beiden Ausdrücke, auf die man in der amerikanischen Literatur zum Problem der Wahlkreiseinteilung auf Schritt und Tritt stößt. Präzis gefaßt bedeutet apportionment die Verteilung von (Parlaments- oder anderen) Sitzen auf zuvor abgegrenzte Wahlbezirke. Districting dagegen bedeutet die Festlegung der territorialen Grenzen eines Wahlbezirkes[1]. In der Literatur folgt man jedoch diesem präzisen Gebrauch der Begriffe meist nicht, sondern verwendet *apportionment* (Wahlkreiseinteilung) bzw. *reapportionment* (Wahlkreisneueinteilung) in einer Bedeutung, die beide Schritte, die geographische Grenzziehung und die anschließende Zuteilung von Sitzen, zusammenfaßt[2]. In diesem weiteren Sinne wird im folgenden der Begriff reapportionment gebraucht. Von der Übersetzung der Begriffe apportionment bzw. reapportionment ins Deutsche wird im Regelfall abgesehen, da gerade das amerikanische Wort bei demjenigen, der mit der Problematik näher vertraut ist, eine große Zahl verschiedenster Assoziationen auslöst.

1. Theoretische Bemerkungen zum Begriff des apportionment. Es gibt verschiedene Methoden, nach denen bei Wahlen Sitze zugeteilt werden können[3]. So kann z. B. bestimmt sein, daß etwa bei einer Parlamentswahl jeder wahlberechtigte Einwohner eines Staates soviele Stimmen hat, wie Parlamentssitze zu besetzen sind. In diesem Fall (election at large) sind die Staatsgrenzen zugleich die Grenzen, die bei der Wahl von Bedeutung sind. Wahlkreise gibt es nicht. Apportionment-Probleme treten nicht auf. Die Wahl für das Parlament kann jedoch auch so geregelt sein, daß an bestehende politische Bezirke, in die der Staat aufgeteilt ist, angeknüpft wird und die Einwohner eines jeden dieser Bezirke einen einzigen oder mehrere Abgeordnete zu

---

1 Silva, Ruth C., The Population Base for Apportionment of the New York Legislature, 32 Fordham L.Rev. 1 (1963) at 3 mit Nachweisen; Silvia, Ruth C., Apportionment in New York, 30 Fordham L.Rev. 581 (1962) at 595.

2 Vgl. dazu Jewell, Malcolm E., The Politics of Repportionment (1962) at 2.

3 Vgl. dazu de Grazia, Alfred, General Theory of Apportionment, 17 Law and Contemp.Prob. 256 (1962) at 257.

wählen haben. Da die geographische Grenzziehung in dieser Alternative bereits feststeht, kann sich eine Ungleichheit des Stimmengewichts in diesem Fall nur ergeben, wenn den politischen Bezirken trotz gleicher (verschiedener) Einwohnerzahl eine verschiedene (gleiche) Anzahl von Parlamentssitzen zugewiesen wird. Eine dritte Möglichkeit ist es, eigens für die Wahlen bestimmte geographische Bezirke abzugrenzen und die Einwohner dieser Bezirke je eine gewisse Anzahl von Abgeordneten wählen zu lassen. Dabei ergibt sich ungleiches Stimmengewicht der einzelnen Wähler unter denselben Umständen wie bei der zweiten Alternative. Schließlich gibt es noch die Möglichkeit, bei Wahlen überhaupt nicht auf territoriale Abgrenzungen zurückzugreifen, sondern eine funktionale Einteilung vorzunehmen. Dies ist der Fall, wenn bestimmte Berufs- oder Interessengruppen als solche die Gesamtheit oder einen Teil des Abgeordneten wählen können. Das Musterbeispiel für ungleiches Stimmengewicht in einem solchen Fall ist das preußische Dreiklassenwahlrecht.

Die typischen Fälle eines Streites um das reapportionment sind demnach Fall zwei (Anknüpfung an politische Bezirke) und Fall drei (Abgrenzung von Wahlkreisen ohne Anlehnung an politische Bezirke). Ob in diesen beiden Fällen die Wahl nach den Grundsätzen der Verhältniswahl oder nach denen der Persönlichkeitswahl ausgestaltet ist und ob es sich um Ein- oder Mehrmannwahlbezirke handelt, kann zurücktreten, da auf jeden Fall Ungleichheiten im Stimmengewicht auftreten können. Das soll an einem hypothetischen Fall demonstriert werden. Ein Wahlkreis A umfaßt bei zehn Sitzen pro Wahlkreis 100 000 wahlberechtigte Einwohner, ein anderer B nur 10 000. Im Wahlkreis A wählen 80 000 X-Partei-Wähler (volle Wahlberechtigung sei angenommen) bei einfachem Verhältniswahlrecht 8, die übrigen 20 000 Y-Partei-Wähler 2 Abgeordnete. Im Wahlkreis B wählen 8000 Y-Partei-Wähler 8, 2000 X-Partei-Wähler 2 Abgeordnete. In einem solchen Fall ist das Gewicht einer Stimme eines Wählers aus dem Wahlkreis B um das Zehnfache höher als die eines Wählers aus dem Wahlkreis A. Für die Parteien folgt in dem Beispielsfall, daß 82 000 X-Partei-Wähler zehn Abgeordnete stellen, die gleiche Zahl, die die 28 000 Y-Partei-Wähler in das Parlament bringen. Selbst wenn die Parteienverteilung in beiden Wahlkreisen gleich groß ist, angenommen 4:1 für die X-Partei, und 88 000 Wähler der X-Partei 16, 22 000 Wähler der Y-Partei vier Abgeordnete ins Parlament bringen, können sich noch Ungleichheiten ergeben. Zwar ist dann die Zahl der X- und Y-Abgeordneten, die ins Parlament einziehen, genau dieselbe, wie wenn beide Wahlkreise bei der gleichen Parteienstärke 4:1 je 55 000 Einwohner gehabt hätten. Doch ist die Parteienzugehörigkeit nicht der ausschließliche Beweggrund des Abgeordneten bei seiner Tätigkeit und bei Abstimmungen.

Wenn etwa eine Entscheidung im Parlament zur Debatte steht, die nur die beiden Wahlkreise betrifft und von den Parteien als Streitpunkt nicht aufgegriffen wird, stehen sich je zehn Abgeordnete aus beiden Wahlkreisen gegenüber, d. h. wiederum hat sich die Bevölkerungsungleichheit der Wahlkreise ausgewirkt, wiederum hat die Stimme eines Wählers aus dem Wahlkreis A nur ein Zehntel des Gewichts, das die eines Wählers aus dem Wahlkreis B hat[4].

Bei reiner Mehrheitswahl, wie das in den Vereinigten Staaten die Regel ist, tritt, einerlei, ob es sich um Ein- oder Mehrmannwahlbezirke handelt, die Ungleichheit noch unmittelbar hervor. Die 80 000 X-Partei-Wähler im Wahlkreis A haben die gleiche Repräsentation (zehn Abgeordnete bzw. bei Einmannwahlkreissystem ein Abgeordneter) wie die 8000 Y-Partei-Wähler aus Wahlkreis B.

Wenn man sich nun vor Augen hält, daß neben der Parteizugehörigkeit des Abgeordneten auch Religion, Rasse, konservative oder liberale Haltung, Beziehung zu den verschiedenen Interessengruppen, zu den Gewerkschaften, zur Landwirtschaft etc. sowohl bei seiner Wahl zum Abgeordneten als auch bei seinem Verhalten als Gesetzgeber eine große Rolle spielen, versteht man, daß jede Entscheidung über eine Änderung des apportionment ungeahnte politische Folgen haben und zu einer wichtigen Verschiebung im politischen Kräfteverhältnis führen kann.

In dem herangezogenen hypothetischen Fall war immer die Rede von Wählern. Wenn man, um gleich große Wahlkreise und damit gleiches Stimmengewicht zu haben, auf die absolute Einwohnerzahl des Wahlkreises abstellt, dann läßt man außer acht, daß ein gewisser Teil der Einwohner nicht stimmberechtigt ist. Wenn also in einem Wahlkreis mehr Ausländer, Kinder, Soldaten (sofern sie nicht wahlberechtigt sind) etc. wohnen als in einem anderen, haben die Stimmen der übrigen Einwohner des Wahlkreises ein entsprechend höheres Gewicht. Selbst wenn man statt auf die Zahl der Einwohner auf die Zahl der in einem Wahlkreis lebenden Bürger bzw. Wahlberechtigten abstellt, kann sich immer noch eine mitunter erhebliche Differenz im Stimmengewicht ergeben. Eine solche Einteilung berücksichtigt nämlich nicht, daß nur ein bestimmter Prozentsatz der Wahlberechtigten auch tatsächlich wählt. Wählt in einem Bezirk von 100 Wahlberechtigten nur die Hälfte, in einem anderen dagegen nur ein Viertel, so hat die Stimme eines Wählers im zweiten Wahlkreis, in dem die Wahlbeteiligung niedriger ist, genau doppelt so viel Gewicht wie die Stimme

---

[4] Freilich wird auch in diesem Fall das Verhalten des Abgeordneten von verschiedenen Motiven bestimmt und nicht unbedingt durch das Interesse der Wähler eines Wahlkreises festgelegt.

eines Wählers im ersten. Trotz dieser Bedenken wird in der Praxis und in der Lehre fast allgemein auf die Einwohnerzahl abgestellt.

2. *Das malapportionment vor Eingreifen des Supreme Court.* Der Streit um apportionment hat in den Vereinigten Staaten eine lange Geschichte. Dieser Geschichte nachzugehen, ist nicht Aufgabe der vorliegenden Untersuchung[5]. Es genügt, darauf hinzuweisen, daß trotz der Bedenken führender Theoretiker[6] der britische Übelstand der „rotten boroughs"[7] auch in den Vereinigten Staaten Einzug gehalten und sich trotz aller Kritik, Kämpfe und Veränderungen in der politischen Lage von der Kolonialzeit über die Zeit der Bildung der Union und der Aufnahme der neuen Staaten in diese bis heute behauptet hat.

a) Daß die Wahlkreise krasse Unterschiede in der Bevölkerungszahl aufweisen, läßt sich teilweise auf geplantes gesetzgeberisches Zurückdrängen einzelner Wahlkreise oder bestimmter Gruppen von Wahlkreisen, teilweise auf Untätigkeit des Gesetzgebers trotz veränderter soziologischer Umstände und Bevölkerungsdichte in den hergekommenen Wahlkreisen zurückführen.

Für geplantes gesetzgeberisches Einschreiten lassen sich folgende typische Fallgruppen aufführen. Erstens: Jeder county[8] wird durch die Verfassung mindestens ein Abgeordneter garantiert. Das bedeutet, daß selbst kleine und kleinste counties — ländliche Wahlkreise haben mit dem Bevölkerungswachstum der Städte nicht Schritt gehalten, ja oft im Laufe der Zeit durch Landflucht noch an Bevölkerung verloren — einen Abgeordneten haben, auch wenn ihrer Bevölkerung nach beispielsweise nur drei von ihnen zusammen einen Repräsentanten stellen dürften. Eine derartige Verfassungsvorschrift fand sich überaus häufig und schien durch das Argument gerechtfertigt, daß jede county ihr spezifischen Probleme durch einen eigenen Abgeordneten solle vorbringen können. Zweitens: Oft findet man in der Verfassung bzw. in den apportionment-Gesetzen der Einzelstaaten der U.S.A. eine Norm, die bestimmt, daß keine county mehr als eine bestimmte Anzahl bzw. mehr als einen bestimmten Prozentsatz der Abgeordneten stellen dürfe.

---

[5] Dazu Griffith, Elmer C., The Rise and Development of the Gerrymander (1907); Luce, Robert, Legislative Principles (1930) at 356 et s.; Hurst, James W., The Growth of American Law (1950) at 41 et s.; ferner Frankfurter, dissenting opinion, Baker v. Carr, 369 U.S. 186, 266 (1964) at 302 et s.

[6] Vgl. z. B. Jefferson und die Nachweise in Reynolds v. Sims, 377 U.S. 533 (1964) at 573 n. 53; ferner Wesberry v. Sanders, 376 U.S. 1 (1964) at 14 et s.

[7] Vgl. die Nachweise bei Frankfurter, dissenting opinion, Baker v. Carr, 369 U.S. 186 (1964) at 302 et s.; ferner Wesberry v. Sanders, 376 U.S. 1 (1964) at 15 n. 36 mit Nachweisen.

[8] In den Vereinigten Staaten lehnen sich die Wahlkreise für die Einzelstaatsparlamentswahlen in der Regel an die herkömmlichen politischen Unterabteilungen, also counties etc., an.

Durch diese gesetzliche Fixierung einer Höchstzahl bzw. eines Höchstprozentsatzes wurde erreicht, daß counties mit besonders großer Bevölkerungsdichte, also große Städte und neuerdings Vorortsgebiete und Satellitenstädte, durch Stimmengewichtsverkürzung benachteiligt und an Einfluß beschnitten wurden. Drittens: Einen weiteren Weg, die Gleichheit des Stimmengewichts der Bewohner der verschiedenen Wahlkreise zu beeinträchtigen, bietet eine Vorschrift dahingehend, daß z. B. den fünf counties mit der größten Bevölkerungsdichte je drei, den nächsten 20 counties je zwei und dem Rest je ein Abgeordneter zuzuteilen sind. Auch dergleichen fand man häufig in Verfassungen bzw. apportionment-Gesetzen der Einzelstaaten. Viertens: Wenn die Verfassung oder ein Gesetz die Grenzen von Einmannwahlbezirken selber fixiert (auch wenn diese ursprünglich dieselbe Bevölkerungszahl aufgewiesen haben) oder wenn das Gesetz vorsieht, wie das auch oft der Fall war, daß counties nicht unterteilt oder nicht zusammengelegt werden dürfen, dann ergeben sich daraus ebenfalls Ungleichheiten im Stimmengewicht der Einwohner der verschiedenen counties. Diese vier typischen Fallgruppen können kombiniert und modifiziert werden, und das ist auch oft geschehen. Der Staat wird z. B. in vier große Regionen aufgeteilt; jeder dieser Regionen wird unabhängig von der Bevölkerung eine bestimmte Zahl (oder ein bestimmter Prozentsatz) von Sitzen im Parlament zugewiesen; diese Zahl wird dann nach Bevölkerungsgesichtspunkten innerhalb jeder der vier Regionen weiter aufgeteilt[9].

Die genannten gesetzlichen Praktiken sind alt, wurden aber noch in neuester Zeit verwandt. So wurde im Jahre 1952 in Michigan die Verfassung mit einem Zusatzartikel versehen, der bestimmte, daß die Wahlkreise für die Senatswahlen in den zu diesem Zeitpunkt bestehenden Grenzen, was praktisch bedeutete in den Grenzen von 1925, festgefroren wurden[10]. Interessant als Beispiel ist auch die inzwischen geänderte Verfassung von Georgia aus dem Jahre 1945[11], wonach das Repräsentantenhaus aus Abgeordneten bestand, die folgendermaßen auf die verschiedenen counties des Staates verteilt waren: die 8 counties mit der höchsten Bevölkerung hatten je drei Abgeordnete, die

---

9 Vgl. zu den verschiedenen Möglichkeiten Krastin, Karl, The Implementation of Representative Government in a Democracy, 48 Iowa L.Rev. 549 (1963) at 555; ferner Durfee, Elizabeth, Apportionment of Representation in the Legislatures: A Study of State Constitutions, 43 Mich.L.Rev. 1091 (1945) at 1096 et s.

10 Vgl. Scholle v. Hare, per curiam, 396 U.S. 429 (1962); Silva, Ruth C., Apportionment in New York, 30 Fordham L.Rev. 581 (1962) at 587. Vgl. im Text oben unter erstens und drittens.

11 Georgia Const. art. III § III (1945).

30 counties mit der nächsthöchsten Bevölkerung je zwei Abgeordnete, die restlichen counties je einen Abgeordneten.

Als sehr instruktiv für die erwähnten gezielten Einwirkungen des Gesetzgebers auf das Stimmengewicht[12] mag die Verfassung von New York in ihrer Fassung von 1894 erwähnt werden. Diese Fassung sah vor, daß für counties mit mehr als drei Einheiten (bestimmte Bevölkerungszahl) folgende Einschränkungen galten. Erstens sollte keine county vier oder mehr Senatoren haben, es sei denn, sie hätte eine volle Einheit für jeden zusätzlichen Senator. Zweitens sollte keine county mehr als ein Drittel aller Senatoren stellen dürfen. Schließlich durften zwei counties, die aneinandergrenzten, höchstens die Hälfte der Senatoren stellen[13].

Im Jahre 1961 war die Lage so, daß die Verfassungen aller Staaten der U.S.A. mit Ausnahme von elf ihr apportionment nicht allein auf Bevölkerungsdichte stützten[14], sondern etwa nur einen Senator pro Wahlkreis vorsahen, z. B. Idaho, New Jersey, South Carolina u. a., oder das apportionment für ein oder beide Häuser der Legislative gesetzlich oder gar verfassungsmäßig eingefroren hatten, z. B. Delaware, Illinois, Michigan u. a. Oft war in Anlehnung an das Bundesstaatsprinzip ein Haus auf Bevölkerungsbasis, das andere auf Territorialitätsbasis zu wählen, etwa California, Illinois, Michigan etc.[15].

Die Diskrepanzen zwischen den verschiedenen Wahlkreisen beruhen, wie gezeigt, zum Teil auf gezieltem Eingreifen des Gesetzgebers[16]. In vielen Fällen führte erst das Nichteinschreiten des Gesetzgebers, der es oft unter Mißachtung von Verfassungs- oder gesetzlichen Geboten unterließ, das apportionment auf den neuesten Stand zu bringen, zu Ungleichheiten ähnlicher Art. Das sei mit den klassischen Worten von John *Locke*[17] näher ausgeführt.

"Things of this world are in so constant a flux that nothing remains long in the same state. Thus People, riches, trade, power, change their stations; flourishing mighty cities come to ruin, and prove in time neglected desolate corners, whilst other unfrequented places grow into populous countries filled with wealth and inhabitants. But things

---

12 Vgl. im Text oben unter zweitens.

13 New York Const. art. III § 4 (1894).

14 Harlan, dissenting opinion, Reynolds v. Sims, 377 U.S. 533, 589 (1964) at 610.

15 Vgl. mit weiteren Nachweisen Silva, Ruth C., Apportionment in New York, 30 Fordham L.Rev. 581 (1962) at 638 n. 278.

16 Eine gute Zusammenstellung bringt Jewell, Malcolm E., Constitutional Provisions for State Legislative Apportionment, 8 Western Pol.Q. 271 (1955).

17 Two Treatises of Civil Government, Treatise 2, An Essay Concerning the True Original Extent and End of Civil Government, § 157 (Dent ed. 1924).

not always changing equally, and private interest often keeping up customs and privileges when the reasons of them are ceased, it often comes to pass that in governments where part of the legislative consists of representatives chosen by the people, that in tract of time this representation becomes very unequal and disproportionate to the reasons it was at first established upon. To what gross absurdities the following of custom when reason has left it may led, we may be satisfied when we see the bare name of a town, of which there remains not so much as the ruins, where scarce so much housing as a sheepcote, or more inhabitants than a shepherd is to be found, send as many representatives to the grand assembly of law-makers as a whole county numerous in people and powerful in riches. This strangers stand amazed at, and every one must confess needs a remedy..."

Ein Fallbeispiel aus den U.S.A. sei unmittelbar hinter diese Worte von John Locke gestellt. Im Jahre 1959 lenkte der Prozeß *Margrave v. Donovan*[18] die Aufmerksamkeit auf die Situation des reapportionment in Minnesota. Es stellte sich heraus, daß die Sitze zum letztenmal im Jahre 1913 auf der Basis des 1910 durchgeführten Zensus neu aufgeteilt worden waren. In den 40 Jahren zwischen 1910 und 1950 war die Bevölkerung des Staates um über 43 % gewachsen. Während einige counties ihre Bevölkerung um bis zu 185 % gesteigert hatten, hatten andere nicht nur weniger Zuwachs, sondern ein Absinken ihrer Bevölkerungszahl zu verzeichnen. Das führte dazu, daß die Bevölkerungszahl der Senatorenwahlkreise von 16 878 zu 153 455, also in einem Verhältnis von etwa 9:1, die der Abgeordnetenwahlkreise von 7 290 zu 107 246, also in einem Verhältnis von nahezu 15:1, variierten[19]. Trotzdem schien es der Gesetzgeber in Minnesota nicht für notwendig gehalten zu haben[20] einzuschreiten.

b) Die Stimmengewichtsverzerrungen infolge ungleicher Wahlkreiseinteilung waren keineswegs auf einen Staat beschränkt. So galt 1962 in Vermont noch immer das System, nach dem das Abgeordnetenhaus aus Stadtwahlkreisen gewählt wurde, wie sie schon im Jahre 1793 bestanden hatten. Die Folge war, daß eine Stimme aus der kleinsten Stadt das gleiche Gewicht wie 872 Stimmen aus der größten hatte. Die Stimmen von 11,6 % der Bevölkerung von Vermont waren imstande, eine Mehrheit im Abgeordnetenhaus zu wählen[21, 22]. In California

---

18 177 F.S. 803 (D.Minn. 1959).

19 Silva, Ruth C., Apportionment in New York, 30 Fordham L.Rev. 581 (1962) at 585 n. 28 mit weiteren Nachweisen.

20 Einer der Gründe für dieses Stillhalten des Gesetzgebers dürfte das Eigeninteresse des Gesetzgebers an der Aufrechterhaltung der bestehenden Wahlkreise gewesen sein. Dazu genauer unten Kap. 4, C I.

21 Goldberg, Arthur L., The Statistics of Malapportionment, 72 Yale L.J. 90 (1962) at 90 mit Nachweisen.

wählten die 6 038 771 Einwohner von Los Angeles County einen Senator, genauso wie die 14 294 Einwohner im 28. Senatorenwahlkreis (Stimmengewichtsverhältnis 422:1)[23].

Nur in 26 Kammern in den Parlamenten der Einzelstaaten waren mindestens 40 % der Bevölkerung nötig, um eine Mehrheit zu wählen. Von diesen 26 Staaten bestimmten aber nur 5, daß auch in der anderen Kammer eine Mehrheit nur von mindestens 40 % der Bevölkerung gewählt werden konnte. 47 Kammern waren dagegen durch ein Drittel der Bevölkerung oder noch weniger kontrollierbar, und in 12 Staaten galt dies sogar für beide Kammern[24].

Bei diesen Zahlen ist ausdrücklich darauf hinzuweisen, daß der Trend noch auf eine Verstärkung der Ungleichheit ging. Dies wird ganz klar gesehen in Lucas v. Forty-Fourth General Assembly of the State of Colorado[25], wo Chief Justice Warren die im apportionment von Colorado bestehenden Ungleichheiten zuungunsten von Denver und drei angrenzenden vorstädtischen counties hervorhebt und als besonders gravierend ansieht, daß der Trend auf Bevölkerungszuwachs in Denver und den übrigen Großstadtgebieten von Colorado und auf absolute[26] Abnahme der Bevölkerung in den überrepräsentierten, ländlichen Distrikten gehe.

Sich weiter in statistischen Beispielen zu ergehen, wäre nicht sinnvoll. Einzelheiten können einer 1962 von der National Municipal League zusammengestellten und in der Literatur oft herangezogenen Statistik[27] entnommen werden.

3. Möglichkeiten der unterrepräsentierten Wähler, dem Mißstand abzuhelfen. Die auf solche Art und in solchem Umfang des gleichen Stimmengewichts beraubten Wähler haben selbstverständlich versucht, sich gegen diese Benachteiligung zur Wehr zu setzen. Doch zeigt sich hier eine Eigenheit der reapportionment-Problematik, die schon John Locke[28] gesehen hat. Die Legislative ist beim reapportionment Richter

---

[22] Freilich ist das eine theoretische Aussage, die auf den politischen Prozeß nicht näher eingeht. Die Kritik, die dies hervorhebt, (z. B. Dixon, Robert G., Apportionment Standards and Judicial Power, 38 Notre Dame Law. 367 (1963) at 382 n. 82), schießt aber über das Ziel hinaus, wenn sie, wie das teilweise geschieht, die ganze Methode als falsch verurteilt. Die Methode ist, wenn man ihre Grenzen sieht, hilfreich.

[23] Goldberg, Arthur L., op. cit. supra, mit Nachweisen.

[24] Goldberg, Arthur L., id. at 90, 91.

[25] 377 U.S. 713 (1964) at 729.

[26] Also nicht nur relativ zu den Städten.

[27] Boyd, William J. D., Compendium on Legislative Apportionment (2d ed. 1962) supplement.

[28] Two Treatises of Civil Government, Treatise 2, An Essay Concerning the True Original Extent and End of Civil Government, § 157 (Dent ed. 1924):

in eigener Sache. Die Gesetzgeber sind nicht geneigt, sich selber oder Kollegen aus dem Parlament hinauszuwählen. Dies wird eindeutig bestätigt, wenn man die Geschichte der reapportionment-Kämpfe in den Vereinigten Staaten betrachtet. So zeichnet Richter Clark in Baker v. Carr[29] ein Bild der Hilflosigkeit des benachteiligten Bevölkerungsteils in Tennessee. Er führt aus, daß für eine politisch wache Bürgerschaft zwar verschiedene Wege in Frage kommen sich zu wehren, daß aber in Tennessee keiner zum Erfolg geführt hat. Tennessee's Verfassung sah weder Initiativbegehren noch Referendum vor. Der Appell an das Gewissen des Parlaments traf verständlicherweise auf taube Ohren. Die Möglichkeit, mit Hilfe einer verfassungsgebenden Versammlung ans Ziel zu kommen, entfiel, da eine solche in Tennessee vom Parlament einberufen werden muß. Die verschiedenen Governors[30] schienen zwar mit den benachteiligten Bevölkerungsschichten — in erster Linie den Städtern — zu sympathisieren, doch waren sie nicht imstande oder willens, sich gegen das Parlament durchzusetzen. Die Möglichkeit, Hilfe beim Kongreß, also in Washington zu suchen, hatte ebenfalls keine Aussicht auf Erfolg, da vielfach auch dort Abgeordnete saßen, deren Sitze bei einer Wahlkreiseinteilung nach reiner Bevölkerungsdichte gefährdet gewesen wären. Die Gerichte hatten sich ebenfalls geweigert einzugreifen. Auch die Bundesgerichte[31] boten nach der Colegrove-Doktrin[32] keine Hilfe[33].

"(T)he constitution of the legislative being the original and supreme act of the society, antecedent to all positive laws in it, and depending wholly on the people, no inferior power can alter it. And, therefore, the people when the legislative is once constituted, having in such a government as we have been speaking of no power to act as long as the government stands, this inconvenience is thought incapable of a remedy."

[29] 369 U.S. 186, 251 (1962) at 259, concurring opinion.

[30] Regierungschef eines Einzelstaates der USA.

[31] Es ist zu beachten, daß es in den USA neben den einzelstaatlichen Gerichten eine instanzenmäßig voll ausgebaute Bundesgerichtsbarkeit gibt.

[32] Siehe unter Kap. 1, IV.

[33] Zum Problem allgemein:

Colorado: Judge Doyle's dissenting opinion in Lisco v. Love, 219 F.S. 922 at 942, auch zitiert von Warren in Lucas v. 44th General Assembly of the State of Colorado, 377 U.S. 713 (1964) at 722: "It is of little consolation to an individual voter who is being deprived of his rights that he can start a popular movement to change the constitution. This possible remedy is not merely questionable, it is for practical purposes impossible."

Florida: Havard, William C. and Beth, Loren P., The Politics of Mis-Representation (1962) at 21: "... almost inconceivable that any real change in the balance of legislative power will ever be permitted unless it is forced from outside; any apportionment legislation or amendment has to be approved by the very people who will lose power if it is aproved."

Delaware: Chief Justice Warren in Roman v. Sincock, 377 U.S. 695 (1964) at 706.

Illinois: Colegrove v. Green, 328 U.S. 549 (1946), s. u. Kap. 1, IV.

Minnesota: Margrave v. Donovan, 177 F.S. 803 (D.Minn. 1959), s. o. Kap. 1, II 1.

Daß in Tennessee von 1901 bis zu Baker v. Carr im Jahre 1962, also über 60 Jahre lang, in beiden Kammern alle Gesetzesentwürfe und Vorschläge, zu einem reapportionment zu kommen, gescheitert sind, obwohl die Verfassung ausdrücklich reapportionment spätestens alle zehn Jahre vorschrieb[34], war keine Einzelsituation in den Vereinigten Staaten. Zwei sehr instruktive Beispiele dafür, wie der Gesetzgeber sogar gegen den offensichtlichen Wunsch der Bevölkerung malapportionment[35] aufrechterhielt oder gar wiedereinführte, finden sich in South Dakota und Washington State. In South Dakota führte der Gesetzgeber ein reapportionment nur pro forma durch, um einem gründlichen und systematischen reapportionment durch eine besondere Kommission zuvorzukommen[36]. Handgreiflich ist der Fall in Washington State[37], wo 1956 die State League of Women Voters ein Volksbegehren für die Durchführung eines reapportionment organisiert hatte. Obwohl seit 1930 kein apportionment mehr vorgenommen worden war und die Vorschläge des Volksbegehrens sorgfältig und gewissenhaft auf rein faktischer Basis, d. h. ohne jemandem politischen Gewinn zuzuschanzen, ausgearbeitet worden waren, stellten sich beide Parteien gegen das Volksbegehren. Dabei ist interessant, daß die Führer in beiden Parteien von überrepräsentierten Bezirken kamen. Trotzdem gelang es den Wählern, das Initiativgesetz durch ihre Zustimmung in Kraft zu setzen. Doch schon ein Jahr später machte sich das Parlament daran, das gesamte Gesetz zu ändern und praktisch das vorher bestehende Kräfteverhältnis wiederherzustellen. Der Versuch, diese Gesetzesänderung gerichtlich anzugreifen, scheiterte noch im selben Jahr vor dem Obersten Gerichtshof von Washington State.

4. *Das Verhalten der Bundesgerichte.* Bei ihrer politischen Hilflosigkeit ist es nicht erstaunlich, daß die durch malapportionment benachteiligten Wähler Hilfe bei den Gerichten suchten. Der *Supreme Court* in Washington lehnte es jedoch in einer ganzen Reihe von Fällen ab, sich in diese politischen Händel einzumischen[38]. Was das „holding“[39] dieser

---

[34] Vgl. Baker v. Carr, 396 U.S. 186 (1962) at 190 et s.

[35] Ungleiche Wahlkreiseinteilung.

[36] Graves, W. Brooke, Current Trends in State Constitutional Revision, 40 Neb.L.Rev. 560 (1961) at 574.

[37] Genauer Baker, Gordon E., The Politics of Reapportionment in Washington State (1960).

[38] Dazu Colegrove v. Green, 328 U.S. 549; Colegrove v. Barrett, 330 U.S. 804; Radford v. Garry, 352 U.S. 991; Remmey v. Smith, 342 U.S. 916; Tedesco v. Board of Supervisors, 339 U.S. 940; Cox v. Peters, 342 U.S. 936, reh. den. 343 U.S. 921; Hartsfield v. Sloan, 357 U.S. 916; Kidd v. McCanless, 352 U.S. 920 u. a.

[39] „Holding“ sind die tragenden Gründe der Entscheidung, die für andere Gerichte in ähnlichen Fällen bindend sind. Im Gegensatz dazu stehen die „dicta“, die nur beiläufige, nicht entscheidungserhebliche Rechtsausführungen

Fälle im einzelnen ist, hat Anlaß zu harten Meinungsverschiedenheiten gegeben[40]. Dem im einzelnen nachzugehen, ist nicht Aufgabe der Untersuchung. Es mag genügen, die führende Entscheidung Colegrove v. Green[41] kurz vorzutragen.

In *Colegrove v. Green* stand zur Debatte, daß die Legislative es 40 Jahre unterlassen hatte, die Wahlkreise für die Wahlen zum Bundeskongreß neu einzuteilen, obwohl die Volkszählungsstatistiken große Umwälzungen in der Verteilung der Bevölkerung anzeigten und die Wahlkreise Unterschiede von 112 000 bis 900 000 Einwohnern aufwiesen. Die neun Männer des Supreme Court konnten sich nicht zu einer einheitlichen Entscheidung durchringen. Drei Richter, Frankfurter, Burton und Reed, waren der Ansicht, daß es sich um eine politische Angelegenheit handle, die den Supreme Court nichts angehe. Ihrer Meinung nach ist es Sache des Kongresses, gegen den Mißstand einzuschreiten, denn der Kongreß hat die Kompetenz[42], die Kongreßwahlen auf Abstimmungsvoraussetzungen etc. nachzuprüfen[43]. Frankfurter, der das Urteil geschrieben hat, führte aus, daß es in einer Demokratie Sache der Staatsbürger sei, politische Übelstände an den Wahlurnen zu beseitigen[44]. Die Gerichte sollten sich aus dem „politischen Dickicht", ein Ausdruck, der zum geflügelten Wort in reapportionment-Diskussionen geworden ist, heraushalten.

Drei andere Richter waren der entgegengesetzten Ansicht. Black, Douglas und Murphy argumentierten in einer dissenting opinion[45], die Black schrieb, daß die Bundesgerichte bei Verletzung eines bundes-

---

des Gerichts sind und deshalb nicht binden. Beide Begriffe sind dem deutschen Recht unbekannt, weil sie untrennbar mit dem anglo-amerikanischen Präjudiziensystem verbunden sind.

40 Vgl. Baker v. Carr, 369 U.S. 186 (1962) at 202, 203, 206, 208, 209 et s.; Douglas, concurring opinion, id. at 249 et s.; Clark, concurring opinion, id. at 252; Stewart, concurring opinion, id. at 266; Frankfurter, dissenting opinion, id. at 277 et s.; Harlan, dissenting opinion, id. at 330 et s.

41 328 U.S. 549 (1946).

42 U.S. Const. art. I § 5.

43 "Courts ought not to enter this political thicket. The remedy for unfairness in districting is to secure state legislatures that will apportion properly, or to invoke the ample powers of Congress." Supra at 556. "The Constitution has left the performance of many duties in our governmental scheme to depend on the fidelity of the executive and legislative action and, ultimately, on the vigilance of the people in exercising their political rights." Id. at 556.

44 "(I)t is hostile to a democratic system to involve the judiciary in the politics of the people. And it is not less pernicious if such judicial intervention in an essentially political contest be dressed up in the abstract phrases of the law." Colegrove v. Green 328 U.S. 549 (1946) at 554.

45 Dissenting opinion ist ein dem Urteil beigefügter Urteilsentwurf, in dem die Richter, die überstimmt worden sind, die Gründe für ihre abweichende Ansicht niederlegen können.

rechtlich garantierten Rechts bisher immer Mittel und Wege gefunden hätten, dem Unrecht abzuhelfen[46].

Die Meinung von Rutledge[47] gab den Ausschlag zugunsten von Frankfurter. Rutledge war der Ansicht, daß der Supreme Court zwar Gerichtsbarkeit (jurisdiction) habe, daß er aber sein „equity power“[48] nicht ausüben solle, da unter anderem das unmittelbare Bevorstehen der Kongreßwahlen von 1946 Abhilfe vor den Wahlen ausschließe[49]. Colegrove v. Green beruht also auf Alternativgründen: keine equity bzw. ausschließliche Kompetenz des Kongresses, Abhilfe zu schaffen.

Was Colegrove v. Green nun wirklich entschieden hatte, blieb unter diesen Umständen natürlich sehr umstritten[50]. Doch hat sich bis Baker v. Carr mehr und mehr die Meinung durchgesetzt, daß der Supreme Court reapportionment-Fälle grundsätzlich abweise, da er sich nicht in das „politische Dickicht“ hineinwagen wolle. Frankfurters großes Prestige mag dabei mitgewirkt haben. Ein Beispiel für die Interpretation der reapportionment-Rechtsprechung des Supreme Court vor Baker v. Carr bietet ein Urteil des Supreme Court von Michigan, der in Scholle v. Hare[51] feststellte, daß das Gleichheitsgebot des 14. amendment[52] einen Einzelstaat nicht daran hindere, die Wahlkreise für Wahlen zum Staatssenat derart zu ziehen, daß sich eine erhebliche Ungleichheit des Stimmengewichts infolge ungleicher Bevölkerungszahl der Wahlkreise ergebe. Demzufolge fand der Michigan Supreme Court nichts zu beanstanden an einem im Jahre 1952 ergangenen Zusatzartikel zur Verfassung von Michigan, wonach die Wahlkreise für Wahlen zum Staatssenat praktisch auf dem Stand von 1925 eingefroren wurden[53].

Ein weiteres Beispiel dafür, wie sehr man Frankfurters Nichteinmischungstheorie (political thicket) für „the law of the land“ und

---

[46] "Federal courts have not hesitated to exercise their equity power in cases involving deprivation of property and liberty. There is no reason why they should do so where the case involves the right to choose representatives who make laws affecting liberty and property." Id. at 574.

[47] Concurring opinion, id. 564 at 566.

[48] „Equity power“ entspricht etwa dem kontinentalen „ius aequum“ im Gegensatz zu „ius strictum“ und bedeutet, daß das Gericht hier einen gewissen Billigkeits- bzw. Ermessensspielraum hat.

[49] Id. at 565, 566.

[50] Vgl. dazu Baker v. Carr, 369 U.S. 186 (1962) at 206 n. 27, at 232 et s., at 233 n. 59; Douglas, concurring opinion, id. 241 at 249; Clark, concurring opinion, id. 251 at 252; Frankfurter, dissenting opinion, id. 266 at 277 et s.; Jaffe, Louis L., Standing to Secure Judicial Review: Public Actions, 74 Harv.L.Rev. 1265 (1961) at 1298.

[51] 360 Mich. 1, 104 N.W. 2d 63 (1960), rev'd per curiam 369 U.S. 429 (1962).

[52] Zusatzartikel der Verfassung.

[53] Vgl. Scholle v. Hare, per curiam, 369 U.S. 429 (1962); Silva, Ruth C., Apportionment in New York, 30 Fordham L.Rev. 581 (1962) at 587.

stehende Rechtsprechung des Supreme Court ansah, bietet der Tennessee District Court, dessen Urteil später vom Supreme Court in Baker v. Carr aufgehoben wurde[54]. Dieses Untergericht führt aus, daß nach Durchsicht der Supreme Court Rechtsprechung gar kein Zweifel („no doubt") bestehen könne, daß Bundesgerichte den Gesetzgeber zur Vornahme eines reapportionment nicht zwingen dürften. Das Gericht ist zwar der Ansicht, daß es sich um einen ernsthaften Mißstand handle, der ohne weiteren Aufschub beseitigt werden sollte. Dennoch könne Abhilfe offenkundig („clearly") nicht von den Gerichten ausgehen[55].

Ohne weiteres und mit Recht kann deshalb behauptet werden, daß die Überraschung der amerikanischen Öffentlichkeit am Tag nach Baker v. Carr besonders deshalb so groß war, weil man das Gefühl hatte, daß hier der Supreme Court eine feststehende Rechtsprechung umgestoßen und etwas durchaus Neues geschaffen habe.

5. *Das Verhalten der Einzelstaatsgerichte.* Während also die Bundesgerichte ein Eingreifen in den Streit um das reapportionment bis 1962 abzulehnen schienen, war die Lage in den *Einzelstaaten* nicht so eindeutig.

In einigen Staaten der USA hat die Verfassung das reapportionment von der Legislative weggenommen und entweder einem eigenen Gremium oder dem Govenor übertragen. In diesen Staaten findet man Urteile bzw. ist anerkannt, daß die einzelstaatlichen Gerichte den Gesetzgeber zur Vornahme eines reapportionment zwingen bzw. die Einhaltung eines gewissen Stimmengleichgewichts dabei durchsetzen können[56].

Unter den Staaten, die die Kompetenz zur Vornahme eines reapportionment bei der Legislative belassen haben, gibt es eine Reihe, in denen die Staatsgerichtshöfe es abgelehnt haben, als Gerichte die Legislative zu einem reapportionment zu zwingen[57].

---

[54] 179 F.S. 824 at 826.

[55] Id. at 828: "... agrees that the evil is a serious one which should be corrected without further delay. But even so the remedy in this situation clearly does not lie with the courts."

[56] z. B. Alaska Const. art. VI § 11, wo der Governor mit einer Klage zum reapportionment gezwungen werden kann; Arizona Const. art. IV pt. 2 § 1 (eigenes reapportionment-Gremium), vgl. dazu Board of Supervisors of Maricopa County v. Pratt, 47 Ariz. 536, 57 P. 2d 1220 (1936); Arkansas Const. amend. XXIII § 5, wo der Supreme Court des Staates ermächtigt wird, das apportionment des State Board of Apportionment zu überprüfen, vgl. dazu Pickens v. Board of Apportionment, 220 Ark. 145, 246 S.W. 2d 556 (1952); Shaw v. Adkins, 202 Ark. 856, 153 S.W. 2d 415 (1941); auch Bailey v. Abington, 201 Ark. 1072, 148 S.W. 2d 176 (1941); Hawaii Const. art. III § 4; Missouri Const. art. III § 2—3 und art. III § 7—8, vgl. dazu Preisler v. Doherty, 365 Mo. 460, 284 S.W. 2d 427 (1955); u. a.

Das galt besonders, wenn zwar das apportionment anfänglich verfassungsgemäß gewesen, aber durch Änderungen der Bevölkerung etc. im Lauf der Zeit unrepräsentativ geworden war[58].

Andere Staatsgerichtshöfe dagegen haben gelegentlich ein Gesetz über das apportionment für verfassungswidrig erklärt, wenn es gegen bestimmte Vorschriften der Staatsverfassung verstieß[59]. Freilich darf nicht übersehen werden, daß die Staatsgerichtshöfe dabei immer zurückhaltend waren. So wird z. B. in Adams v. Bosworth[60] ausgeführt, jemand, der glaubt, daß seine politischen Rechte durch verfassungswidrige Gesetzgebung verletzt seien, könne das vermeintliche Unrecht nicht mehrere Jahre lang hingehen lassen[61] und erst zu einem Zeitpunkt vor Gericht gehen, in dem Verwirrung oder gar Chaos Folge der Feststellung der Verfassungswidrigkeit wäre. In dem vom Gericht entschiedenen Fall hatte der Antragsteller die Klage erst nach 13 Jahren erhoben. Ganz ähnlich entschied der New York Court of Appeals im Jahre 1911[62] in einer ähnlichen Sache. Der Kläger hatte die Klage erst erhoben, als bereits vier allgemeine Wahlen nach diesem Gesetz durchgeführt worden waren[63].

Interessant in diesem Zusammenhang ist auch Ragland v. Anderson[64], wo festgestellt wurde, daß die Erklärung des apportionment-Gesetzes von 1906 für verfassungswidrig nicht bedeute, daß auch das vorhergehende Gesetz von 1893 für verfassungswidrig erklärt werden müsse, obwohl es ebenfalls, wenn auch in einem geringeren Grad als das Gesetz von 1906, ungleiche Wahlkreise geschaffen hatte. Der Gerichts-

---

[57] Fergus v. Kinney, 333 Ill. 437, 164 N.E. 665 (1928); Fergus v. Marks, 321 Ill. 510, 152 N.E. 557 (1926); People ex rel. Fergus v. Blackwell, 342 Ill. 223, 173 N.E. 750 (1930); ferner Ex parte Rice, 273 Ala. 712, 143 So. 2d 848 (1962); Waid v. Pool, 255 Ala. 441, 51 So. 2d 869 (1951); People ex rel. Woodyatt v. Thompson, 155 Ill. 451 at 475, 40 N.E. 307 at 314 (1895); State ex rel. Barrett v. Hitchcock, 241 Mo. 433, 146 S.W. 40 (1912).

[58] Daly v. Madison County, 378 Ill. 357, 38 N.E. 2d 160 (1941); Smith v. Holm, 220 Minn. 486, 19 N.W. 2d 914 (1945); ferner State ex rel. Warson v. Howell, 92 Wash. 540, 159 Pac. 777 (1916).

[59] z. B. Stiglitz v. Schardien, 239 Ky. 799, 40 S.W. 2d 315 (1931); Ragland v. Anderson, 125 Ky. 141, 100 S.W. 865 (1907); Donovan v. Suffolk County Apportionment Commissioners, 225 Mass. 55, 113 N.E. 740 (1916); Giddings v. Blacker, 93 Mich. 1, 52 N.W. 944 (1892); Tishman v. Sprague, 293 N.Y. 42, 55 N.E. 2d 858 (1944); In re Dowling, 219 N.Y. 44, 113 N.E. 545 (1916); In re Sherill, 188 N.Y. 185, 81 N.E. 124 (1907); Brown v. Sanders, 159 Va. 28, 166 S.E. 105 (1932); State v. Cunningham, 81 Wis. 440, 51 N.W. 724, 83 Wis. 90, 53 N.W. 35 (1892).

[60] 126 Ky. 61, 102 S.W. 861 at 861 (1907).

[61] Das Gericht spricht von „passive consenting to it".

[62] In re Reynolds, 202 N.Y. 430 at 441/42, 96 N.E. 87 at 89 (1911).

[63] Vgl. auch State ex rel. Warson v. Howell, 92 Wash. 540, 159 Pac. 777 (1916).

[64] 125 Ky. 141, 100 S.W. 865 (1907).

hof stützte seine Meinung auf eine Art de-facto-Theorie und erklärte, daß das Gesetz von 1893 wirksam geworden sei, da die Gesetzgebung nun einmal nach ihm gewählt worden sei „(T)o hold it void would be to throw the government into chaos". Es sei zu spät, seine Verfassungsmäßigkeit zu diesem Zeitpunkt in Frage zu stellen. Die nächste Volksvertretung müsse trotz der Ungleichheiten mangels eines anderen nach diesem Gesetz gewählt werden. Man müsse das Vertrauen haben, daß die so gewählten Gesetzgeber aus Pflichtgefühl und gebunden durch ihren Amtseid zu den notwendigen Änderungen schreiten werden.

6. *Zusammenfassende Darstellung der Situation.* Zusammenfassend läßt sich zur Situation vor Baker v. Carr im Jahre 1962 in den USA folgendes sagen. Obwohl immer wieder in der Fachliteratur und in der Öffentlichkeit auf die Notwendigkeit hingewiesen wurde, Wahlkreise mit gleicher Bevölkerungszahl zu schaffen bzw. Ungleichheiten in periodischen Abständen durch ein faires reapportionment auszumerzen, war es ein in den Vereinigten Staaten durchaus vertrauter Übelstand, daß im apportionment bei den Wahlen[65] zu den Staatslegislativen und zum Parlament in Washington erhebliche Ungleichheiten bestanden. Diese Ungleichheiten waren teilweise vom Gesetzgeber bewußt geschaffen worden. Teilweise entstanden sie erst, als ursprünglich faires apportionment durch Landflucht, Bevölkerungsexplosion usw. unfair wurde. Soweit Ungleichheiten beabsichtigt waren, sind sie entweder mit dem Argument geschaffen worden, daß ähnlich wie auf Bundesebene — jeder Staat hat zwei Senatoren gleichgültig, wieviele Einwohner er hat[66] — auch auf der Ebene des Einzelstaates eine Kammer nach Bevölkerungsgesichtspunkten, die andere nach territorialen oder sonstigen Gesichtspunkten organisiert werden solle. Häufig entscheidend war auch die schlichte Überlegung, daß faires apportionment, egal in welcher Kammer und bei Wahlen zum Kongreß ebenso wie zum Einzelstaatsparlament, zwangsläufig eine Machtverschiebung zugunsten der immer mehr anschwellenden Städte bedeutet hätte. Letzteres läßt sich besonders in Fällen nachweisen, in denen sich Staatslegislativen jahrzehntelang sträubten, ein ursprünglich faires apportionment, das unfair geworden war, zu revidieren.

Die Bevölkerung stand dieser Entwicklung vielfach apathisch gegenüber und wurde sich der mit dem apportionment in den verschiedenen Staaten meist verbundenen Ungerechtigkeit nur allmählich bewußt. Wenn dann aus dem Bewußtsein, nicht gerecht und fair repräsentiert zu sein, der Versuch gemacht wurde, ein reapportionment nach Be-

---

65 Praktisch alle Wahlen, bei denen Wahlkreise eine Rolle spielten, selbst lokale Wahlen, waren mit diesem Übel behaftet.

66 U.S. Const. art. I § III.

völkerungsgrundsätzen anzuregen und durchzusetzen, stellte sich sehr bald heraus, daß die Aussichten für einen solchen Versuch ausgesprochen schlecht waren. In nahezu allen Fällen fürchteten die Gesetzgeber ihren eigenen Sitz durch ein faires reapportionment zu gefährden, und es kam trotz vieler Entwürfe, Debatten und Anträge keine Mehrheit zustande. Politische Druckmittel wie Volksbegehren etc. erwiesen sich, soweit es sie rechtlich in dem jeweiligen Einzelstaat überhaupt gab, als wenig erfolgreich. Wo sie wie in Washington State im Jahre 1956 zum Erfolg führten, waren sie von baldigen Änderungen durch die Staatslegislativen bedroht. Der Versuch, Verfassungsartikel, die Ungleichheiten im apportionment vorsahen, durch einen Verfassungskonvent ändern zu lassen, scheiterte in der Regel daran, daß die an der Aufrechterhaltung des status quo interessierte Staatslegislative Einberufungs- oder andere Rechte hatte. Der Kongreß schritt gegen Ungleichheiten im apportionment der Kongreßwahlkreise, die bekanntlich von den Einzelstaaten gebildet werden, nicht ein, da ein Repräsentant nicht den Wahlkreis des anderen antasten wollte und gleiches von seinem Kollegen erwartete. Die Bundesgerichte schienen sich konstant gegen die Übernahme der Verantwortung zu wehren und schoben die Verantwortung anderen Gewalten zu. Die einzelstaatlichen Gerichte griffen mangels ausdrücklicher Ermächtigung durch die Landesverfassung nur in manchen Einzelstaaten und dann nur zögernd ein.

Das Problem schien unlösbar. Resignation der unterrepräsentierten Stadtbevölkerung nahm überhand. Der Zustand schien das ganze demokratische System, auf das man in den Vereinigten Staaten so stolz ist, zu desavouieren. Eine große Zahl von drängenden Problemen, insbesondere die Probleme der Städte, der Reform der lokalen Verwaltungsbezirke, der Subventionen an die Städte, der Reform der Steuerkompetenzen und Steuergeldverteilung etc. wurden von Kritikern immer öfter mit den Ungleichheiten im apportionment und der demzufolge zahlenmäßig zu geringen Vertretung der Städte im Kongreß und in den Einzelstaatsparlamenten in Zusammenhang gebracht. Das Problem schrie förmlich nach einer Lösung, als im Jahre 1962 der Supreme Court in Baker v. Carr sich erneut mit den Fragen eines fairen apportionment auseinanderzusetzen hatte.

Zweites Kapitel

Baker v. Carr und die Rechtsprechung des Supreme Court der Vereinigten Staaten zum reapportionment

> **"Scarcely any political question arises in the United States that is not resolved, sooner or later, into a judicial question."**
> **(*Tocqueville*, Democracy in America)**

1. Wie jedes große Ereignis hatte auch die *Entscheidung* Baker v. Carr ihre *Vorboten*. Schon im Jahre 1956 hatte ein Bundesgericht[1] festgestellt: "Biased inaction has had the same result as biased action. It is a denial of the equal protection of the law[2]." Das Unterlassen der Legislative, ein reapportionment durchzuführen, wurde von dem Gericht als Verletzung des Verfassungsgrundsatzes des gleichen Schutzes durch das Gesetz (equal protection clause) angesehen und das Gericht drohte mit weiteren Maßnahmen für den Fall, daß innerhalb einer gewissen Zeit kein reapportionment vorgenommen worden sei. Die Drohung war erfolgreich und führte zu einem reapportionment des Gesetzgebers.

Drei Jahre später kam ein Federal District Court in Margrave v. Donovan[3] für Minnesota zu derselben Schlußfolgerung. Angesichts krasser Ungleichheiten — die Einwohnerzahlen der Wahlkreise variierten bei den Senatsdistrikten in einem Verhältnis von etwa 9 : 1, bei den Repräsentantenhausdistrikten in einem Verhältnis von nahezu 15 : 1[4] — führte das Gericht aus, daß die Untätigkeit der Legislative in der Frage des reapportionment gegen das 14. amendment und andere Vorschriften verstoße und daß das Gericht sich weitere Schritte vorbehalte, falls nicht das Parlament innerhalb einer gewissen Zeit das reapportionment durchführe. Der Streit kam nur deshalb nicht vor

---

1 Dyer v. Abe, 138 F.S. 220 (D.Hawaii 1956); rev'd 256 F. 2d 728 (9th Circ. 1958), da inzwischen ein apportionment von der Legislative durchgeführt worden war.

2 Id. at 226.

3 177 F.S. 803 (D.Minn. 1959).

4 s. o. Kap. 1, II.

den Supreme Court, weil die Legislative es auf einen Kampf mit der Judikative nicht ankommen lassen wollte und es vorzog, selbst ein apportionment-Gesetz zu erlassen.

2. Als weiterer Vorbote kann die im Jahre 1960 ergangene Entscheidung des Supreme Court *Gomillion v. Lightfoot*[5] angesehen werden, obwohl sich Mr. Justice Frankfurter, der das Urteil schrieb, alle Mühe gab, die Entscheidung von Colegrove v. Green abzusetzen. Im Jahre 1957 hatte der Gesetzgeber von Alabama die Grenzen der Stadt Tuskegee neu bestimmt und dabei aus einem Rechteck eine merkwürdig unregelmäßige, achtundzwanzigeckige Figur geschaffen. Dies war offensichtlich nur zu dem Zweck erfolgt, möglichst alle Negerwähler aus den Stadtgrenzen zu entfernen (von 400 alle bis auf 4 oder 5, während kein einziger weißer Wähler bzw. Einwohner getroffen wurde). Diese Rassendiskriminierung, so führte Frankfurter aus[6], hebe den Streit aus der „politischen" Arena heraus und lasse die Verletzung eines bundesrechtlich garantierten Rechts erkennen, nämlich ohne Rücksicht auf Rasse an städtischen Wahlen teilnehmen zu dürfen.

Während Frankfurter betonte[7], daß es sich hier um das 15. und nicht das 14. amendment handle und daß hier anders als in Colegrove v. Green erst ein positives Einschreiten des Gesetzgebers die Ungleichheit hervorgerufen habe, wies Douglas trotz grundsätzlicher Bejahung der Entscheidung auf seine dissenting opinions[8] in Colegrove v. Green[9] und in South v. Peters[10] hin und Whittaker schrieb eine concurring opinion[11], in der er dasselbe Ergebnis statt auf das 15. amendment auf den Gleichbehandlungssatz des 14. amendment stützte.

3. Als erste in einer Reihe von Entscheidungen des Supreme Court der Vereinigten Staaten zum reapportionment erging *Baker v. Carr* am 26. März 1962[12, 13]. Der Prozeß hatte schon während seiner Dauer großes Aufsehen und Interesse erregt, und eine ganze Menge von amici curiae[14] hatten ihre Rechtsansichten in kurzen Stellungnahmen

---

5 364 U.S. 339 (1960).

6 Id. at 347.

7 Id. at 346 et s.

8 In der dissenting opinion legt der Richter, der von der Mehrheit überstimmt worden ist, die Gründe dar, die ihn zu einem anderen Urteilsspruch veranlaßt hätten.

9 328 U.S. 549.

10 339 U.S. 276.

11 Concurring opinion ist ein Alternativurteilsentwurf der Richter, die zwar im Ergebnis dem Urteilsspruch zustimmen, aber diesen anders als die Mehrheit begründen möchten.

12 369 U.S. 186 (1962).

13 Vgl. für die Vorgeschichte: 175 F.S. 649 at 652; 179 F.S. 824; 369 U.S. 186, prob. juris. noted; 366 U.S. 907 rearg.

vorgebracht. Der Fall war zwei Jahre vor dem Supreme Court anhängig und statt der üblichen zwei Stunden mündlicher Verhandlung fanden sechs Stunden statt[15]. Der Streit ging um das reapportionment in Tennessee. Der Apportionment Act von 1901 hat nach dem Vorbringen der Kläger schon damals Ungleichheiten verursacht[16]. In den mehr als 60 Jahren seit Ergehen dieses Gesetzes sind alle Vorschläge für ein reapportionment in beiden Kammern von Tennessee gescheitert[17] und infolge von Bevölkerungszuwachs und Bevölkerungsumschichtung sind die bestehenden Ungleichheiten im Stimmengewicht vergrößert bzw. neue geschaffen worden.

Das Urteil besteht aus den Urteilsgründen, die von Brennan geschrieben worden sind[18], und aus drei concurring opinions von Douglas[19], Clark[20] und Stewart[21]. Frankfurter und Harlan schrieben je eine dissenting opinion[22].

a) Das von *Brennan* begründete Urteil zeichnet sich dadurch aus, daß es rein prozessualer Natur ist. Das sonst in anglo-amerikanischen Urteilen, besonders Supreme Court Urteilen, genau oft nur schwer faßbare holding[23] wird hier ausdrücklich und unmißverständlich formuliert[24]. Das Gericht beschränkt sich darauf zu entscheiden, daß die sachliche Zuständigkeit (jurisdiction) des District Court gegeben ist, daß die Kläger Klagebefugnis (standing to challenge the statutes) haben und daß keine sog. politische Frage vorliegt, die zu entscheiden das Gericht nicht berufen wäre. Die materiellen Fragen bleiben offen.

Nach Darstellung des Sachverhalts, kurzem Eingehen auf die Entscheidung der Vorinstanz[25] und Formulierung des eigenen holding stellt das Gericht die Frage nach der sachlichen Zuständigkeit (jurisdiction) und findet ohne Mühe[26], daß die Behauptung der Kläger, unter Verstoß gegen das 14. amendment ungleich behandelt worden zu sein, genügt,

---

14 Die Stellung eines amicus curiae entspricht in etwa der eines Beigeladenen im technischen Sinn des Prozeßrechts.

15 Dies hebt Clark ausdrücklich hervor, Baker v. Carr, 369 U.S. 186, 251 (1962) at 258.

16 Supra at 192.

17 Id. at 191 mit Nachweisen.

18 Id. at 187 et s.

19 Id. at 241 et s.

20 Id. at 251 et s.

21 Id. at 265 et s.

22 Id. at 266 et s.; id. at 330 et s.

23 Holding sind die entscheidungserheblichen Urteilsgründe, die im Rahmen des Präjudiziensystems andere Gerichte binden.

24 Id. at 197 et s.

25 District Court of the Middle District of Tennessee.

26 Id. at 198 et s.

den Streit zu einem verfassungsrechtlichen zu machen[27], falls diese Behauptung nur nicht offensichtlich unfundiert ist.

Als nächster Punkt steht die Klagebefugnis der Kläger zur Debatte[28]. Auch dies stellt das Gericht vor keine großen Probleme. Das Recht des Bürgers, frei von willkürlicher Benachteiligung wählen zu können, ist ein bundesrechtlich geschütztes Recht. Ein Kläger, der behauptet, in diesem seinem Recht verletzt zu sein, ist klagebefugt. Von dem Satz Frankfurters in Colegrove v. Green[29], „The basis for the suit is not a private wrong, but a wrong suffered by Illinois as a polity", der zu so vielen Diskussionen Anlaß gegeben hatte, ist nur kurz in einer Anmerkung[30] die Rede.

Nach diesen Ausführungen kommt das Gericht zum Kernpunkt des Urteils, nämlich zur Frage, nach der Justiziabilität des apportionment-Problems[31].

Das Gericht geht diese Frage in zwei Etappen an. Zunächst prüft es die Lehre von der Nichtjustiziabilität politischer Fragen. In einem zweiten Schritt wird dann festgestellt, daß die Frage der Ungleichbehandlung durch malapportionment nicht in den abgegrenzten Kreis „politischer" Fragen fällt und daß insoweit auch keine entgegenstehenden Präjudizien des Gerichts selbst vorliegen[32].

Die Lehre von der Nichtjustiziabilität politischer Fragen zu umreißen, erfordert einige Mühe, und das Gericht nimmt es auf sich, eine große Anzahl von einschlägigen Entscheidungen Revue passieren zu lassen. Diese Entscheidungen werden, wie das auch in der Literatur geschieht[33], in verschiedenen Gruppen zusammengefaßt: Auswärtige Beziehungen (z. B. Anerkennung fremder Staaten, Anerkennung als Vertreter eines auswärtigen Staates etc.); Beginn und Ende des Kriegszustandes; Frage, ob ein Gesetz zustandegekommen und den erforderlichen Formalien Genüge getan ist; Frage des Status der Indianerstämme; schließlich die durch die Verfassung[34] vorgesehene Garantie einer republikanischen Regierungsform in den Einzelstaaten durch die USA (sog. Garantieklausel).

Das Gericht geht ausführlich auf die einzelnen Fälle ein und sucht dabei jedesmal deutlich zu machen, daß die bloße Tatsache, daß eine

---

[27] U.S. Const. art. III § 2.

[28] Id. at 204 et s.

[29] 328 U.S. 549 (1946) at 552.

[30] Id. at n. 27.

[31] Id. at 208 et s.

[32] Dies ist die Methode des sog. distinguishing.

[33] Field, Oliver P., The Doctrine of Political Questions in the Federal Courts, 8 Minn.L.Rev. 485 (1924) at 486 et s.

[34] U.S. Const. art. IV § 4.

der genannten Situationen vorliegt, nicht ausschlaggebend ist. In jedem einzelnen Fall muß vielmehr nach dem wirklichen Sinn der Nichteinmischung der Gerichte geforscht werden. So wird z. B. bei der Fallgruppe der auswärtigen Beziehungen erläutert, daß ein Gericht zwar in aller Regel nicht untersuchen wird, ob ein völkerrechtlicher Vertrag beendet ist, da hinsichtlich dieser Frage ausschließlich das Verhalten der Exekutive entscheidend ist. Doch steht es dem Gericht frei, festzustellen, daß ein solcher Vertrag besteht, und aus dem so gefundenen Vertrag eine Antwort für den anhängigen Rechtsfall zu finden[35].

Aus der Vielzahl der Entscheidungen, die das Gericht unter die Lupe nimmt, schält sich allmählich heraus, wie der Supreme Court die Lehre von der Nichtjustiziabilität politischer Fragen im Lichte seiner eigenen Rechtsprechung versteht. Nach Ansicht des Supreme Court ist die Nichtjustiziabilität politischer Fragen im wesentlichen ein Ausfluß der Gewaltenteilung[36]. Deshalb kommt es nicht darauf an, ob ein Fall politisch brisant ist oder ob ein auf seine Verfassungsmäßigkeit zu untersuchendes Gesetz oder Verhalten des Gesetzgebers ein „politischer Fall“[37] ist. Vielmehr ist ausschlaggebend, ob die Entscheidung des dem Gericht jeweils (manchmal nur inzident) vorliegenden Problems einer anderen Gewalt, also der Legislative oder der Exekutive, überlassen werden muß.

Nun ist es aber keineswegs leicht, diese Frage zu beantworten, und das Gericht bringt deshalb einen ganzen Katalog von Kriterien, die erkennen lassen sollen, ob eine Frage eine politische im Sinne der neuinterpretierten Doktrin ist. In jedem Fall, in dem der Supreme Court das Vorliegen einer politischen Frage bejaht habe, habe dem Fall ganz offensichtlich[38] angehaftet[39]:

entweder die aus dem Verfassungstext nachweisbare Übertragung der Entscheidung der Frage an eine gleichgeordnete politische Gewalt;

oder das Nichtvorhandensein von Maßstäben und Kriterien, die das Gericht zur Lösung der Frage herausarbeiten und anwenden könnte;

oder die Unmöglichkeit, den Fall zu entscheiden, ohne gleich zu Anfang eine Grundsatzentscheidung politischer Art zu treffen, wie sie offensichtlich nicht Sache der Gerichte ist;

oder die Unmöglichkeit, eine unabhängige Lösung des Falles zu finden, ohne mit gleichgeordneten Gewalten in Konflikt zu kommen;

---

35 "(C)an construe a treaty."

36 Supra at 212 mit verschiedenen Nachweisen aus der Rechtsprechung des Supreme Court.

37 Id. at 217.

38 "(P)rominent on the surface of any case ..."

39 Id. at 217.

oder ein außergewöhnlich starkes Bedürfnis für Beachtung einer einmal gefällten politischen Entscheidung;

oder die Möglichkeit von Unklarheit und Verwirrung, wenn differierende Entscheidungen verschiedener Gewalten über dieselbe Frage erfolgen.

Das Gericht geht dann auf die Problematik der in der Verfassung vorgesehenen Garantie einer republikanischen Regierungsform in den Einzelstaaten durch die USA ein[40] und stellt an Hand der Rechtsprechung des Supreme Court fest, daß es sich auch dabei nur um einen Teil der Lehre von der Nichtjustiziabilität politischer Fragen handelt, und daß es die oben genannten Kriterien sind, die den Gerichten eine Entscheidung darüber, ob eine Regierungsform in einem Einzelstaat republikanisch ist, aus den Händen nehmen.

Nach all diesen Ausführungen kommt das Gericht schließlich[41] zum eigentlich strittigen Problem des Falles, zur Justiziabilität der reapportionment-Frage. Das Gericht geht in drei Schritten vor.

Zuerst stellt es fest, daß die Frage des reapportionment zwar ein politischer Fall in dem Sinne ist, daß der Verteilung politischer Macht, hier reapportionment der Legislative in Tennessee, hereinspielt. Keines der oben herausgearbeiteten Kriterien für das Vorliegen einer nichtjustiziablen politischen Frage ist jedoch gegeben. Vielmehr geht es hier allein um die Vereinbarkeit einzelstaatlichen Verhaltens mit der Bundesverfassung. Das Gericht führt aus, daß keine Frage vorliegt, die von einer dem Supreme Court auf gleicher Ebene gegenüberstehenden politischen Gewalt entschieden worden ist oder zu entscheiden wäre. Auch besteht keine Gefahr, daß durch die Entscheidung der Frage durch das Gericht die auswärtigen Beziehungen der USA gestört oder schwerwiegende Unruhen im eigenen Land hervorgerufen werden. Schließlich sind die Maßstäbe und Kriterien dafür, ob das Gleichbehandlungsgebot des 14. amendment verletzt ist, gut entwickelt und vertraut. Diskriminierung, so formuliert das Gericht etwas überspitzt, ist keine „politische“ Entscheidung, sondern Willkür.

In einem zweiten Schritt[42] erklärt das Gericht, für das Vorliegen einer politischen Frage sei es unbeachtlich, ob sich die Kläger außer auf den Gleichheitssatz zusätzlich auch auf die nichtjustiziable Garantieklausel des Art. IV der Verfassung[43] stützen.

Zuletzt sucht das Gericht nach Präjudizien bzw. bemüht sich nachzuweisen, daß keine seiner früheren Entscheidungen dem jetzigen Ergeb-

[40] U.S. Const. art. IV § 4.

[41] Supra at 226.

[42] Id. at 227.

[43] U.S. Const. art. IV § 4.

nis entgegenstehen[44]. Dafür, daß eine Frage nicht schon deshalb nichtjustiziabel ist, weil sie das einzelstaatliche Regierungssystem berührt, wird Gomillion v. Lightfoot[45] zitiert. Soweit einzelstaatliche Macht allein im Bereich einzelstaatlichen Interesses ausgeübt wird, kann richterliche Nachprüfung nicht stattfinden. Aber sobald einzelstaatliche Macht dazu benutzt wird, ein bundesrechtlich geschütztes Recht anzutasten, entfällt diese Immunität[46]. Colegrove v. Green und die ganze Reihe ähnlicher Urteile, die bis dahin meist so verstanden wurden, daß sie die apportionment-Problematik als nichtjustiziable politische Frage behandelten, werden von dem hier zur Entscheidung stehenden Fall des apportionment einer einzelstaatlichen Legislative unterschieden[47] bzw. in einer Weise umgedeutet, daß man den Eindruck hat, daß Baker v. Carr kein Bruch in der Rechtsprechung des Supreme Court ist[48].

b) *Douglas* gibt in seiner concurring opinion[49] zunächst einen gründlichen Überblick über die Wahlrechtsbestimmungen der Verfassung der Vereinigten Staaten. Er macht deutlich, daß es zwar Sache der Einzelstaaten ist, Wahlfähigkeit etc. für Wahlen im Einzelstaat grundsätzlich selber und für Wahlen zum Kongreß näher zu regeln, daß aber die Verfassung der USA im 15. amendment[50], im 19. amendment[51] und im 14. amendment[52] eine dreifache Schranke an diese Kompetenz der Einzelstaaten anlegt. Entscheidungen unter der Gleichbehandlungsklausel sind nicht komplizierter als solche etwa unter der Rechtsstaatlichkeitsklausel[53] oder der „commerce"-Klausel[54]. Diskriminierung gegen Gruppen von Wählern ist verfassungswidrig, und mit Ausnahme von Colegrove v. Green und den damit verwandten Entscheidungen hat der Supreme Court den Schutz des Wahlrechts immer als seine Aufgabe und als in seiner Macht liegend angesehen[55].

---

44 Id. at 229 et s.

45 s. o. Kap. 2, 2.

46 Supra at 231; Gomillion v. Lightfoot, 364 U.S. 339 (1960) at 347.

47 Hierbei handelt es sich um den dem anglo-amerikanischen Recht eigenen, mit dem Präjudiziensystem zusammenhängenden Vorgang des distinguishing.

48 Darauf einzugehen, wie das Gericht die einzelnen Fälle neu interpretiert und ob ein overruling (ausdrückliche Änderung der Rechtsprechung) vorliegt, ist im Rahmen der hier zu untersuchenden Problematik nicht dienlich.

49 Supra at 241 et s.

50 Gleichheit der Rassen etc.

51 Gleichheit der Geschlechter.

52 Gleichbehandlungsgrundsatz, sog. equal protection clause.

53 Due process, 5. und 14. amendments.

54 Art. I § 8 n. 3.

55 Douglas läßt damit durchblicken, daß die Neuinterpretation von Colegrove v. Green und ähnlicher Fälle einem overruling gleichkommt.

c) *Clark* ist in seiner concurring opinion[56] der Ansicht, daß das Gericht sich nicht mit einem rein prozessualen Urteil hätte begnügen sollen. Er skizziert deshalb die Urteilsgründe für ein Sachurteil. Das apportionment in Tennessee ist „a crazy quilt without rational basis"[57]. Keine rationale gesetzgeberische Entscheidung kann festgestellt werden, es sei denn die, um jeden Preis den status quo unvertretbarer Diskriminierung (sog. invidious discrimination) aufrechtzuerhalten[58]. Trotz der damit vorliegenden Verletzung der equal protection clause[59] würde Clark ein Eingreifen des Gerichts ablehnen, wenn es für das Volk von Tennessee einen anderen Weg gäbe[60]. Er stellt aber fest, daß im Fälle von Tennesse alle denkbaren anderen Möglichkeiten (Initiativbegehren bzw. Referendum, Appell an die Legislative, Einberufung einer verfassungsändernden Versammlung, Einflußnahme des Governor, Abhilfe durch den Kongreß, erfolgreiche Klage vor einzelstaatlichen Gerichten) ausscheiden und, wenn überhaupt, nur Hilfe von den Bundesgerichten kommen kann. Hinsichtlich der den Bundesgerichten zur Verfügung stehenden richterlichen Maßnahmen stellt Clark fest[61], daß der Vornahme eines reapportionment durch das Gericht selber grundsätzlich nichts entgegenstehe. Clark schließt mit dem Hinweis auf die fundamentale Bedeutung einer wirklich repräsentativen Volksvertretung, des Kernpunktes des amerikanischen Regierungssystems.

d) Die concurring opinion von *Stewart*[62] beschränkt sich im wesentlichen darauf, noch einmal das holding[63] klar zu umreißen und zu betonen, daß die materielle Entscheidung der Frage noch völlig offen ist.

e) Die sich über mehr als 60 Seiten ausdehnende *dissenting opinion*[64] von *Frankfurter*[65], der sich Harlan anschließt, ist gewissermaßen die Bibel all derer, die sich zur Bejahung gerichtlichen Eingreifens in die apportionment-Problematik nicht entschließen können.

Gleich im ersten Satz hält Frankfurter dem Supreme Court vor, daß er in diesem Urteil eine stehende Rechtsprechung, die in rund einem Dutzend Fällen verankert ist, hinwegfegt. Dies gibt Anlaß, die

[56] Id. at 251 et s.
[57] Id. at 257.
[58] Id. at 258.
[59] 14. amendment.
[60] Id. at 258 et s.
[61] Id. at 260.
[62] Id. at 265.
[63] Tragende, andere Gerichte präjudiziell bindende Urteilsgründe.
[64] Zur Funktion der dissenting opinions Chief Justice Hughes, The Supreme Court of the United States (1928) at 68.
[65] Supra at 266 et s.

ganze Stellung des Supreme Court im amerikanischen Regierungssystem zu überdenken. Da die Autorität des Supreme Court letztlich auf dem Vertrauen der Bürger in ihn und seine völlige Unparteilichkeit besteht, kann eine Einmischung in politischen Streit, wie sie in diesem Urteil erfolgt, leicht zu einer Schädigung des Prestiges des Supreme Court und zu einer Gefährdung seiner Stellung im Verfassungssystem überhaupt führen. Es gibt unzählige Möglichkeiten, Grenzlinien eines Wahlkreises zu ziehen. Die Gerichte haben keine Maßstäbe und Kriterien dafür, wie sie diese „mathematischen Rätsel“[66] lösen sollen, selbst wenn sie ernsthaft versuchen, neutral zu bleiben. Den Richter solche politischen Entscheidungen treffen zu lassen, bedeutet, auch wenn das schmeichelhaft für ihn sein mag, ihn allzuständig und allmächtig zu machen[67]. Statt die Aufgabe einer informierten und wachen Wählerschaft zu überlassen, wo sie hingehört, hat nach Ansicht von Frankfurter der Supreme Court in Baker v. Carr den Versuch unternommen, den Gesetzgeber unter Druck zu setzen, obwohl dem Gericht die Macht dazu fehlt, dieser Drohung gegen den Willen der anderen Gewalten Nachdruck zu verleihen. Auch dies muß die Autorität des Supreme Court in höchstem Grade belasten.

Frankfurter geht dann dazu über, nachzuweisen, daß der Supreme Court in Wirklichkeit die Colegrove-Doktrin preisgegeben habe[68]. Auch Frankfurter befaßt sich dabei mit der Lehre von der Nichtjustitiabilität politischer Fragen und betrachtet ebenfalls eine große Zahl von Entscheidungen[69]. Frankfurter stellt dabei mehrere Kriterien heraus.

Da ist die Notwendigkeit, daß in gewissen Dingen, etwa auswärtige Beziehungen oder Krieg, der Staat nur mit einer einzigen Stimme spricht. Da ist der Mangel an befriedigenden Kriterien für eine gerichtliche Entscheidung. Der Supreme Court hat sich ferner besonders zurückhaltend gezeigt, wenn es darum ging, sich in Angelegenheiten einzumischen, die Struktur und Organisation der politischen Institutionen der Einzelstaaten berühren. Das Eingreifen des Gerichts in Fällen rassisch bedingter Wahlrechtsentziehung ist keine Ausnahme von diesem Grundsatz, da diesbezüglich ein klares und unzweideutiges Verfassungsgebot besteht[70]. Schließlich liegt es nicht in der Tradition des Supreme Court, den Schiedsrichter in Angelegenheiten zu spielen, die historisch gesehen anderswo, nämlich in der politischen Arena, ausgefochten werden (so etwa die Garantie einer republikanischen Regierungsform)[71].

---

[66] "(M)athematical quagmire", supra at 268.

[67] Id. at 268.

[68] "(O)verruled", id. at 277.

[69] Id. at 281 et s.

[70] Id. at 285.

[71] U.S. Const. art. IV § 4.

Apportionment-Fälle wie der vorliegende fallen nach der Ansicht von Frankfurter in Wahrheit unter die Garantie-Klausel des Art. IV der Verfassung[72]. Sich hier auf die Gleichheit des Wahlrechts zu berufen, geht am Problem vorbei. Die Wahl ist nicht behindert, und die Stimmen werden gezählt. Die Frage ist vielmehr, ob die Verfassung eine bestimmte Basis für die Repräsentation vorschreibt. Das Gleichheitsgebot des 14. amendment gibt aber hierfür nichts her[73]. Die Frage nach der Grundlage für die Repräsentation (Bevölkerung, Territorium, funktionelle Gliederung etc.) betrifft in Wahrheit die republikanische Regierungsform und ist deshalb nicht justiziabel. Die equal protection clause heranzuziehen, bedeutet, sich bereits damit für eine bestimmte Theorie über die Grundlage der Repräsentation zu entscheiden.

Um nachzuweisen, daß die equal protection clause historisch nicht auf das apportionment anwendbar ist, unternimmt es Frankfurter, einen detaillierten geschichtlichen Überblick über das apportionment in Großbritannien und den USA zu geben und anschließend die gegenwärtige Situation zu beleuchten. Frankfurter folgert aus den eindrucksvollen Ungleichheiten, wie sie seit jeher bestanden haben und noch bestehen, daß es sich dabei nicht nur um Abweichungen von einem allgemein akzeptierten Standard gleichen Gewichts aller Stimmen handelt, sondern daß dieser Standard als solcher beim apportionment weder besteht noch jemals bestanden hat[74]. Apportionment ist ein komplexer Vorgang, der allen möglichen Gesichtspunkten Rechnung tragen kann: Gesichtspunkte demographischer oder geographischer Art, Bequemlichkeit für den Wähler, wirtschaftliche oder soziale Zusammengehörigkeit oder Unterschiede zwischen bestimmten Bevölkerungsgruppen, Transport- und Kommunikationsprobleme, Einflußmöglichkeiten von Interessengruppen, Tradition und Herkommen, Erhaltung des Wahlkreises für Amtsinhaber mit langer Erfahrung und hohem Senioritätsrang usw.[75]. Da es ganz konkret um Machtverteilung geht, bedeutet jede Einmischung der Gerichte nur neue Spannung.

Selbst wenn man ein Einschreiten des Gerichts befürwortet, ist eine Verfassungswidrigkeitserklärung ohne Sanktion nutzlose Drohung. Auf der anderen Seite sind Maßnahmen wie richterliche Anordnungen (injunction) oder gar Vornahme des reapportionment durch das Gericht selbst in höchstem Maße fragwürdig.

---

[72] Supra at 297.

[73] Im Gegensatz dazu findet sich im 15. amendment ein klares Verbot jeglicher rassischen Diskriminierung. Gomillion v. Lightfoot, 364 U.S. 339 (1960).

[74] Supra at 322 et s.

[75] Id. at 323.

f) *Harlan* schreibt eine eigene *dissenting opinion*, der sich umgekehrt Frankfurter anschließt[76]. Harlan weist darauf hin, daß die ganze Kontroverse auf unterschiedliche Ansichten über repräsentatives Regierungssystem zurückzuführen ist[77]. Wie die Existenz des Senats auf Bundesebene nahelegt, kann auch der Einzelstaat zwischen verschiedenen politischen Philosophien über repräsentatives Regierungssystem und Repräsentationsbasis wählen. Solange eine solche Wahl und nicht reine Willkür festzustellen ist, haben Bundesgerichte bei der Lösung eines intern einzelstaatlichen politischen Konflikts nichts zu suchen.

4. Ein knappes Jahr nach Baker v. Carr[78] entschied der Supreme Court den Fall *Gray v. Sanders*[79]. Hier ging es um das sog. county unit system in Georgia. In den Parteiwahlen (hier eine demokratische primary) um die Nominierung des Kandidaten für das Amt eines Governor, Senator oder für ein sonstiges überlokales Amt, spielten in einem komplizierten Verfahren neben den Stimmen der Einzelwähler (popular votes) die sog. county unit votes eine entscheidende Rolle. Die Wahl war nämlich zur Zeit der mündlichen Verhandlung vor dem vorinstanzlichen Gericht so ausgestaltet, daß counties bis zu 15 000 Einwohnern je zwei Einheiten (units), für die nächsten 5 000 Einwohner eine zusätzliche, eine weitere für die nächsten 10 000 Einwohner, dann zweimal je eine weitere für noch einmal 15 000 Einwohner und schließlich zwei weitere Einheiten für jede zusätzlichen 30 000 Einwohner hatten. Die Kläger beklagten sich über ungleiches Stimmengewicht[80].

a) Der *District Court* hatte in Anlehnung an Baker v. Carr die prozessualen Voraussetzungen bejaht und war materiell zu dem Ergebnis gekommen, daß bei dem county unit system einer county nicht weniger Einheiten zugeteilt werden dürfen, als ihr proportional zu ihrer Bevölkerung bzw. zu der Gesamtzahl der in der county abgegebenen Stimmen bei einer nicht allzu fern liegenden Governorwahl oder bei

---

[76] Id. at 330 et s.

[77] Id. at 330.

[78] Der Supreme Court hatte inzwischen schon in zwei anderen Fällen mit apportionment-Problemen zu tun gehabt: Scholle v. Hare, 369 U.S. 429 (1962), ein Monat nach Baker v. Carr, und WMCA, Inc. v. Simon, 370 U.S. 190 (1962), drei Monate später. Der Supreme Court hatte aber in beiden Urteilen zur materiellen Frage keine Stellung genommen, sondern die instanzgerichtlichen Urteile in per curiam-Entscheidungen (ganz knapp gefaßte Entscheidungen ohne nähere Begründung) aufgehoben und zur Neuentscheidung im Lichte von Baker v. Carr zurückverwiesen.

[79] 372 U.S. 368 (1963).

[80] Die genannte Organisation des county unit system stellte schon eine verbesserte, und zwar eine am Tag der mündlichen Verhandlung vor dem District Court offenbar unter dem Druck gerichtlichen Eingreifens angenommene Fassung des ursprünglichen Systems dar, das Ungleichheiten bis zu 99 : 1 aufgewiesen hatte.

der letzten Präsidentenwahl zustehen, wobei jedoch Abweichungen hiervon zulässig sein sollen, soweit sie nicht größer sind als die bei Wahlen auf Bundesebene[81]. An Hand dieser Kriterien hatte der District Court eine Verletzung des 14. amendment festgestellt und eine injunction[82] gegen jede weitere Parteiwahl erlassen, die unter einem dem instanzgerichtlichen Gleichheitsstandard nicht entsprechenden county unit system durchgeführt würde[83].

b) Der *Supreme Court*[84] führt aus, daß der District Court zu Recht die Durchführung der Parteienwahlen (primaries) als staatliches Handeln im Sinne des 14. amendment ansieht[85]. Interessant ist die materiellrechtliche Behandlung des Problems. Nach Ansicht des Supreme Court hat der vorliegende Fall nichts mit Baker v. Carr zu tun, da es hier nicht um die Frage geht, inwieweit das 14. amendment die Kompetenz der Einzelstaaten, Wahlkreise und ihre Grenzen zu bestimmen, einschränkt. Auch Gomillion v. Lightfoot mit seiner Wahlkreisgeometrie ist nicht einschlägig. Die Frage, ob ein Einzelstaat in Parallele zum bundesstaatlichen Zweikammernsystem die Wahlkreise für die Wahlen zu einer seiner beiden Kammern nach einem anderen als dem Bevölkerungsprinzip einrichten kann, ist ebenfalls nicht betroffen. Der Supreme Court behandelt den vorliegenden Fall als einen reinen Wahlrechtsfall. Wenn einmal die geographische Einheit, die einen Abgeordneten stellen darf, bestimmt worden ist, müssen alle Wahlteilnehmer dasselbe Wahlrecht haben, ohne Rücksicht auf ihre Rasse, ihr Geschlecht, ihre Beschäftigung, ihr Einkommen oder ihren Wohnsitz innerhalb der geographischen Einheit. Dies folgt aus der equal protection clause des 14. amendment. Auch das Konzept „we the people", wie es aus der Verfassung hervorgeht, sieht keine bevorzugte Klasse von Wählern vor, sondern geht von einer Gleichheit all derer aus, die gewisse Mindestanforderungen erfüllen[86]. Geradezu pathetisch erklärt das Gericht: „Die Konzeption politischer Gleichheit von der Unabhängigkeitserklärung bis zu Lincoln's Gettysburger Adresse und zu den 15., 17. und 19. amendments kann nur eines bedeuten — ‚one person, one vote'[87]."

Das county unit system in Georgia, das, wie oben ausgeführt, bei überlokalen Wahlen etwa zum Governor etc. (die geographische Einheit

[81] Infolge des Senatswahlsystems, vgl. genauer 203 F.S. 158; zitiert auch in Gray v. Sanders, 372 U.S. 368 (1963) at 373 n. 5.

[82] Richterliche Verfügung, hier Verbot.

[83] 203 F.S. 158.

[84] Die Urteilsgründe sind von Douglas geschrieben worden.

[85] Supra at 374.

[86] Id. at 380.

[87] Id. at 380.

ist in solchen Wahlen das Staatsgebiet) durch das Zwischenschalten von county units eine Entwertung der Stimmen aus dichter bevölkerten counties verursacht, wird damit vom Supreme Court für verfassungswidrig gehalten. Zu beachten ist, daß der Supreme Court dabei noch über die schon weitgehende Meinung des District Court hinausgeht und unter Berufung darauf, daß es sich um einen reinen Wahlrechtsfall und nicht um einen reapportionment-Fall wie in Baker v. Carr handle, völlige Gleichheit unter Ablehnung etwaiger Parallelen zum Bundesrecht (Senatsprinzip) verlangt.

c) *Stewart*, dem sich Clark anschließt, weist in seiner concurring opinion[88] noch einmal ausdrücklich auf das enge holding der Entscheidung hin: „Innerhalb eines einmal abgegrenzten Wahlbezirks ist nur für eine einzige Verfassungsregel Raum — jedem Wähler seine Stimme[89].“ Der Fall betrifft also nur Wahlen auf Staatsebene für das Amt eines US-Senators oder sonstiger einzelstaatlicher Exekutiv- oder richterlicher Beamter, die innerhalb des Staates als ganzem gewählt werden.

d) *Harlan* kritisiert in seiner dissenting opinion[90] bitter Vorgehen und Ergebnis des Gerichts. Seit Baker v. Carr haben sich die Gerichte von mindestens 30 Einzelstaaten mit apportionment-Problemen herumgeschlagen. Die damals von der Mehrheit gehegte Hoffnung, daß Baker v. Carr als Warnsignal für die einzelstaatlichen Gesetzgeber dienen würde und die Gerichte sich letztlich nicht mit den materiellen Fragen zu befassen hätten, hat sich als unrichtig erwiesen.

Nach Harlans Ansicht hat das Gericht hier ebenso wie in Baker v. Carr eine grundsätzliche Schwenkung in seiner Rechtsprechung vollzogen[91], ohne dies jedoch — ebensowenig wie in Baker v. Carr — zuzugeben.

Harlan unternimmt den Versuch, die Hauptargumente des Gerichts zu widerlegen. Zunächst weist er auf Frankfurters dissenting opinion in Baker v. Carr hin. Nach dessen Ausführungen entspricht der Standard „one person, one vote“ keineswegs der anglo-amerikanischen Tradition. Genau wie das Wahlmännerkollegium auf Bundesebene als Kompromiß nicht nach reiner Bevölkerungszahl operiert, hat auch der einzelne Staat das Recht, innerstaatliche Spannungen mittels eines ähnlichen Kompromisses zu überbrücken[92]. Auch der Hinweis der Mehrheit auf die 15., 17. und 19. amendments entbehrt jeder Über-

---

[88] Id. at 381 et s.

[89] Id. at 382.

[90] Id. at 382 et s.

[91] Id. at 383 et s.

[92] Id. at 384 et s.

zeugungskraft, da das 15. Wählerbenachteiligung lediglich aus Rassengründen, das 19. aus Gründen des Geschlechts verbietet und das 17. nur davon spricht, daß die Senatoren vom Volk gewählt werden müssen und von gleichem Gewicht dort keine Rede ist.

Harlan geht dann, freilich knapp, auf die zugrunde liegende soziologische und politische Problematik ein. Er erwähnt das Stadt-Land-Problem und erklärt, daß es Sache des einzelstaatlichen Gesetzgebers ist, in diesem Streit eine eigene Politik zu verfolgen und beispielsweise sich mittels eines bestimmten apportionment gegen zu starken Einfluß der Städte im einzelstaatlichen Regierungssystem abzusichern[93]. Die Ungleichheiten, wie sie aus den Statistiken hervorgehen, tut Harlan als bloße Zahlen („mere numbers") ab, die angesichts der komplexen politischen Komponenten, die hereinspielen, wenig besagen. Im übrigen sind die Ungleichheiten nicht viel größer als die durch das Wahlmännersystem bei der Präsidentenwahl auf Bundesebene bedingten. Dort war das Verhältnis zwischen New York und Alaska, dem volkreichsten und volksärmsten Staat im Jahre 1960, 5 : 1[94].

5. Gray v. Sanders hatte immer noch nicht das erwartete letzte Wort des Supreme Court zur Frage der materiellen Beurteilung des reapportionment gesprochen. Trotz der Beteuerungen des Gerichts, daß es sich bei Gray v. Sanders um einen reinen Wahlrechts- und nicht um einen apportionment-Fall handle, war freilich erkennbar geworden, daß der Supreme Court materiell den „one person, one vote"-Standard anlegen werde. Die lang erwartete Entscheidung fiel im Jahre 1964, und zwar für das apportionment bei Kongreßwahlen im Februar in *Wesburry v. Sanders* und für das apportionment bei einzelstaatlichen Wahlen im Juni in einer ganzen Gruppe von Entscheidungen, insbesondern in Reynolds v. Sims[95, 96].

Wesburry v. Sanders[97] besteht aus den von Black geschriebenen Urteilsgründen, aus einer teilweise concurring opinion von Clark[98] und einem dissent von Harlan[99].

Dem Prozeß liegt der reapportionment-Streit in Georgia zugrunde. Die zehn Wahlkreise für die Kongreßwahlen wiesen ungleiche Bevölkerungsziffern auf. Die Kläger wohnten in einem Wahlkreis, der 823 680 Einwohner hatte im Vergleich zu einem anderen mit 394 312 und einem dritten mit 272 154 Einwohnern.

---

93 Id. at 386 et s.
94 Id. at 388.
95 376 U.S. 1 (1964).
96 377 U.S. 533 (1964).
97 376 U.S. 1 (1964).
98 Id. at 18 et s.
99 Id. at 20 et s.

a) Das Gericht nimmt in dem von *Black* verfaßten Urteil zunächst kurz zur prozessualen Frage Stellung und zitiert hierzu Baker v. Carr[100] als präjudiziell. Dann geht das Gericht zur materiellen Frage der Stimmenabwertung durch malapportionment über und entscheidet im Sinne des „one person, one vote"-Standards. Das Gericht stützt sich dabei im wesentlichen auf ein einziges Argument. Es interpretiert das Verfassungsgebot des Art. I § 2, wonach die Mitglieder des Repräsentantenhauses „durch das Volk der verschiedenen Einzelstaaten" gewählt werden, auf dem geschichtlichen Hintergrund als Gebot, daß im Rahmen des praktisch Möglichen bei Kongreßwahlen jede Stimme dasselbe Gewicht haben muß[101]. Das Gericht bemüht sich, geschichtlich nachzuweisen, daß die Abgeordneten in der verfassunggebenden Versammlung von 1787 das Problem des malapportionment in Großbritannien kannten und verurteilten und daß der sog. Große Kompromiß, wonach ein Haus auf Bevölkerungsbasis, das andere davon unabhängig mit einer gleichen Zahl von Senatoren aus kleinen wie aus großen Staaten zu wählen ist, den Kompromiß zwischen den Parteigängern der Wahl auf Bevölkerungsbasis und denjenigen darstellt, die eine Tyrannei der volkreichen Staaten über die kleinen befürchteten. Diesem Kompromiß würde es nicht entsprechen, wenn der für die Wahl des Repräsentantenhauses akzeptierte Grundsatz der Wahl auf Bevölkerungsbasis innerhalb der Einzelstaaten vom Einzelstaatsgesetzgeber nach Belieben außer Kraft gesetzt werden könnte. Art. I § 2 gibt nach der Rechtsprechung des Supreme Court allen Wahlberechtigten ein gleiches Recht zu wählen. Dieses Recht darf weder direkt beeinträchtigt noch indirekt durch malapportionment unterminiert werden.

b) *Clark*[102] schließt sich in einer eigenen opinion insoweit der dissenting opinion von Harlan an, als die Interpretation des Art. I § 2 zur Frage steht. Weder Geschichte noch Wortlaut des Art. I § 2 geben nach Ansicht der beiden Richter etwas dafür her, daß Art. I § 2 den „one person, one vote"-Standard normiert. Clark will jedoch die equal clause des 14. amendment anwenden und kommt auf diesem Weg zum selben Ergebnis wie die Mehrheit.

c) In seiner *dissenting opinion*[103] bringt *Harlan* eine ganze Reihe von Argumenten gegen das Urteil der Mehrheit. Er weist zunächst auf die Folgen hin. Die Entscheidung des Gerichts, bei Wahlen zum Repräsentantenhaus Gleichheit der Wahlkreise, soweit nur eben durchführ-

---

100 Entgegen Colegrove v. Green.

101 Supra at 7/8.

102 Id. at 18 et s.

103 Id. at 20 et s.

bar[104], zu verlangen, stellt die Gültigkeit der Wahl von nahezu 400 Repräsentanten in Frage. Dann umreißt Harlan seinen eigenen Standpunkt dahingehend, daß nach der Verfassung die Sitze im Kongreß auf die einzelnen Staaten zwar weitgehend, aber nicht völlig nach Bevölkerung verteilt sind, daß die Einzelstaaten jede Art von Volkswahl in ihrem Staat einführen können vorbehaltlich nur der Kontrollkompetenz des Kongresses und schließlich, daß diese Kompetenz allein dem Kongreß und nicht den Gerichten zusteht[105].

Die Argumente, auf die sich Harlan stützt, können in verschiedene Gruppen eingeteilt werden. Zur ersten Gruppe gehören diejenigen Argumente, die aus einer Interpretation des Verfassungswortlautes folgen[106]. Harlan erwähnt hier in erster Linie die in der Verfassung selbst verankerten Abweichungen vom Bevölkerungsstandard, insbesondere die Vorschrift in Art. I § 2, daß jeder Staat mindestens einen Repräsentanten haben soll und daß die Repräsentanten insgesamt auf die Einzelstaaten nicht rein nach Bevölkerung, sondern auf der Basis der freien Bevölkerung einschließlich drei Fünftel der Sklavenbevölkerung zu verteilen sind. Art. I § 2 überläßt es den Einzelstaaten, die Voraussetzungen für die Ausübung des Wahlrechts selbst zu regeln und sogar Art. I § 4, der dazu noch näher Stellung nimmt, schweigt über das reapportionment-Problem, obwohl die Abgeordneten der verfassunggebenden Versammlung sich dieses Problems auf Grund der englischen Erfahrungen (rotten boroughs) wohl bewußt waren.

Die zweite Gruppe von Argumenten zielt auf Geschichte und Hintergrund der einschlägigen verfassungsrechtlichen Bestimmungen[107]. Harlan weist darauf hin, daß die Diskussion auf dem Verfassungskonvent um die Frage ging, wie und auf welcher Basis die Repräsentanten auf die einzelnen Staaten verteilt werden sollten. Auch der sog. Große Kompromiß befaßt sich ausschließlich damit. Von der Verteilung der Kongreßsitze innerhalb der einzelnen Staaten ist keine Rede gewesen. Soweit die Probleme des apportionment innerhalb der Einzelstaaten in der Debatte überhaupt auftauchten, war das nicht bei Art. I § 2, sondern bei Art. I § 4, wo es darum ging, ob der Kongreß das Überprüfungsrecht erhalten sollte oder nicht.

Die dritte Gruppe von Argumenten[108] greift auf die Praxis des Kongresses bei der Ausübung seiner Kompetenz nach Art. I § 4 zurück. Seit 1872 hatte der Kongreß in Ausübung seines Rechts nach Art. I § 4

---

[104] As nearly as practicable.

[105] Id. at 23.

[106] Id. at 24 et s.

[107] Id. at 30 et s.

[108] Id. at 42 et s.

in verschiedenen aufeinanderfolgenden apportionment-Gesetzen gefordert, daß die Wahlkreise für die Wahl zum Kongreß aus zusammenhängendem Territorium („contiguous") bestehen müssen und, soweit praktikabel, eine gleiche Zahl von Einwohnern aufzuweisen haben. Dieses Gebot eines bevölkerungsgleichen apportionment wurde seit 1929 nicht mehr in die verschiedenen Fassungen des apportionment-Statuts aufgenommen, obwohl es nicht an entsprechenden Anträgen im Kongreß gefehlt hat[109], und war auch schon vorher nicht durchgesetzt worden.

Als viertes[110] unterscheidet Harlan die apportionment-Problematik von Fällen der Wahlrechtsverletzung und weist auf Colegrove v. Green und die Ausführungen Frankfurters hin, die seiner Meinung nach zwar nicht präjudiziell, aber überzeugend sind.

Schließlich bringt Harlan noch einige strukturelle und Gewaltenteilungsargumente[111]. Das Gericht versucht nach Harlan in Wesberry v. Sanders auf Gebieten Reformen zu unternehmen, die von der Verfassung eindeutig anderen Gewalten und dem politischen Prozeß überlassen worden sind. Dies kann nur zu einer Unterminierung staatsbürgerlicher Wachsamkeit und zur Schwächung des gesamten politischen Prozesses führen.

d) *Stewart* stellt sich zwar entgegen Harlan auf den Boden von Baker v. Carr[112], schließt sich aber bezüglich der Auslegung des Art. I § 2 gänzlich dem dissent von Harlan an.

6. Die lang erwartete grundsätzliche Stellungnahme des Supreme Court zur materiellen Seite des reapportionment-Problems bei einzelstaatlichen Wahlen erfolgte am 15. Juni 1964, als der Supreme Court an einem Tag die apportionment-Systeme von sechs verschiedenen Einzelstaaten für verfassungswidrig erklärte: Alabama in Reynolds v. Sims[113], New York in WMCA, Inc. v. Lomenzo[114], Maryland in Maryland Committee v. Tawes[115], Virginia in Davis v. Mann[116], Delaware in Roman v. Sincock[117] und Colorado in Lucas v. Forty-Fourth General Assembly of the State of Colorado[118]. Der Supreme Court

[109] Mit Nachweisen id. at 42 et s.
[110] Id. at 45 et s.
[111] Id. at 48 et s.
[112] Id. at 50 et s.
[113] 377 U.S. 533 (1964).
[114] 377 U.S. 633 (1964).
[115] 377 U.S. 656 (1964).
[116] 377 U.S. 678 (1964).
[117] 377 U.S. 695 (1964).
[118] 377 U.S. 713 (1964).

hat sich den Alabama-Fall ausgewählt, um an ihm seine Ansicht zum reapportionment und dem anzuwendenden Standard in grundsätzlicher Weise darzutun.

Reynolds v. Sims besteht aus den Urteilsgründen, die Chief Justice Warren geschrieben hat[119], aus zwei concurring opinions von Clark[120] und Stewart[121] und aus einer dissenting opinion von Harlan[122].

Dem Fall lag folgender Sachverhalt zugrunde. Bei Erhebung der Klage vor einem District Court in Alabama im Jahre 1961 wies das apportionment für die beiden Kammern der Legislative in Alabama infolge jahrzehntelangen Nichteingreifens des Gesetzgebers — das letzte apportionment war auf den Bundeszensus von 1900 hin erfolgt — und infolge von Bevölkerungswachstum und Bevölkerungsumschichtung grobe Ungleichheiten auf. Unter dem Druck des District Court erließ die Legislative in Alabama 1962 zwei apportionment-Gesetze, davon eines, das nur für den Fall des Scheiterns des ersten an den Wahlurnen bzw. vor dem Gericht in Kraft treten sollte.

Nach dem ursprünglichen, von der Jahrhundertwende datierenden apportionment-Systems Alabamas bestanden im Repräsentantenhaus Ungleichheiten bis zu 16 : 1, im Senat bis zu 41 : 1. Nur 25,7 % der Bevölkerung lebte in Wahlkreisen, deren Einwohner eine Mehrheit von Abgeordneten im Repräsentantenhaus wählen konnten, 25,1 % in Wahlkreisen, die eine Mehrheit im Senat stellten. Die entsprechenden Ziffern unter dem neuen apportionment-Gesetz waren für das Repräsentantenhaus 43 % der Bevölkerung und für den Senat 19,4 % der Bevölkerung bzw. 4,7 : 1 im Repräsentantenhaus und 59 : 1 im Senat. Das Subsidiärgesetz, das statt des ersten neuen apportionment-Gesetzes Geltung haben sollte, wies ebenfalls noch Ungleichheiten auf. Die einschlägigen Ziffern waren 37 % bzw. 5 : 1 für das Repräsentantenhaus und 27,6 % bzw. 20 : 1 für den Senat.

a) Der *District Court*[123] hatte unter diesen Umständen alle drei apportionment-Gesetze, das alte von der Jahrhundertwende ebenso wie die beiden neuen, als dem Gleichheitssatz widersprechend für verfassungswidrig erklärt und selber aus Vorschriften der beiden neuen apportionment-Gesetze ein vorläufiges reapportionment zusammengestellt, nach dem dann auch tatsächlich im Jahre 1962 die Parlamentswahlen abgehalten wurden.

---

[119] Supra at 536 et s.
[120] Id. at 587 et s.
[121] Id. at 588 et s.
[122] Id. at 589 et s.
[123] 208 F.S. 431 (D.C.M.D.Ala. 1962) sub nomine Sims v. Frink.

b) Chief Justice *Warren* weist in den Entscheidungsgründen der Mehrheit[124] zunächst darauf hin, daß geschichtlich gesehen das Wahlrecht in den Vereinigten Staaten sich immer mehr von Beschränkungen aller Art freigemacht hat und daß die Freiheit der Wahl zum Wesenskern einer demokratischen Gesellschaft gehört[125]. Warren bespricht dann kurz die Reynolds v. Sims vorausgehenden Urteile des Supreme Court zu ähnlichen Problemen. Zunächst erwähnt er Baker v. Carr und stellt fest, daß dies ein rein prozessuales Urteil war, das die Fragen nach dem verfassungsrechtlichen Maßstab, der an ein apportionment anzulegen ist, und danach, welche Maßnahmen ein Gericht notfalls ergreifen kann, offengelassen hat. Die nächste Entscheidung, Gray v. Sanders, hat zwar nicht direkt mit apportionment-Problemen zu tun gehabt, aber doch den Grundsatz ausgesprochen, daß das Stimmengewicht innerhalb des Staates nicht verwässert werden darf[126]. Wesberry v. Sanders hat dann für Kongreßwahlen aus den Verfassungsworten „by the people" den Grundsatz „one person, one vote" entnommen und als verbindlich festgestellt. Jetzt ist ein davon verschiedenes Problem zu entscheiden, ob es nämlich dem Einzelstaatsgesetzgeber erlaubt ist, bei Wahlen zum Einzelstaatsparlament das Stimmengewicht der verschiedenen Wähler mittelbar zu beeinflussen.

Das eigentliche Argument Warrens, mit dem er nun auch für das apportionment bei Einzelstaatsparlamentswahlen Gleichheit, soweit nur irgend praktikabel, also „one person, one vote", verlangt, ist ziemlich einfach[127]. Das Wahlrecht, so geht der Gedankengang, ist das entscheidende Recht in einer Demokratie. Der Gesetzgeber ist verantwortlich für Gesetze, die ja alle Bürger gleich treffen. Das apportionment, das sich nicht an Bevölkerungsgesichtspunkte hält, beeinträchtigt das Wahlrecht mit dem gleichen Effekt, wie wenn bestimmte Stimmen doppelt oder dreifach gezählt würden. Die Beeinträchtigung eines verfassungsrechtlich garantierten Rechts verlangt aber gerichtliches Eingreifen. Der Amtseid zwingt dazu.

Der nächste Schritt ist, daß dieser „one person, one vote"-Standard als verbindlich nicht nur für eine Kammer, sondern für beide postuliert wird[128]. Warren muß sich dabei eingehend mit mehreren Gegenargumenten auseinandersetzen[129].

---

124 Id. at 54 et s.

125 Id. at 555.

126 Freichlich nur für Wahlen auf gesamtstaatlicher Ebene.

127 Id. at 562 et s.

128 Id. at 568.

129 Id. at 572 et s.

Zuerst äußert sich Warren zu der sog. „*federal analogy*“[130]. Diese vielfach gezogene Analogie zu dem auf Bundesebene ja auch nicht nach Bevölkerung, sondern nach anderen Gesichtspunkten organisierten Senat ist nach Ansicht des Gerichts unzutreffend und kann ein Zweikammernsystem in den Einzelstaaten derart, daß die erste Kammer nach Bevölkerungs-, die zweite nach anderen Gesichtspunkten zu wählen ist, nicht tragen. Politische Unterteilungen der Einzelstaaten wie counties, Städte etc. sind niemals als souveräne Ganzheiten betrachtet worden. Sie können deshalb mit den Einzelstaaten in ihrem Verhältnis zum Bundesstaat, den Vereinigten Staaten, nicht verglichen werden. Warren weist dabei ausdrücklich darauf hin, daß ein Zweikammernsystem der genannten, von einem reinen Bevölkerungsstandard abweichenden Art innerhalb eines Einzelstaates willkürlich oder mit der „republikanischen Regierungsform“[131] unvereinbar ist. Die Unzulässigkeit eines solchen Systems folgt allein aus der equal protection clause[132]. Das Ergebnis, daß beide Kammern nach Bevölkerungszahl zu wählen sind, stützt Warren durch ein weiteres Argument. Zwischen Kammern, von denen die eine nach Bevölkerung, die andere etwa nach Territorium zu wählen ist, entstehen sehr leicht unüberwindliche Reibungen mit dem Effekt, daß sich der Wille der von der Mehrheit der Bevölkerung Gewählten am Widerspruch der anderen Kammer bricht. Schließlich weist Warren darauf hin, daß das überkommene Rezept eines Zweikammernsystems auch dann nicht bedeutungslos wird, wenn beide Kammern auf Bevölkerungsbasis konstituiert sind. Auch so bestehen nämlich noch genügend Möglichkeiten, in Zusammensetzung, Größe, Wählerschaft, Grenzziehung der Wahlkreise etc. zwischen beiden Kammern zu variieren[133].

Der „one person, one vote“-Standard bedeutet freilich nicht mathematische Präzision[134]. Gleichheit wird nur soweit verlangt, als sie noch praktikabel ist. Dabei läßt sich das Gericht nicht darauf ein, näher zu definieren, was „praktikabel“ sei. Insbesondere sieht das Gericht davon ab, bestimmte feste Prozentsätze oder Abweichungsverhältnisse als verfassungswidrig oder als noch verfassungsrechtlich tragbar zu erklären. Es begnügt sich damit, zu erwähnen, daß „Gleichheit soweit praktikabel“ beim apportionment von Wahlkreisen für die Kongreßwahlen und bei dem für die innerstaatlichen Parlamentswahlen nicht genau dasselbe bedeuten müsse und daß gewisse kleinere Abweichungen dann zulässig sind, wenn sich der Gesetzgeber, wie das in den

---

[130] Id. at 572 et s.
[131] U.S. Const. art. IV § 4.
[132] Id. at 575.
[133] Id. at 576 et s.
[134] Id. at 577.

USA weitgehend Tradition ist, bei der Bildung von Wahlkreisen an bestehende politische Unterteilungen wie counties etc. anlehnt. Im einzelnen bleibt es den Untergerichten überlassen, genauere Maßstäbe langsam an Einzelfällen zu entwickeln. Das Gericht stellt aber noch einmal warnend fest, daß die Bevölkerung als die entscheidende Basis auch bei eindeutig rationalen und sinnvollen Überlegungen des Einzelstaatsgesetzgebers nicht angetastet werden darf.

Das Gericht widerlegt dann[135] noch kurz das Argument, der Kongreß habe eine Reihe von Einzelstaaten in die Union anstandslos aufgenommen, obwohl das apportionment-System dieser Staaten von einem reinen Bevölkerungsstandard abwich, und habe dadurch diese Abweichungen für zulässig erklärt bzw. stillschweigend gebilligt. Das Gericht widerlegt dies durch den Hinweis, daß der Kongreß der verfassungsrechtlichen Macht entbehrt, Einzelstaaten von Verfassungsgeboten zu dispensieren.

Zu der Frage, wie oft ein reapportionment zu erfolgen hat, meint das Gericht[136], daß reapportionment alle zehn Jahre genügend ist. Doch auch hier legt sich das Gericht nicht genauer fest und läßt offen, ob auch ein reapportionment in längeren Abständen noch tragbar bzw. ob nicht ein reapportionment häufiger als alle zehn Jahre angebracht wäre.

Zum Problem, welche Maßnahmen ein Gericht in einem apportionment-Streit treffen kann, wird festgestellt, daß die allgemeinen und hinreichend vertrauten Maßstäbe der „equity"[137] gelten[138]. Im übrigen hebt der Supreme Court hervor, daß das Instanzgericht im vorliegenden Fall völlig richtig gehandelt hat, wenn es zunächst dem Gesetzgeber noch die Chance gab, selber ein reapportionment durchzuführen, und erst dann, als der Gesetzgeber die Frist hatte verstreichen lassen, selbst einen Übergangsplan aus den brauchbarsten Teilen der beiden vom Gesetzgeber vorgeschlagenen reapportionment-Lösungen zusammensetzte und weitere Schritte für den Fall ankündigte, daß der Gesetzgeber sich nicht zu einer dauerhaften, verfassungsmäßigen Regelung des apportionment entschließen würde.

c) *Clark* vertritt in seiner concurring opinion[139] die Ansicht, daß das Gericht weit über das Notwendige hinausgeschossen ist und daß eine Prüfung dahingehend, ob willkürliche Ungleichheiten bestehen („crazy

---

[135] Id. at 582 et s.

[136] Id. at 583 et s.

[137] Ius aequum im Gegensatz zu ius strictum.

[138] Id. at 585 et s.

[139] Id. at 587 et s.

quilt"), genügt hätte, um dasselbe Ergebnis zu erreichen. Wenn eine Kammer der Staatslegislative dem equal population standard genügt, sind nach der Ansicht von Clark in der anderen Kammer Abweichungen von diesem Standard tragbar, soweit sie auf rationaler Basis andere Faktoren zur Geltung bringen, um den verschiedenen Elementen im Staat eine gewisse Repräsentation zu gewähren. Clark verweist im übrigen auf seine dissenting opinion in Lucas v. Forty-Fourth General Assembly of the State of Colorado[140].

d) *Stewart* schließt sich unter Hinweis auf seine dissenting opinion in Lucas v. Forty-Fourth General Assembly of the State of Colorado der Mehrheit an[141].

e) *Harlan* schreibt eine *dissenting opinion*[142], die aber nicht auf den vorliegenden Alabama-Fall beschränkt ist, sondern ausdrücklich auch für die fünf anderen Urteile gilt[143].

Harlan wirft dem Supreme Court vor, daß er Wortlaut und Geschichte des 14. amendment völlig außer acht gelassen habe. Wenn die equal protection clause die Frage des apportionment regeln würde, wären das 14. amendment Absatz 2 ebenso überflüssig und sinnlos wie das 15. und das 19. amendment. Aus den Debatten im Kongreß und den übrigen geschichtlichen Quellen ergibt sich nach Harlans Ansicht eindeutig, daß der Kongreß mit dem 14. amendment nicht die Kompetenz der Einzelstaaten über das Wahlrecht antasten wollte und daß auch die meisten Einzelstaaten keineswegs daran dachten, daß sie sich mit ihrer Zustimmung zum 14. amendment ihrer Freiheit beraubten, Wahlfähigkeit (Neger-, Frauenwahlrecht, apportionment) nach ihrem Gutdünken zu regeln[144]. Auch die Praxis der Einzelstaaten steht in völligem Widerspruch zu den Ansichten des Supreme Court. So hatten im Jahre 1961 alle bis auf 11 Staaten Verfassungsbestimmungen, die andere Kriterien als den reinen Bevölkerungsstandard anerkannten[145].

Harlan geht dann im einzelnen auf die sechs Fälle ein und kritisiert an Hand der Fall- und Prozeßentwicklung, daß die Gerichte die Parlamente einzuschüchtern versuchen und von einer außerordentlichen Versammlung in die andere hetzen, um dann unter Umständen doch einen eigenen reapportionment-Plan zu diktieren[146].

---

140 s. u. 11.
141 Id. at 588 et s.
142 Id. at 589 et s.
143 s. u. 7—11.
144 Id. at 617 et s.
145 Id. at 610.
146 Id. at 615 et s.

Zur Lösung eines reapportionment-Konflikts gibt es keine juristischen Maßstäbe. Dem equal population standard kann mit zahllosen verschiedenen Wahlkreisgrenzziehungen Genüge getan werden. Aus der Unzahl von Möglichkeiten eine auszuwählen, bedeutet Ausübung politischen Ermessens, wie es den Gerichten einfach nicht zusteht und wozu diese nicht geeignet sind[147].

Schließlich stellt Harlan eine eindrucksvolle Liste all der Erwägungen zusammen, die nach dem Supreme Court künftig beim reapportionment keine Rolle mehr spielen dürfen[148]: Geschichte, wirtschaftliche und andere Gruppeninteressen, Gebiet, geographische Erwägungen, der Wunsch, dünn besiedelten Gebieten eine wirksame Vertretung zu gewährleisten, das Ziel, den Bürgern leichten und schnellen Zugang zu ihren Abgeordneten zu ermöglichen, Theorien vom Zweikammernsystem, Beschäftigung, die Bemühung, städtische und ländliche Macht auszubalancieren, der Wunsch der Mehrheit der Wähler des Staates[149] usw.

Zum Schluß hebt Harlan zusammenfassend folgende Einwände hervor[150]. Die Entscheidungen des Supreme Court verändern das Verhältnis der Einzelstaaten zum Bundesstaat, insbesondere zur Bundesgerichtsbarkeit, radikal. Das Verhalten des Supreme Court leistet zudem der verhängnisvollen Auffassung Vorschub, daß bei jedem größeren sozialen Übel der Supreme Court Abhilfe schaffen könne, ohne daß man es anderweitig im Politischen zu versuchen brauche. Das schwächt den politischen Prozeß und führt dazu, daß der Supreme Court, wenn er Dinge in die Verfassung hineinliest, die dort bewußt ausgeklammert sind, in Wahrheit die für die Verfassungsänderung zuständigen Organe umgeht.

7. In *WMCA, Inc. v. Lomenzo*[151] erklärte der Supreme Court das apportionment-System von New York State für verfassungswidrig. Die Abweichungen vom Bevölkerungsstandard waren zu erheblich, um verfassungsrechtlich noch tragbar zu sein. 37,1 % der Bürger lebten nämlich in Wahlkreisen, die eine Mehrheit von Abgeordneten im Haus stellten und die Unterschiede in der Bevölkerungszahl der einzelnen Hausdistrikte beliefen sich bis auf 11,9 : 1. Für den Senat waren die Zahlenverhältnisse 40,9 % und 2,4 : 1.

8. In Maryland, dessen apportionment-System in *Maryland Committee v. Tawes*[152] für verfassungswidrig erklärt wurde, waren die ent-

147 Id. at 621.
148 Id. at 622 et s.
149 Jeweils mit Nachweisen aus den Urteilsgründen der sechs Urteile.
150 Id. at 624 et s.
151 377 U.S. 633 (1964).

sprechenden Ziffern für das Haus vor der Verfassungsänderung von 1962 12 : 1, nachher 6 : 1 und 35,6 %, für den Senat, der durch die Verfassungsänderung nicht betroffen wurde, fast 32 : 1 und 14,1 %. Verfassungsrechtlich Neues bringt die Entscheidung gegenüber Reynolds v. Sims mit der Feststellung[153], daß bei der Entscheidung darüber, ob ein apportionment dem equal population standard entspricht, nicht eine Kammer unabhängig von der anderen herausgegriffen und einzeln untersucht werden kann. Vielmehr muß bei einem Zweikammernsystem die Gesamtrepräsentation in beiden Kammern ins Auge gefaßt werden.

9. *Davis v. Mann*[154] erklärte Virginias apportionment für verfassungswidrig. Die einschlägigen Ziffern waren für das Haus 4,36 : 1 und 40,5 %, für den Senat 2,65 : 1 und 40,5 %. Bei diesem Urteil ist besonders die ausdrückliche Feststellung zu erwähnen[155], daß das apportionment auch nicht durch den in ihm zum Ausdruck kommenden Versuch, zwischen städtischer und ländlicher Macht auszubalancieren, vor der Verfassungswidrigkeit bewahrt wird.

10. *Roman v. Sincock*[156] entschied, daß das apportionment von Delaware gegen die Gleichheitsklausel der US-Verfassung verstieß. Die einschlägigen Ziffern waren für das Haus 18,5 % und 35 : 1 und für den Senat 22 % und 15 : 1, ab 1963 für das Haus 28 % und 12 : 1, für den Senat 21 % und 15 : 1. In diesem Urteil ist besonders bemerkenswert, daß der Supreme Court die Ansicht des District Court, der eine Höchstabweichungsgrenze von 1,5 : 1 vorgeschlagen hatte, nicht billigte. Das Problem läßt sich nach Ansicht des Supreme Court nicht mit starren mathematischen Zahlen erfassen. Vielmehr muß unter Berücksichtigung der besonderen Umstände in dem betreffenden Staat das ganze apportionment-System daraufhin betrachtet werden, ob dem equal population standard bis auf geringere Abweichungen, wie sie ohne Diskriminierung oder Willkür bei Berücksichtigung bestimmter Faktoren eben vorkommen, Genüge getan ist.

11. *Lucas v. Forty-Fourth General Assembly of the State of Colorado*[157] stellte die Verfassungswidrigkeit des apportionment in Colorado fest. Dieses Urteil ist das letzte der sechs zusammen an einem Tag ergangenen apportionment-Urteile. Hier waren die einschlägigen

---

152 377 U.S. 656 (1964).
153 Id. at. 673.
154 377 U.S. 678 (1964).
155 Id. at 692.
156 377 U.S. 695 (1964).
157 377 U.S. 713 (1964).

Zahlen im Jahre 1960 für das Haus 32,1 % und 8 : 1, für den Senat 29,8 % und 8 : 1. Die entsprechenden Zahlen unter dem neuen apportionment von 1962 waren 45,1 % und 1,7 : 1 für das Haus und 33,2 % und 3,6 : 1 für den Senat. Diesem letzteren apportionment-System gaben die Wähler bei den Wahlen von 1962 den Vorzug gegenüber einem rein auf Bevölkerung abstellenden reapportionment-Plan, der für Haus und Senat eine maximale Abweichung vom Wahlkreisbevölkerungsdurchschnitt in Höhe von 33 %[158] vorgesehen hatte.

a) Das *Gericht* ist der Ansicht, daß zwar argumentiert werden könnte, daß das apportionment des Hauses unter dem neuen apportionment-Gesetz von 1962 dem von der Verfassung erforderten equal population standard genügend nahekomme. Das Gericht legt sich jedoch nicht fest, sondern führt aus, daß jedenfalls im apportionment des Senats so erhebliche Ungleichheiten bestehen, daß das apportionment mit Bestimmtheit verfassungswidrig ist. Da kein Anhaltspunkt dafür besteht, daß das apportionment der beiden Kammern der Colorado General Assembly nach dem verfassungsändernden Gesetz von 1962 trennbar ist, muß nach der Meinung des Gerichts das ganze apportionment fallen[159].

Als besonders überzeugendes Argument zugunsten des apportionment in Colorado war der Umstand angesehen worden, daß sich das Volk selbst in freier Wahl für die Abweichungen vom equal population standard entschieden hat. Der Supreme Court entkräftet dieses Argument schon rein tatsächlich damit, daß er gewisse andere mit dem zur Abstimmung gestellten equal population-Plan gekoppelte Nachteile hervorhebt, die die Wähler oder einen Teil von ihnen dazu bestimmt haben könnten, dann doch noch eher die Abweichungen vom equal population standard nach dem Alternativplan in Kauf zu nehmen[160]. Darüber hinaus macht aber der Supreme Court ganz deutlich, daß es nicht in der Macht der Wählerschaft steht, das verfassungsrechtlich garantierte Wahlrecht des einzelnen in irgendeiner Weise und sei es durch ein vom Bevölkerungsstandard abweichendes apportionment zu schmälern[161].

Schließlich führt das Gericht noch aus, daß der Umstand, daß politische Mittel wie Referendum oder Initiativbegehren in dem betreffenden Staat der Wählerschaft zur Verfügung stehen und somit ein politischer Weg ein gerechtes apportionment durchzusetzen geebnet ist, das

---

[158] 50 % für bestimmte gebirgige Senatsdistrikte von über 5 500 Qudratmeilen an Territorium.

[159] Id. at 734 et s.

[160] Id. at 731 et s.

[161] Id. at 736.

Gericht zwar dazu berechtigt, zunächst den Ausgang eines laufenden Referendums etc. abzuwarten, aber nicht bedeutet, daß das Gericht sich von seiner Aufgabe entbunden fühlen kann, Verletzungen des Rechts, eine gleichwertige und gleichgewichtige Stimme abzugeben, zu ahnden[162].

b) *Clark* schließt sich zwar der unten zu erwähnenden dissenting opinion von Stewart[163] an, macht aber selbst noch einige Bemerkungen[164].

Clark betont unter Hinweis auf seine Ausführungen in Baker v. Carr[165], daß es für die Frage gerichtlichen Eingreifens entscheidend darauf ankommt, ob die Heilung eines ungerechten apportionment mit Aussicht auf Erfolg vom Volk selbst in Angriff genommen werden kann. Wenn wie in Colorado Initiativbegehren und Referendum zur Verfügung stehen und seit 1881 achtmal ein reapportionment, sei es vom Gesetzgeber, sei es auf dem Wege über Initiativbegehren oder Referendum, vorgenommen worden ist, dann spricht das dafür, daß das Volk sich der Problematik bewußt ist und sich um Lösungen bemüht. Unter solchen Voraussetzungen sollten sich die Gerichte nicht einmischen[166].

Ferner ist Clark der Meinung, daß es überzeugende Argumente für gewisse Abweichungen vom reinen Bevölkerungsmaßstab gibt. Er erwähnt für Colorado z. B. bergige, teilweise fast unzugehbare Landstriche, wirtschaftlich darniederliegende Gebiete, unterschiedliche Industrien in den einzelnen Teilen des Staates, verschiedene Klimazonen, riesige Ferien- und Erholungsgebiete, Schwierigkeiten im Transport. All diese Umstände verursachen Probleme, die spezifisch für Colorado sind und die nach Clarks Dafürhalten nur das Volk von Colorado selbst vernünftig lösen kann, wie das auch im apportionment von 1962 geschehen sei[167].

Schließlich lehnt Clark die Ansicht des Gerichts ab, daß beide Kammern nach dem equal population standard zusammengesetzt sein müssen[168]. Wenn dieser Standard wie in Colorado in einer Kammer beachtet wird, muß nach Clarks Meinung dem Gesetzgeber beim apportionment der anderen Kammer ein gewisser Spielraum für andere rationale Überlegungen belassen werden. Daß dies ein Stillstehen der

[162] Id. at 737.
[163] Id. at 744 et s.
[164] Id. at 741 et s.
[165] 369 U.S. 186, 251 (1962) at 258/259.
[166] Id. at 742.
[167] Id. at 742.
[168] Id. at 742.

Gesetzgebung oder unüberwindliche Schwierigkeiten bei bestimmten Fragen infolge der Disparitäten der beiden Kammern nach sich ziehe, wird nach Clarks Ansicht von der Erfahrung widerlegt. Im übrigen liegt es im Wesen der Gesetzgebung, Kompromisse zwischen den verschiedenen Kräften zu finden.

Abschließend weist Clark noch auf die Auswirkungen hin, die das Urteil des Supreme Court seiner Meinung nach auf das Verhältnis zwischen Bund und Einzelstaaten zum großen Schaden der letzteren hat.

c) *Stewart* schreibt eine ausführliche dissenting opinion[169], der sich Clark anschließt und die ausdrücklich auch für WMCA, Inc. v. Lomenzo[170] gilt.

Gleich zu Beginn weist Stewart darauf hin, daß das Problem des Falles seiner Ansicht nach weder mit den üblichen Fällen von Wahlrechtsbeeinträchtigung noch mit dem Grundsatz von Gray v. Sanders noch mit der Frage des Kongreßapportionment (Wesberry v. Sanders) etwas zu tun hat. Das Problem ist vielmehr, ob und wie weit die equal protection clause die Freiheit der Einzelstaaten einschränkt, die Wahlbezirke, von denen die Abgeordneten für das Parlament kommen, selbst zu bestimmen.

Das Urteil des Gerichts bedeutet, wie Stewart es sieht, daß aus vielen politischen Anschauungen eine zu einer Verfassungsregel erklärt worden ist, obwohl diese Anschauung selbst unter Politikwissenschaftlern nicht uneingeschränkte Zustimmung findet. Neben dem Bevölkerungsfaktor sind viele andere Faktoren wichtig, z. B. regionale, soziale und wirtschaftliche Interessen. Der equal population standard für beide Kammern trägt dem demokratischen Prozeß und dem Ausgleich zwischen verschiedensten Meinungen und Interessen in keiner Weise Rechnung. Ein apportionment-System, das sich für South Dakota eignet, kann beispielsweise für Hawaii mit seinen vielen Inseln völlig unangebracht sein. Nach Stewarts Ansicht muß es den einzelnen Staaten überlassen bleiben, zu experimentieren und das für sich Beste zu finden.

Die Anforderungen, welche die equal protection clause nach Ansicht von Stewart an das apportionment-System eines Einzelstaates stellt, sind[171] einmal, daß das System unter Berücksichtigung der besonderen Probleme des Staates als rational bezeichnet werden kann, und weiter,

---

169 Id. at 744 et s.
170 s. o. 7.
171 Id. at 754.

daß es nicht eine systematische Vereitelung des Willens der Mehrheit der Wähler erlaubt.

Stewart überprüft die apportionment-Systeme von Colorado und New York an Hand dieser Kriterien und findet, daß beide auf rationalen und nicht auf willkürlichen Erwägungen beruhen.

12. Wenige Tage nach Ergehen der soeben besprochenen sechs materiellen apportionment-Urteile erklärte dann der Supreme Court am 22. Juni 1964 in einer ganzen Reihe von per curiam[172] Entscheidungen das apportionment folgender Staaten für verfassungswidrig:

Swann v. Adams[173] — Florida;

Meyers v. Thigpen[174] — Washington;

Nolan v. Rhodes[175] — Ohio;

Williams v. Moss[176] — Oklahoma;

Germano v. Kerner[177] — Illinois;

Marshall v. Hare[178] — Michigan;

Hearne v. Smylie[179] — Idaho;

Pinney v. Butterworth[180] — Connecticut;

ferner Hill v. Davis[181] — Iowa[182].

---

172 Kurze Entscheidung ohne nähere Begründung.

173 378 U.S. 553 (1964).

174 378 U.S. 554 (1964).

175 378 U.S. 556 (1964).

176 378 U.S. 558 (1964).

177 378 U.S. 560 (1964).

178 378 U.S. 561 (1964).

179 378 U.S. 563 (1964).

180 378 U.S. 564 (1964).

181 378 U.S. 565 (1964).

182 Nach der großen Welle von reapportionment-Urteilen in den Jahren 1962 bis 1964, die im eigentlichen Blickpunkt der vorliegenden Untersuchung stehen, sind einige weitere Urteile ergangen, die aber im wesentlichen die Urteile aus den Jahren 1962 bis 1964 nur ergänzen, ohne die Bedeutung zu erlangen, die die ersteren Urteile gehabt haben. Die wichtigsten sind folgende Urteile:

1. In *Fortson v. Dorsey*, 379 U.S. 433 (1965) sprach sich der Supreme Court für die Zulässigkeit von sog. multi-member districts in Georgia aus, betonte aber gleichzeitig, daß die Entscheidung nicht dahin verstanden werden dürfe, daß damit generell für alle Fälle die Vereinbarkeit von multi-member districts mit den Anforderungen des 14. amendment (equal protection clause) festgestellt sei. Sobald in einem späteren Fall eine rassische oder sonstige politische Diskriminierung von Wählergruppen feststellbar ist, werde der Gerichtshof weitere Prüfungen anstellen. Id. at 439. Das Supreme Court-Urteil, das von Brennan begründet wurde und zu dem Harlan eine concurring opinion (id. at 405) und Douglas eine dissenting opinion (id. at 405) schrieben, hob damit das vorinstanzliche Urteil auf, ohne die Zu-

Drittes Kapitel

Die Reaktion auf Baker v. Carr und die übrigen reapportionment-Urteile des Supreme Court

1. Die *Reaktion der Öffentlichkeit* auf den Schritt des Supreme Court im Jahre 1962, das seit langem schwelende Problem des reapportionment unter Umdeutung bzw. Preisgabe seiner bisherigen Rechtsprechung für justitiabel zu erklären und den Gerichten das Signal zu geben, sich um den auf diesem Gebiet schon nahezu traditionellen Übelstand zu kümmern, war sehr stark. Die Entscheidung wurde ganz

---

lässigkeit der multi-member districts unter apportionment-Gesichtspunkten endgültig zu klären. Dazu auch note, 79 Harv.L.Rev. 1226 (1965/66) at 1258. Ferner s. u. Kap. 4, A I 5.

2. In *Burns v. Richardson*, 384 U.S. 73 (1966) klärte der Supreme Court in einem von Brennan begründeten Urteil, dem sich Harlan und Stewart mit concurring opinions anschlossen, einige weitere Fragen. Zunächst betonte der Supreme Court, daß die Gerichte immer nur subsidiär eingreifen, nämlich dann, wenn das Parlament seiner Pflicht, ein faires apportionment vorzunehmen, nicht nachkommt. Jede darüber hinaus gehende Bevormundung der Parlamente durch die Gerichte wird vom Supreme Court eindeutig abgelehnt. Insbesondere stehe es dem Parlament frei, durch ein eigenes faires apportionment einen gerichtlich durchgesetzten Interimsplan zu ändern. Der Gerichtshof stellte ferner klar, daß der Staat ohne weiteres Ausländer sowie Personen, die noch keinen bestimmten Zeitraum in dem Staat ihren Wohnsitz haben, bei der Feststellung der Bevölkerungs- bzw. der Wählerzahl, auf die die Wahlkreiseinteilung Bezug nimmt, unberücksichtigt lassen kann. Im übrigen kann nach der Ansicht des Supreme Court die Zahl der eingeschriebenen Wähler nur dann als Basis für die Wahlkreiseinteilung herangezogen werden, wenn die Abweichungen von den Ergebnissen bei Zugrundelegung eines Bevölkerungsmaßstabes nicht erheblich sind.

3. In *Swann v. Adams*, 385 U.S. 440 (1967) erklärte der Supreme Court in einem kurzen von White begründeten Urteil gegen die dissenting opinion von Harlan und Stewart, daß Abweichungen von 30 % bei den Senatswahlkreisen und von 40 % bei denen des Repräsentantenhauses ohne zufriedenstellende Erklärung, die sich auf eine zu billigende staatliche Politik stützen könne, nicht mehr akzeptabel sind. Darüber hinaus erklärte der Supreme Court, daß die Zulässigkeit einer Abweichung von 10 bis 15 % von der Durchschnittsbevölkerungszahl der Wahlkreise in einem Staat nicht notwendigerweise bedeute, daß dieselbe Abweichung nicht in einem anderen Staat, je nach den besonderen Umständen des Falles, unzulässig sei.

4. In drei Urteilen, *Sailors v. Kent Board of Education*, 387 U.S. 105 (1967), *Dush v. Davis*, 387 U.S. 112 (1967) und besonders dann *Avery v. Midland County*, 390 U.S. 474 (1968) dehnte der Supreme Court den Grundsatz „one person — one vote“ dann auch auf Wahlen zu solchen lokalen Verwaltungs-

allgemein, auch in Fachkreisen, als ein „landmark case“[1] allererster Ordnung angesehen[2]. Die Öffentlichkeit, insbesondere in den großen Städten, war oder wurde sofort in Tagespresse, Zeitschriften, Funk und Fernsehen über den Hintergrund der Entscheidungen des Supreme Court zum reapportionment aufgeklärt und war sich bewußt, daß die Entscheidungen den bisher unterrepräsentierten Städten und dichter

---

trägern aus, die die allgemeine Staatsgewalt in dem lokalen Bereich repräsentieren. Der Supreme Court faßte in Avery v. Midland County, id. at 484/485, seinen Standpunkt dazu wie folgt zusammen: "We hold today only that the Constitution permits no substantial variation from equal population in drawing districts for units of local government having general governmental powers over the entire geographic area served by the body." Diese Ausdehnung der Supreme Court-Rechtsprechung auch auf die counties, Stadt- und Gemeinderäte usw. ist nur die folgerichtige Anwendung des Prinzips „one man — one vote“ auf sämtliche Wahlen, in denen Wähler in einer Demokratie die Organe wählen, die die Staatsgewalt ausüben sollen. Dazu näher 82 Harv.L.Rev. 118 (1968).

5. Während der Drucklegung dieser Untersuchung hat der Supreme Court in zwei weiteren Urteilen, *Kirkpatrick v. Preisler,* — U.S. — (1969), 22 L.Ed.2d 519, und *Wells v. Rockefeller,* — U.S. — (1969), 22 L.Ed.2d 535, über die reapportionment-Gesetze von Missouri (1967) und New York (1968) entschieden und dabei den Grundsatz „one man — one vote“ dahin angewandt, daß weitestgehende Bevölkerungsgleichheit der Wahlkreise verlangt werden müsse. So wurde das New Yorker Gesetz, das Unterschiede von 390 000 bis 435 000 Einwohnern in den verschiedenen Wahlkreisen ergab, ebenso wie das Gesetz von Missouri, wonach Unterschiede von 420 000 bis 445 000 auftraten, für verfassungswidrig erklärt. Nach der Ansicht des Supreme Court sind nur solche eng begrenzten Abweichungen zulässig: „which are unavoidable despite a good-faith effort to achieve absolute equality, or for which justification is shown." Dabei geht das Gericht von den Erfahrungen in New York aus, die zeigen, daß es einem Parlament durchaus möglich ist, eine nahezu vollständige numerische Gleichheit unter den Wahlkreisen bei der Wahlkreiseinteilung zu erreichen. So Kirkpatrick v. Preisler, id. at 525.

[1] Emerson, Thomas J., Malapportionment and Judicial Power, 72 Yale L.J. 64 (1962) at 64: „Die Entscheidung des Supreme Court in Baker v. Carr verspricht eine der wichtigsten des Jahrhunderts zu sein.“ McKay, Robert B., Political Thicket and Crazy Quilts: Reapportionment and Equal Protection, 61 Mich.L.Rev. 645 (1963) at 645: „Auf die Frage, welches die beiden wichtigsten Entscheidungen des Supreme Court im 20. Jahrhundert sind, würden informierte Beobachter wahrscheinlich, gleich in welcher Reihenfolge, Brown v. Board of Education und Baker v. Carr nennen.“ McCloskey, Robert G., The Supreme Court 1961 Term — Foreword: The Reapportionment Case, 76 Harv.L.Rev. 54 (1962) at 54: Der Nachhall, den Baker v. Carr in juristischen und politischen Kreisen hatte, habe alles Dagewesene seit 1954 übertroffen, und man müsse viele Jahre zurückgehen, um außer Brown v. Board of Education eine weitere Entscheidung mit ähnlichem Widerhall zu finden; Neal, Phil C., Baker v. Carr: Politics in Search of Law, 1962 Supr.Court Rev. 252 at 252 sagt, daß Brown v. Board of Education und Baker v. Carr unter die wichtigsten Entscheidungen seit Jahrzehnten gerechnet werden; Banfield, Edward C. and Wilson, James Q., City Politics (1963) at 70: "An historic decision."

[2] Einen guten Überlick über die Reaktion insbesondere der Presse gibt Israel, Jerold, On Charting a Course Through the Mathematical Quagmire: The Future of Baker v. Carr, 61 Mich.L.Rev. 107 (1962) at 107 n. 2, 3 und die New York Times vom April 1, 1962, section 4, p. 11, col. 3 mit Nachweisen.

besiedelten Gebieten die Tür zum Parlament auf Bundes- und Einzelstaatenebene erst richtig aufstießen, d. h. die rechtliche, und zwar verfassungsrechtliche Basis dafür schufen, daß sie von nun an mehr Abgeordnete wählen und damit ihren Forderungen und Problemen mehr Nachdruck verleihen konnten. Unter diesen Umständen war es auch nicht erstaunlich, daß eine um dieselbe Zeit veranstaltete Gallup-Meinungsbefragung eine Mehrheit der Bevölkerung von 3 : 2 für faires reapportionment im Sinne des Supreme Court feststellen konnte[3]. In diesem Zusammenhang ist interessant, daß die Öffentlichkeit Baker v. Carr von vornherein nicht als auf sein enges, prozessuales holding[4] beschränkt sah, sondern daß man sofort das Gefühl hatte — und man konnte das in der Entscheidung auch zwischen den Zeilen lesen —, daß der Supreme Court die prozessuale Schranke der „politischen Fragen" nicht weggeräumt hatte, um dann bei der Entscheidung der materiellen Frage dem Übelstand doch nicht abzuhelfen.

Bemerkenswert ist, wie auch immer wieder in der Literatur zum reapportionment erwähnt wird, daß die Reaktion auf Baker v. Carr so grundverschieden von der Reaktion der amerikanischen Öffentlichkeit oder doch zumindest großer Teile von ihr auf die Urteile über die Aufhebung der Rassentrennung in öffentlichen Schulen[5] war[6].

Der zum Teil geradezu überschwenglichen Zustimmung zum Eingreifen des Supreme Court in das reapportionment-Problem, das auf politischem oder sonstigem Wege zu lösen viele schon die Hoffnung aufgegeben hatten, folgte nach einiger Zeit eine gewisse Abkühlung. Auf einer Pressekonferenz am 29. März 1962 war Präsident Kennedy um eine Stellungnahme zu der am Tage zuvor ergangenen Entscheidung des Supreme Court, Baker v. Carr, gebeten worden. Er hatte sich folgendermaßen geäußert[7]: „Mir scheint klar auf der Hand zu liegen, daß das Recht auf faire Repräsentation, wonach jede Stimme gleich zählt, grundlegend für das erfolgreiche Funktionieren einer Demokratie ist ... Es geht nicht an, daß ein Senator, der 5 000 000 Menschen repräsentiert, neben einem Kollegen sitzt, der nur 10 000 vertritt, und dann, wenn anderweitig keine Abhilfe geschaffen wird, sagt, daß das

---

3 Auch Emerson, Thomas J., Malapportionment and Judicial Power, 72 Yale L.J. 64 (1962) at 76: Die Entscheidung habe sich als „in hohem Maße populär" erwiesen.

4 Tragende Entscheidungsgründe, die im Präjudiziensystem andere Gerichte binden.

5 Brown v. Board of Education, 347 U.S. 483 (1954).

6 Lewis, Anthony, The Changing Role of the Supreme Court of the USA, 34 N.Y.S.B.J. 416 (1962) at 424: "On the issue of legislative apportionment a moral explosion was waiting to be set off ... Almost everyone, including the beneficiaries of the evil, knew that an evil existed."

7 New York Times, March 30, 1962, p. 12, col. 3, question 12.

Gericht sich in Dinge einmische, die es nichts angehen." Zwei Jahre später beim Wahlkampf um das Präsidentenamt, als Reynolds v. Sims bereits rückhaltlose Durchsetzung von „one person, one vote" für beide Kammern gefordert hatte, war die Stimmung weitaus kritischer und die Republikaner glaubten, gut daran zu tun, bei ihrem Konvent in San Francisco ihrer „platform" (Parteiwahlkampfprogramm) ein Versprechen dahingehend zuzufügen, daß die Republikaner sich für einen verfassungsändernden Zusatz einsetzen würden, der es den Einzelstaaten erlaube, eine ihrer beiden Kammern nach einem andern als dem equal population standard zu organisieren.

Diese Stimmungsänderung ist erklärlich, wenn man berücksichtigt, daß einmal die Kräfte zum Gegenschlag angesetzt hatten, die durch die neuen Verfassungsgrundsätze an Macht einzubüßen glaubten. Das waren hauptsächlich die von den überrepräsentierten ländlichen Wahlkreisen kommenden Abgeordneten und die mit ihnen eng liierten, finanzkräftigen business pressure groups und andere[8, 9]. Eine zweite Gruppe von Gegnern der Supreme Court Entscheidungen fand sich in Fachkreisen[10]. Hier schien, soweit man das als außenstehender Betrachter beurteilen kann, weniger das Interesse an der Erhaltung einer bestimmten politischen Machtkonstellation das maßgebende Motiv zu sein, als vielmehr politische und juristische Anschauungen über Funktion und Wesen des Supreme Court, über seine Stellung im politischen Prozeß, über Probleme wie Zweikammernsystem, Föderalismus, Gewaltenteilung etc. Typisch für die Haltung dieser zweiten Gruppe war ein schon im August 1958 auf der Konferenz der Chief Justices 1958 in Chicago[11] erstatteter, aber von den Gegnern der reapportionment-Urteile oft zitierter Bericht des „Komitee zur Untersuchung der Auswirkungen richterlicher Entscheidungen auf die Beziehungen zwischen Bund und Einzelstaaten". Dieser Bericht fordert nach einem ausführlichen Überblick über die einschlägige Rechtsprechung des Supreme

---

[8] z. B. Farmers Union, National Grange, American Farm Bureau Federation, vgl. New York Times, March 18, 1965, p. 19, col. 1; The Christian Science Monitor, Jan. 11, 1965, p. 1, col. 1.

[9] Siehe genauer Kap. 4, B III.

[10] Vgl. unter anderen Bickel, Alexander M., The Durability of Colegrove v. Green, 72 Yale L.J. 39 (1962); Friedelbaum, Stanley H., Baker v. Carr: The New Doctrine of Judicial Intervention and Its Implications for American Federalism, 29 U.Chi.L.Rev. 673 (1962); McCloskey, Robert G., The Supreme Court 1961 Term — Foreword: The Reapportionment Case, 76 Harv.L.Rev. 54 (1962); Neal, Phil C., Baker v. Carr: Politics in Search of Law, 1962 Supr.Court Rev. 252; Lucas, Jo Deshua, Legislative Apportionment and Representative Government: The Meaning of Baker v. Carr, 61 Mich.L.Rev. 711 (1963); Israel, Jerold, On Charting a Course Through the Mathematical Quagmire: The Future of Baker v. Carr, 61 Mich.L.Rev. 107 (1962).

[11] Report of the Committee on Federal-State Relationships as Affected by Judicial Decisions, Conference of Chief Justices, August 1958, Chicago.

Court diesen auf, doch mehr richterliche Zurückhaltung[12] zu wahren. Dabei wird scharf kritisiert, daß der Trend in der Supreme Court Rechtsprechung auf dauernde Mehrung des Einflusses des Bundes und seiner Organe zum Nachteil der Einzelstaaten gehe[13]. Angesichts der ungeheuren Macht des Supreme Court und der Endgültigkeit seiner Urteile in den meisten Fällen[14] gebe es keine wichtigere Verpflichtung für das Gericht, als sich bei der Ausübung seiner politischen („policy-making") Rolle betonter Mäßigung zu befleißigen[15]. Ganz ähnliche Argumente, wie sie damals auf der Konferenz der Chief Justices in Reaktion insbesondere auf die Urteile zur Aufhebung der Rassentrennung in öffentlichen Schulen und auf die Inkorporierung von immer mehr Teilen der Bill of Rights in das 14. amendment und die damit erfolgende Einschränkung des grundrechtsfreien Spielraums in den Einzelstaaten vorgebracht worden waren, findet man bei denen, die sich im wissenschaftlichen Raum gegen die reapportionment-Entscheidungen des Supreme Court stellten. Neben der Kritik, die aus Bedenken über eventuelle Auswirkungen der Entscheidungen auf bestimmte einzelne Problempunkte, wie z. B. das Zweikammernsystem oder das föderative Gefüge und die Beziehungen zwischen Bund und Einzelstaaten oder den fortschreitenden Verlust der Einzelstaaten an Einfluß auf der politischen Bühne der Vereinigten Staaten zugunsten von Washington, herrührte, stand ein grundsätzlicher Einwand im Vordergrund: Mißbilligung darüber, daß der Supreme Court in die politische Arena hinabgestiegen sei und als Gericht an die Verteilung politischer Macht gerührt habe[16]. Nach Ansicht vieler ist dies mit dem Institut der richterlichen Normenkontrolle herkömmlicher Art nicht mehr zu vereinbaren[17]. Statt sich richterlicher Zurückhaltung zu befleißigen, übe der Supreme Court Macht in einem Maße und in Fragen aus, wie es für ein Gremium von neun demokratisch und parlamentarisch nicht verantwortlichen Männern nicht tragbar sei[18].

Die Kritik am Supreme Court, besonders wenn es grundsätzlich um seine Stellung im amerikanischen Regierungssystem ging, war oft sehr

---

[12] Der oft als Schlagwort gebrauchte terminus technicus ist „judicial self-restraint" im Gegensatz zum Schlagwort „judicial activism".

[13] Der Bericht weist besonders auf den weiten Umfang der Kontrolle über die Einzelstaaten, die der Supreme Court im Rahmen seiner Ansichten über das 14. amendment ausübt, hin. Id. at 26.

[14] Politische Behelfe scheitern in aller Regel.

[15] Id. at 27.

[16] z. B. Dixon, Robert G., Apportionment Standards and Judicial Power, 38 Notre Dame Law. 367 (1963) at 368.

[17] Id. at 367.

[18] z. B. Caldwell, Milliard F., The Third Legislative Chamber, 38 Fla.B.J. 327 (1964) at 331 et s.

scharf und artete, nicht nur in der Presse und dem nichtjuristischen Schrifttum, teilweise in üble Polemik aus. Zwei Beispiele seien gegeben. Robert Lancaster, immerhin Dean eines College, ließ sich in der Vanderbilt Law Review[19] anläßlich Baker v. Carr zu wilden Ausbrüchen gegen den Supreme Court hinreißen. Der Artikel, der mit einem Minimum von Fußnoten auskommt, spricht von der kläglich kleinen Zahl von Männern, die die Rolle von Platonischen Weisen hätten übernehmen dürfen, deren politische Erfahrung begrenzt sei, deren Werturteile in Frage gestellt werden könnten und die isoliert seien von den Spannungen und Gegensätzen der politischen Arena. Wenn Richter vor der Meute, die nach Beute giert, herrennen, verlören sie, was sie zu Richtern mache[20]. Ähnlich und geradezu unverständlich ist, daß sich ein Richter des Florida Supreme Court, Milliard F. Caldwell, bei einer Eröffnungsadresse zur Geschäftstagung der 14. Jahresversammlung der Rechtsanwaltskammer von Florida (Florida Bar)[21] am 7. Mai 1964 zu Äußerungen hinreißen läßt wie: „Es ist durchaus vorstellbar, daß ein Gerichtshof, geblendet von der Illusion, allmächtig zu sein, geneigt wäre, Gott abzuschaffen mit der Begründung, daß es so etwas wie zwei allmächtige Instanzen nicht gebe[22]." Er beschuldigt den Supreme Court, durch die Uusurpierung der Macht, die Verfassung neu zu schreiben und als dritte Kammer gesetzgeberisch tätig zu sein, dem Kollektivismus und der Herrschaft der Zahlen zum Durchbruch zu verhelfen und letzten Endes den Kommunisten in die Hände[23] zu spielen[24].

Wenn Caldwell abschließend die Frage stellt, was man unter diesen Umständen tun solle, und sie unter Hinweis auf den Amtseid dahingehend beantwortet, daß man die Verfassung unterstützen solle[25], so ist das ungemein zweideutig und klingt wie ein Aufruf zum Widerstand, eine Erscheinung, die ja auf dem Gebiete der Rassenprobleme nicht neu ist.

Diese beiden Beispiele sind willkürlich herausgegriffen, zeigen jedoch gerade dadurch, wie sehr die reapportionment-Urteile Emotionen hochschlagen ließen und wie politisch brisant das ganze Problem ist.

2. Die Reaktion der Öffentlichkeit auf die Entscheidungen des Supreme Court zum reapportionment war, wie gesagt, stark und dau-

---

19 15 Vand.L.Rev. 1247 (1962).

20 Id. at 1251.

21 Abgedruckt in 38 Fla.B.J. 327 (1964).

22 Id. at 331.

23 Id. at 333.

24 Id. at 335.

25 Id. at 336.

ernde Pressemeldungen über Entwürfe, Tagungen, Kommissionen, Gesetzesänderungen und Prozesse um reapportionment in den einzelnen Staaten[26] machten breiteste Schichten des amerikanischen Volkes mit dem Problem bekannt. Unter diesen Umständen ist es nicht verwunderlich, daß binnen kürzester Zeit nach Ergehen von Baker v. Carr Dutzende von Prozessen über reapportionment-Probleme die *Gerichte* überfluteten. Noch im selben Jahr 1962 wurden *reapportionment-Prozesse* in den folgenden Staaten angestrengt: Alabama, California, Colorado, Connecticut, Delaware, Florida, Georgia, Idaho, Indiana, Iowa, Kansas, Kentucky, Maryland, Michigan, Minnesota, Mississippi, Missouri, Nebraska, Nevada, New Hampshire, New Jersey, New Mexico, New York, North Dakota, Ohio, Oklahoma, Pennsylvania, Rhode Island, Tennessee, Vermont, Virginia, Washington, Wisconsin, Wyoming[27]. Professor McKay von der New York University berichtet[28], daß noch vor Ablauf des Jahres 1962 über sechzig Prozesse vor Bundes- und Einzelstaatsgerichten anhängig geworden und die apportionment-Regeln von mindestens 35 Staaten vor den Gerichten in Frage gestellt worden seien[29]. Inzwischen sind die apportionment-Systeme folgender Staaten vom Supreme Court selbst für verfassungswidrig erachtet worden: Alabama, New York, Maryland, Delaware und Colorado in den sechs gemeinsam am 15. Juni 1964 ergangenen Entscheidungen, von denen Reynolds v. Sims der leading case war. Die apportionment-Systeme von Connecticut, Florida, Idaho, Illinois, Ohio, Oklahoma, Michigan und Washington wurden eine Woche später am 22. Juni 1964 in einer Reihe von per curiam[30] Entscheidungen unter Verweis auf Reynolds v. Sims und auf die in der Woche zuvor ergangenen Urteile für verfassungswidrig erklärt.

Doch schon vor Ergehen der Supreme Court Urteile zur materiellen Seite des apportionment-Problems im Juni 1964 war eine erstaunliche Bereitschaft der Instanzgerichte festzustellen gewesen[31], der neuen,

---

[26] Vgl. am ausführlichsten New York Times seit 1962.

[27] Vgl. genaue Nachweise bei McKay, Robert B., Political Thicket and Crazy Quilts: Reapportionment and Equal Protection, 61 Mich.L.Rev. 645 (1963), Appendix A Summary of Significant Reapportionment Litigation Initiated During 1962; auch New York Times, Aug. 6, 1962, p. 23, col. 1 mit einem Abriß von apportionment-Prozessen in 22 Staaten; ferner Goldberg, Arthur L., The Statistics of Malapportionment, 72 Yale L.J. 90 (1962) at 97 et s.

[28] Supra at 646.

[29] Diese Zahlen, 34 Staaten, finden sich unter Hinweis auf McKay und andere auch in Reynolds v. Sims, 377 U.S. 713 (1964) at 556 n. 30.

[30] Kurze Urteile ohne nähere Begründung.

[31] In verschiedenen Staaten stellte sich sogar der Attorney General (Generalstaatsanwalt) auf den Standpunkt, daß die Verfassungswidrigkeit der benachteiligenden Staatsgesetze gemessen an der Bundesverfassung so grob sei, daß sein Eid auf die Bundesverfassung ihm verbiete, für das Staats-

durch Baker v. Carr den Gerichten zugewiesenen Aufgabe gerecht zu werden und dem Übelstand des unfairen apportionment abzuhelfen. McKay weist in diesem Zusammenhang besonders auf die verschiedene Reaktion auf Brown v. Board of Education hin[32] und spricht von einem „geradezu überraschenden Enthusiasmus" der Bundes- und Einzelstaatsgerichte[33]. Besonders bemerkenswert ist dabei, daß die Gerichte es unternahmen, die in Baker v. Carr völlig offengebliebenen materiellen Maßstäbe von Fall zu Fall selbst zu suchen[34]. Die Gerichte entwickelten dabei ganz verschiedene Maßstäbe. Während die einen sich zunächst noch gar nicht oder nur indirekt zur materiellen Seite äußerten und erst einmal dem Gesetzgeber der betreffenden Einzelstaaten die Gelegenheit boten, selbst ein faires apportionment durchzuführen, waren andere der Meinung, daß es unter Heranziehung der „federal analogy" für das apportionment der Einzelstaaten durchaus vertretbar sei, eine Kammer nach dem Bevölkerungsprinzip, die andere nach anderen rationalen, willkürfreien Gesichtspunkten zu organisieren. Wieder andere waren der Ansicht, daß Bevölkerung nur einer, wenn auch ein wichtiger der möglichen Gesichtspunkte sei, die der Staatsgesetzgeber bei einem apportionment berücksichtigen könne. Andere schließlich gingen noch weiter und überließen das System des apportionment der freien Wahl des Gesetzgebers, soweit diese nur nicht willkürlich war, sondern „rational". Die Urteile im einzelnen aufzuführen[35] und den vertretenen Meinungen genauer nachzuspüren ist nicht sinnvoll, da der Supreme Court inzwischen in Reynolds v. Sims und den gleichzeitig ergehenden Urteilen verbindliche Maßstäbe gesetzt hat. Doch muß betont werden, daß Gleichheit, soweit eben praktisch durchführbar, für beide Kammern durchaus nicht der Standard der Instanzgerichte in der Zeit vor Baker v. Carr und vor Reynolds v. Sims war.

---

gesetz zu plädieren, z. B. in Michigan und in Wisconsin, New York Times, July 26, 1962, p. 24, col. 8; New York Times, July 10, 1962, p. 23, col. 6; New York Times, June 20, 1962, p. 20, col. 4.

[32] Supra, 61 Mich.L.Rev. 645 (1963) at 645, 660.

[33] Vgl. auch Anthony Lewis, einer der Kenner der reapportionment-Probleme, The Changing Role of the Supreme Court of the USA, 34 N.Y.S.B.J. 416 (1962) at 424: "On the issue of legislative apportionment a moral explosion was waiting to be set off. Judges around the country were eager to act."

[34] Israel, Jerold, On Charting a Course Through the Mathematical Quagmire: the Future of Baker v. Carr, 62 Mich.L.Rev. 107 (1962) weist auf die oft schwierige und exponierte Lage hin, in der sich die Richter in den einzelstaatlichen reapportionment-Streiten und Prozessen befunden hätten, ohne eine Supreme Court Entscheidung bezüglich der materiellen Maßstäbe zu haben, auf die sie sich hätten berufen können.

[35] Genauer McKay, Robert B., Political Thicket and Crazy Quilts: Reapportionment and Equal Protection, 61 Mich.L.Rev. 645 (1963) at 686; vgl. auch Goldberg, Arthur L., The Statistics of Malapportionment, 72 Yale L.J. (1962) at 97.

Wenn man diese Unmenge von Urteilen und Prozessen betrachtet, diese Fülle von Versuchen der Gerichte, mit einem neuen Problem fertig zu werden, nicht nur arbeitsmäßig, sondern auch begriffs- und konzeptionsmäßig, Maßstäbe zu finden und sich doch trotz allem möglichst aus dem politischen Kampf herauszuhalten, versteht man die Besorgnis von Harlan in seiner dissenting opinion in Baker v. Carr[36], wo er sagt: „Die Mehrheit scheint sich dem im Prozeß vorgetragenen Argument angeschlossen zu haben, daß dieses Gericht nur seine Zuständigkeit für solche Fragen[37] festzustellen braucht und daß dann Tennessee und die übrigen Staaten mit unfairem apportionment rasch mit angemessenen politischen Maßnahmen antworten werden, so daß dieses Gericht keinen Grund hat, übermäßig besorgt zu sein, daß die Bundesgerichte tiefer in diese Materie hineingezogen werden. Dabei hat die Mehrheit jedoch nicht bedacht, was die Zukunft alles bringen mag, wenn sich diese optimistische Vorhersage nicht erfüllen sollte ..."

3. Während die Gerichte den Auftrag, den ihnen Baker v. Carr übertragen hatte, rasch und ohne sich zu sträuben auszuführen begannen, war die *Reaktion der Staatslegislativen*[38] anders. Zwar findet man seit Baker v. Carr eine Unzahl von verfassungsändernden amendments, Änderungen der apportionment-Gesetze, Vollziehung von jahrzehntelang mißachteten Verfassungsgeboten etwa, daß alle zehn Jahre ein apportionment erfolgen müsse usw. Doch ist die gelegentlich daraus gezogene Folgerung, die Staatslegislativen hätten sich Baker v. Carr ohne weiteres gefügt, falsch. Zwar trifft es zu, daß die Gesetzgeber beinahe überall etwas unternahmen. Aber dies geschah nur unter dem Druck von distriktgerichtlichen Entscheidungen[39] und vielfach aus der Erwägung heraus, daß es besser sei, selbst ein wenig an dem bestehenden System herumzuflicken und vielleicht die gröbsten Ungerechtigkeiten abzuschaffen, als die Sache dem Gericht zu überlassen und von diesem womöglich zu grundlegenden Reformen gezwungen zu werden[40].

---

[36] 369 U.S. 186, 330 (1962) at 339.

[37] I.e. reapportionment, der Verfasser.

[38] Der Kongreß beugte sich bezüglich des Kongreß-apportionment: die Celler bill (Gesetzesentwurf) wurde angenommen. The Christian Science Monitor, March 19, 1965, p. 6, col. 4/5; New York Times, March 17, 1965, p. 1, col. 2.

[39] Die Gerichte vollzogen damit den Auftrag, den Baker v. Carr ihnen gegeben hatte. Vgl. zu den Hintergründen etwa in New Jersey, The Christian Science Monitor, April 15, 1965, p. 16, col. 1; vgl. für Georgia, The Christian Science Monitor, April 9, 1965, p. 10, col. 1.

[40] Insofern nicht genau McKay, Robert B., Political Thicket and Crazy Quilts: Reapportionment and Equal Protection, 61 Mich.L.Rev. 645 (1963) at 645; aber Israel, Jerold, On Charting a Course Through the Mathematical Quagmire: The Future of Baker v. Carr, 61 Mich.L.Rev. 107 (1962) at 145.

a) Daß die Staatslegislativen trotz gerichtlicher Drohungen eigene Maßnahmen zu ergreifen sich weigern könnten, war die düstere Voraussage von Frankfurter in seiner dissenting opinion in Baker v. Carr[41]. Diese Befürchtung hat sich jedoch nicht als richtig erwiesen, obwohl die Gerichte, um mit Hamilton zu sprechen, weder „purse" noch „sword" hatten. Im Gegenteil, vielfach genügte die bloße Konstatierung der Verfassungswidrigkeit des bestehenden apportionment-Systems bzw. -zustandes, auch ohne Androhung weiterer konkreter Maßnahmen, um den Gesetzgeber zum Handeln zu bringen[42].

Daß die Staatslegislativen sich den gerichtlichen Entscheidungen fügten und ihr reapportionment revidierten, ist um so erstaunlicher, als schon ein Präzedenzfall für renitentes Verhalten vorlag, nämlich Brown v. Board of Education und seine Nachgeschichte, und um so überraschender, als diese Einzelstaatsparlamente sich über Jahrzehnte hinweg der öffentlichen Meinung zum Trotz und oft unter Verletzung ihrer eigenen Verfassung gegen jedes reapportionment gesträubt hatten. Die General Assembly von Maryland beispielsweise hatte sich über zehn Jahre lang trotz eines klaren Verfassungsgebots nicht zur Einberufung eines Verfassungskonvents, der die reapportionment-Problematik hätte aufgreifen sollen, entschließen können und sich geweigert, einen der zehn apportionment-Gesetzesentwürfe, die zwischen 1951 und 1960 vor die General Assembly gebracht wurden, in Kraft zu setzen. Auch die gemäßigten reapportionment-Vorschläge einer vom Governor einberufenen Kommission zur Untersuchung der Frage des reapportionment der Parlamentswahlkreise im Jahre 1959 wurden weder vom Haus noch vom Senat beachtet[43].

Ein ähnliches Beispiel bietet die Geschichte des apportionment in Virginia[44]. Nach der Verfassung von Virginia mußte im Jahre 1962 wieder ein reapportionment vorgenommen werden. Der Governor von Virginia rief deshalb 1961 eine besondere Kommission ins Leben, die bei der Ausarbeitung eines fairen apportionment-Planes sich der Hilfe des Bureau of Public Administration der University of Virginia bediente. Das Bureau schlug vor, daß Senat- und Hauswahlkreise, soweit praktisch möglich, bevölkerungsgleich sein sollten, und legte zwei Alternativpläne für das apportionment des Hauses und drei für das des Senats vor. Diese Pläne folgten den verschiedenen Kriterien, wie sie üblicherweise in vorausgehenden apportionments berücksichtigt

---

[41] 369 U.S. 186, 266 (1962) at 270, wo Frankfurter von „self-defeating" „in terrorem pronouncements" spricht; vgl. auch Emerson, Thomas J., Malapportionment and Judicial Power, 72 Yale L.J. 64 (1962) at 75/76.

[42] Hierauf weist besonders McKay hin, supra at 702.

[43] Vgl. ausführlicher dazu Maryland v. Tawes, 377 US. 656 (1964) at 664 at s.

[44] Vgl. Davis v. Mann, 377 U.S. 678 (1964) at 685 n. 1.

worden waren und beachteten auch die verfassungsrechtlich vorgeschriebenen Beschränkungen der Abgeordnetenzahl beider Kammern. Noch im selben Jahr unterbreitete die Kommission ihr Untersuchungsergebnis und schlug dabei einen Plan vor, der von allen Plänen des Bureau of Public Administration abwich. Dieser Plan war mehr auf politischen Kompromiß abgestellt und wich weiter vom reinen Bevölkerungsprinzip ab als alle Vorschläge des Bureau. Dennoch ließ die Virginia General Assembly in ihrer ordentlichen Sitzungsperiode 1962 alle Vorschläge, die des Bureau und die der Kommission, vollkommen außer acht und nahm ein reapportionment ganz auf eigene Faust mit nur ganz geringen Änderungen in dem bis dahin geltenden apportionment vor.

b) Wo die Gesetzgeber in Reaktion auf Baker v. Carr ein reapportionment durchführten, waren das meistens nur sehr kleine Schritte auf ein faires apportionment zu. So hatte das reapportionment in Delaware im Jahre 1963 zur Folge, daß, statt wie bisher 18,5 % der Bevölkerung, nunmehr 28 % in Wahlkreisen lebten, die eine Mehrheit der Abgeordneten im Haus stellten. Die entsprechenden Zahlen für den Senat waren vorher wie nachher 22 % bzw. 21 %. Die Reform war offenbar derart durchgeführt worden, daß bestehende Sitze nicht angetastet, sondern volkreichen Distrikten einige zusätzliche Abgeordnetensitze eingeräumt wurden und so die Gesamtzahl der Abgeordneten auf 45 erhöht wurde[45]. Auch die reapportionment-Entwürfe, wie sie der Gesetzgeber von Alabama auf wiederholte Drohung eines District Court[46] am 12. Juli 1962 annahm — bezeichnend ist, daß einer der beiden Entwürfe nur subsidiäre Geltung hatte für den Fall, daß der erste an den Wahlurnen oder vor dem District Court scheitern sollte —, brachten nur geringe Verbesserungen[47]. Hoch interessant war es auch, die verzweifelten Versuche der noch im Amt befindlichen, aber schon abgewählten (lame-duck) Republikaner in New York State zu sehen, vier hintereinander gestaffelte reapportionment-Lösungen noch in letzter Stunde zu passieren, um möglichst wenig Zugeständnisse machen zu müssen. Die Gerichte erklärten drei dieser Gesetze für verfassungswidrig[48]. So war es ein vertrautes Bild auf der reappor-

---

[45] Roman v. Sincock, 377 U.S. 695 (1964) at 707.

[46] 29. März 1962 und 14. April 1962. Der District Court drohte nämlich, selbst die schlimmsten Verzerrungen zu beseitigen, also das reapportionment mindestens teilweise in die eigenen Hände zu nehmen (205 F.S. 245). Vgl. dazu Reynolds v. Sims, 377 U.S. 533 (1964) at 543.

[47] Vgl. Reynolds v. Sims, 377 U.S. 533 (1964) at 542 et s.

[48] Vgl. New York Times, Dec. 11, 1964, p. 1, col. 3; New York Times, Jan. 27, 1965, p. 1, col. 8; New York Times, Jan. 28, 1965, p. 28, col. 2; zur Situation nachher The Christian Science Monitor, March 23, 1965, p. 14, col. 3; zur Reaktion der GOP (Republikanische Partei, Grand Old Party) auf diese Gerichtsentscheidung, New York Times, Jan. 27, 1965, p. 21, col. 2.

tionment-Bühne, daß nach Jahren und Jahrzehnten die Legislative auf das Drängen der Instanzgerichte hin plötzlich und vielfach überhastet und in außerordentlichen Sitzungen reapportionment-Entwürfe durchjagte, die halbherzig[49] die gröbsten Ungleichheiten zu beseitigen suchten, um an der Verteilung der politischen Macht im wesentlichen nichts ändern zu müssen, daß diese Verfassungs- und Gesetzesänderungen oft nur wenige Tage später von den District Courts als verfassungswidrig verworfen wurden und daß dann die Gerichte teilweise selbst aus den Gesetzesvorschlägen oder Alternativgesetzen ein vorläufiges, einigermaßen faires apportionment zusammenzusetzen suchten[50].

4. Schon 1959 hieß es im Bericht des Komitee zur Untersuchung der Auswirkungen richterlicher Entscheidungen auf die Beziehungen zwischen Bund und Einzelstaaten[51]: „Seit langem rühmt man sich in Amerika damit, daß wir unter der Herrschaft von Gesetzen und nicht von Menschen stehen. Wir glauben, daß jede Untersuchung über neuere Supreme Court Entscheidungen zumindest erhebliche Zweifel an der Gültigkeit dieses Selbstlobs wecken wird." Dies gilt nach Ansicht des Komitees ganz besonders deshalb, weil nur selten Einstimmigkeit bei den Urteilen erreicht wird, ja oft die Meinungen 5 : 4 gegeneinanderstehen und weil das Recht, das frühere Entscheidungen gesetzt haben, häufig modifiziert oder umgestoßen wird (distinguishing und overruling).

Die reapportionment-Entscheidungen des Supreme Court, insbesondere die als extrem egalitär empfundene Entscheidung Reynolds v. Sims, haben dem bestehenden Unbehagen neue Nahrung gegeben[52] und so

---

[49] Interessant z. B., daß die Gesetzgeber lieber selber an dem apportionment herumflickten, als die Arbeit einem parteilich unabhängigen Gremium zu überlassen, z. B. für New York State: New York Times, April 17, 1965, p. 1, col. 3.

[50] Vgl. z. B. die Sachverhalte in den sechs Supreme Court Entscheidungen zum reapportionment am 15. Juni 1964.

[51] Conference of Chief Justices, August 1958, Chicago, p. 28: „Wir sind nicht der Ansicht, daß die Schöpfer der ursprünglichen Verfassung oder die möglicherweise etwas weniger genialen Väter des 14. amendment auch nur bedachten, daß der Supreme Court die nahezu unbegrenzte politische Macht, die er jetzt ausübt, haben würde oder haben sollte. Es ist in der Tat merkwürdig, wenn man sich überlegt, daß unter einer Verfassung, die für ein System der checks and balances und der Verteilung der Macht zwischen Bundes- und Einzelstaaten sorgt, eine der Bundesgewalten — der Supreme Court — die ungeheure und in vieler Hinsicht beherrschende Macht erreichen sollte, die er jetzt innehat."

[52] Vgl. dazu Monroe, James O., To Preserve the U.S.: A Brief for the Negative on Three Current Plans to Amend the Constitution, 8 St.Louis U.L.J. 533 (1964) at 539, der eine einheitliche Linie in der Entwicklung einer Rebellion gegen die Entscheidung des Supreme Court seit 1954 sehen will. Ferner auch Monroe, James O., The Supreme Court on Trial: A Perspective, 11 Hastings L.J. 369 (1960), mit einer ausführlichen Zusammenstellung der umstrittenen Entscheidungen.

ist es nicht erstaunlich, daß ernstliche Versuche unternommen wurden, die Macht des Supreme Court im allgemeinen und hinsichtlich des reapportionment im besonderen zu beschneiden.

a) Der eine dieser Versuche ging von den *Einzelstaaten* aus. Das Committee on Federal-State Relations of the National Legislative Conference hatte für die 16. General Assembly of the States folgende *Vorschläge für amendments zur Verfassung* der USA vorbereitet[53]:

a) einen Vorschlag, den Art. V der Verfassung der USA zu ändern, um das Einbringen von amendments durch die Einzelstaaten zu erleichtern,

b) einen Vorschlag, der Verfassung der USA ein amendment beizufügen, wonach der Bundesgerichtsbarkeit die Kompetenz über das apportionment von Staatslegislativen genommen wird,

c) einen Vorschlag, einen sog. „court of the Union“ (Unionsgerichtshof) zu schaffen, der die Kompetenz hätte, Entscheidungen des Supreme Court zu revidieren, die Rechte betreffen, die von der Verfassung der USA den Einzelstaaten eingeräumt sind[54].

---

[53] Sixteenth General Assembly of the States, 36 State Gov't 10 (1963).

[54] Diese Vorschläge haben folgenden Wortlaut:

Die Staatslegislative soll den Kongreß der USA ersuchen, einen Verfassungskonvent zwecks Erlasses folgender verfassungsändernder Zusätze einzuberufen:

ad a)

"*Section 1:* Wenn zwei Drittel beider Häuser des Kongresses es für notwendig halten, oder auf Antrag der Parlamente von zwei Dritteln der verschiedenen Einzelstaaten schlägt der Kongreß Zusatzartikel zu dieser Verfassung vor, die in jeder Beziehung als Teil dieser Verfassung gelten sollen, wenn sie von den Parlamenten von drei Viertel der verschiedenen Einzelstaaten ratifiziert worden sind. Wenn Anträge der Parlamente von zwei Drittel der Gesamtzahl der Einzelstaaten der USA textlich dieselbe Verfassungsänderung vorschlagen, bestätigen dies der Präsident des Senats und der Sprecher des Repräsentantenhauses, und der Verfassungszusatz gilt dann ohne weitere Maßnahmen seitens des Kongresses als so, wie in den Anträgen enthalten, vorgeschlagen. Kein Staat darf ohne seine Zustimmung seiner gleichen Stimme im Senat beraubt werden.

Section 2: Dieser Artikel tritt erst in Kraft, wenn er innerhalb von sieben Jahren, gerechnet vom Datum der Unterbreitung, von den Parlamenten von drei Viertel der verschiedenen Einzelstaaten als verfassungsändernder Zusatz gebilligt worden ist.“

ad b)

„*Section 1:* Keine Vorschrift dieser Verfassung und kein Verfassungsgesetz sollen die Einzelstaaten im apportionment der Volksvertretung in ihrem Parlament beschränken oder begrenzen.

Section 2: Die richterliche Gewalt der Vereinigten Staaten erstreckt sich nicht auf Prozesse in law oder equity oder auf sonstige Rechtsstreite, die mit dem apportionment der Volksvertretung in einem einzelstaatlichen Parlament zusammenhängen.

Section 3: Dieser Artikel tritt erst in Kraft, wenn er innerhalb von sieben Jahren, gerechnet vom Datum der Unterbreitung, von den Parlamenten

Der erste Vorschlag, die Einbringung von verfassungsändernden Zusätzen durch die Staatslegislativen zu erleichtern, wurde auf der 16. General Assembly of the States mit 37 zu 4 Stimmen bei 4 Enthaltungen angenommen[55].

Der zweite Vorschlag, Ausklammerung der reapportionment-Fragen aus der Jurisdiktionsgewalt der Bundesgerichte, wurde mit 26 zu 10 Stimmen bei 10 Enthaltungen gebilligt[56].

Der dritte Vorschlag, einen Unionsgerichtshof einzurichten, wurde mit 21 zu 20 Stimmen bei 5 Enthaltungen gebilligt.

Diese überraschenden Abstimmungsergebnisse müssen auf dem Hintergrund der Grundsatzerklärung[57] gesehen werden, die von dem Committee on Federal-State Relations of the National Legislative Conference, das die amendment-Vorschläge vorbereitet hatte, der Delegiertenversammlung vorgetragen worden waren. Dort hieß es, daß manche bundesgerichtlichen Entscheidungen, sobald es um die Machtabgrenzung zwischen Bund und Einzelstaaten gehe, starke Vorurteile zugunsten der Sache des Bundes erkennen lassen und daß dies angesichts der Endgültigkeit der Entscheidungen des Supreme Court bedenklich sei. Der Supreme Court sei eben doch ein Organ der Bundesgewalt und somit notwendigerweise ein Organ einer der beiden strei-

---

von drei Viertel der verschiedenen Einzelstaaten als verfassungsändernder Zusatz gebilligt worden ist."

ad c)

„*Section 1:* Auf das Verlangen der Parlamente von fünf Einzelstaaten, von denen keine zwei auch nur teilweise gemeinsame Grenzen haben dürfen, und wenn das Verlangen innerhalb von zwei Jahren nach dem Ergehen eines Urteils des Supreme Court vorgebracht wird, das Rechte berührt, die den Einzelstaaten oder dem Volk von dieser Verfassung eingeräumt sind, wird dieses Urteil von einem Gericht, das sich aus den Chief Justices der State Supreme Courts zusammensetzt und als Unionsgerichtshof bezeichnet wird, in Revision genommen werden. Die einzige Frage, die dieser Unionsgerichtshof zu untersuchen hat, ist, ob die von den Vereinigten Staaten in Anspruch genommene Jurisdiktionsgewalt eine Gewalt ist, die den Vereinigten Staaten unter dieser Verfassung zusteht."

Weitere Sections über Organisation etc. folgen.

[55] Die Enthaltungen kamen von den Delegationen von Arizona, Hawaii, Michigan und Washington. Die Nein-Stimmen kamen von Connecticut, North Dakota, Ohio und Vermont.

[56] Die Ja-Stimmen kamen hier von den Delegationen von Alabama, Arkansas, California, Florida, Georgia, Idaho, Indiana, Iowa, Kansas, Louisiana, Maine, Maryland, Mississippi, Missouri, New Hampshire, New Jersey, New Mexico, North Carolina, Oklahoma, Pennsylvania, South Carolina, South Dakota, Texas, Wisconsing, Wyoming.

Mit Nein stimmten die Delegationen von Colorado, Connecticut, Delaware, New York, North Dakota, Tennessee, Utah, Vermont, Washington, West Virginia.

Die Enthaltungen kamen von Arizona, Hawaii, Kentucky, Michigan, Minnesota, Nebraska, Ohio, Oregon, Rhode Island, Virginia.

[57] „(S)tatement of Principles", supra at 10.

tenden Parteien. Demzufolge dürfe den Entscheidungen des Supreme Court nicht dieselbe Endgültigkeit zukommen wie der Verfassung selber. Zwar sei es wünschenswert, die Bundesverfassung dahingehend zu ergänzen, daß gewisse Entscheidungen des Supreme Court in bestimmten Punkten korrigiert werden. Da dies allein den Trend zu Machtanhäufung beim Bund nicht aufhalte, seien jedoch weitergehende Maßnahmen nötig, nämlich die vorgeschlagenen amendments.

Was speziell die reapportionment-Frage angeht, darf allerdings nicht die von der 16. General Assembly of the States gebilligte Resolution zum apportionment der Staatslegislativen übersehen werden[58], die die Staaten ermuntert, von sich aus ein faires reapportionment vorzunehmen[59].

Diese drei amendment-Vorschläge, die von dem US-Senator Paul H. Douglas als „Zeitbomben unter dem amerikanischen Verfassungssystem" bezeichnet worden sind[60], wurden im Anschluß an die 16. General Assembly of the States in verschiedenen Staaten vor das Parlament gebracht und in einer ganzen Reihe von Staaten zumindest teilweise angenommen. Noch im selben Jahr 1963 wurde der erste Vorschlag über die erleichterte Einbringung von verfassungsändernden Zusätzen durch Einzelstaaten[61] in 13 Staaten gebilligt, d. h. mit weiteren 21 wäre die notwendige Zweidrittelmehrheit der 50 Staaten erreicht. Der Vorschlag einer Beschneidung der Kompetenz der Bundesgerichte in Sachen reapportionment fand Zustimmung in den Parlamenten von 14 Staaten, also 20 weitere würden benötigt. Der Vorschlag eines Unionsgerichts freilich hat bis Ende 1963 nur in 4 Staaten Billigung gefunden[62].

---

[58] Supra at 24.

[59] „Die General Assembly of the States hat sich für einen Vorschlag ausgesprochen, wonach die Einzelstaaten ein amendment zur Verfassung der USA einbringen sollen, das die bundesgerichtliche Kompetenz über das apportionment der Volksvertretung in den Staatsparlamenten beseitigen würde.
Es ist wesentlich, daß die Staaten selber verantwortlich und in wirksamer Weise bei der Durchführung eines reapportionment ihrer gesetzgebenden Körperschaften in Übereinstimmung mit den Vorschriften ihrer eigenen Staatsverfassungen tätig werden.
Diesen Feststellungen zufolge sei hiermit beschlossen, daß alle Einzelstaaten so schnell wie möglich für ihre Parlamente ein reapportionment durchführen, in Übereinstimmung mit den Vorschriften ihrer Staatsverfassungen und in einer Weise, die eine billige Basis für die Repräsentation des Volkes ihrer Staaten gewährleistet, und daß alle Staaten alle notwendigen Maßnahmen ergreifen, um zu gewährleisten, daß die künftigen reapportionments in periodischen Abständen und ohne Verzögerung vorgenommen werden."

[60] 109 Cong.Rec. 8262 (1963).

[61] Abänderung des Art. V der Verfassung der USA.

[62] Vgl. Monroe, James O., To Preserve the U.S.: A Brief for the Negative on Three Current Plans to Amend the Constitution, 8 St.Louis U.L.J. 533 (1964) at 541 mit Nachweisen, Informationen durch den Council of State Governments.

Die Art, wie die Zustimmung in den Parlamenten der zustimmenden Einzelstaaten erreicht wurde, ist bemerkenswert[63]. Monroe weist darauf hin, daß die Vorschläge in den Parlamenten zu einer Zeit vorgebracht worden sind (Anfang 1963), in der Routinegesetzentwürfe ohne langen Kommentar passieren können, weil sonst nicht viel „los" ist. Der Governor wurde meist nicht eingeschaltet, was angesichts des Eigeninteresses der Gesetzgeber am apportionment und der unten zu erwähnenden politischen Rolle des Governor im Verhältnis zur städtischen Bevölkerung[64] nicht weiter verwunderlich ist.

Besonders bemerkenswert und gefährlich ist, daß die Vorschläge ohne die Aufmerksamkeit der Öffentlichkeit durch die betreffenden Parlamente gegangen sind und daß auch auf nationaler Ebene die Vorschläge der 16. General Assembly of the States nur geringes Echo gefunden haben. Monroe kritisiert in diesem Zusammenhang scharf, daß die Presse, sei es aus Personalmangel, sei es weil solche Nachrichten an sich nicht sensationell sind und als einzelstaatliche Neuigkeiten von den nationalen Ereignissen verdrängt werden, nicht in ausreichendem Maße gleichzeitig auf die Geschehnisse in allen 50 Staaten blicke. Auch Rundfunk und Fernsehen verlassen sich bei solchen trockenen, weitgestreuten und zeitlich sich hinziehenden Erscheinungen auf die Presse und versagen hier. Wenn man mit dieser dürftigen Presseresonanz auf Ereignisse innerstaatlicher Art die riesige Publizität nationaler Ereignisse vergleicht, muß man die Diskrepanz und den Übelstand als verheerend bezeichnen[65].

Einer der ersten Beobachter, die auf die Wichtigkeit einer Diskussion über die vorgeschlagenen amendments hinwiesen, war der Chief Justice des Supreme Court, Earl Warren, in einer Rede anläßlich der Einweihung des neuen Duke Law School Gebäudes Anfang 1963[66]. Dieser Aufruf wurde dann von einigen wenigen aufgegriffen. So fanden unter anderem zwei Fernsehdiskussionen über diese Frage statt[67]. Sodann erschienen einige Artikel in den Law Reviews des Landes[68, 69]. Fast

---

[63] Im folgenden wird hauptsächlich Bezug genommen auf Monroe, James O., To Preserve the U.S.: A Brief for the Negative on Three Current Plans to Amend the Constitution, 8 St.Louis U.L.J. 533 (1964) at 540.

[64] s. u. Kap. 4, C III.

[65] Supra at 551/552.

[66] Warren, Earl, Dedication of the New Duke Law School Building, 1963 Duke L.J. 387 at 393, 394.

[67] Vgl. Monroe, James O., To Preserve the U.S.: A Brief for the Negative on Three Current Plans to Amend the Constitution, 8 St.Louis U.L.J. 533 (1964) at 533 (Vorbemerkung).

[68] Black, Charles L., The Proposed Amendment of Article V: Threatened Disaster, 72 Yale L.J. 957 (1963); Black, Charles L., Proposed Constitutional Amendments: They Would Return Us to Confederacy, 49 A.B.A.J. 637 (1963); Block, Joe M., The „Silent" Amendments, 27 Texas B.J. 155 (1964); Fordham,

alle dieser Kommentatoren kommen zu einer z. T. geradezu vernichtenden Kritik. Besonders scharf ist die Ablehnung des Vorschlages, eine Superinstanz in Gestalt eines Unionsgerichtshofes zu schaffen. Black[70] bezeichnet den Vorschlag, alle die zahlreichen Chief Justices der Einzelstaaten über bestimmte Entscheidungen des Supreme Court zu Gericht sitzen zu lassen, als „völlig absurd"[71]. Der Plan, den Artikel V derart abzuändern, daß die Einzelstaaten es leichter hätten, Verfassungsänderungen auch ohne Zustimmung des Kongresses durchzudrücken, trifft ebenfalls auf scharfe Kritik. Black bezeichnet die Perspektive, daß drei Viertel der Einzelstaatsparlamente alle amendments gegen den Willen des Kongresses und ohne dessen Kontrollmöglichkeit durchbringen könnten, als untragbar. Auch Monroe[72] greift das an, weil damit die Bundesverfassung geändert werden könnte, ohne daß auch nur ein einziges Bundesorgan eingeschaltet zu werden brauchte[73]. Der Vorschlag, die Gerichtsbarkeit der Bundesgerichte über reapportionment-Fragen insoweit zu beschneiden, als die Staatslegislativen davon betroffen sind, würde die Tore zu einer völligen Zersplitterung der Verfassung öffnen. Jeder unangenehmen Gerichtsentscheidung könnten Einzelamendments ohne Berücksichtigung des Verfassungssystems folgen[74].

Im ganzen gesehen werden alle drei Vorschläge als gefährliche Versuche gewertet, Fragen von nationaler Bedeutung aus der Diskussion im nationalen Parlament zu entfernen und sie so der viel weitergehenden Publizität innerhalb der nationalen Presse zu entziehen. Sie zeugen

---

Jefferson B., The States in the Federal System: Vital Role or Limbo?, 49 Va.L.Rev. 666 (1963); Monroe, James O., To Preserve the U.S.: A Brief for the Negative on Three Current Plans to Amend the Constitution, 8 St.Louis U.L.J. 533 (1964); Fennell, William G., The States Rights Amendments — Debates of the „Founding Fathers" Cast Doubts on Current Proposals, 35 N.Y.S.B.J. 465 (1963); Rhoads, C. Brewster, Three Proposed Amendments to the U.S. Constitution, A Challenge to Our Form of Government, 35 Pa.B.A.Q. 8 (1963); Shanahan, Frank E., Proposed Constitutional Amendments: They Will Strengthen Federal-State Relations, 49 A.B.A.J. 631 (1963).

69 Vgl. an Materialien auch 109 Cong.Rec. 8262 (1963), wo ein Brief von Professor Charles L. Black Jr. an Artur J. Freund, eine Anmerkung von Black, ein Nachdruck eines Artikels von Anthony Lewis aus der New York Times vom 14. April 1963 sowie weitere Pressekommentare abgedruckt sind.

70 Black, Charles L., The Proposed Amendment of Article V: A Threatened Disaster, 72 Yale L.J. 957 (1963).

71 Vgl. auch Monroe, James O., To Preserve the U.S.: A Brief for the Negative on Three Current Plans to Amend the Constitution, 8 St.Louis U.L.J. 533 (1964) at 560.

72 Id. at 550.

73 Ähnlich Black, Charles L., Proposed Constitutional Amendments: They Would Return Us to Confederacy, 49 A.B.A.J. 637 (1963).

74 Fordham, Jefferson B., supra at 672.

von dem mißverstandenen Anliegen der Wiederbelebung des Föderalismus und der Einzelstaaten (states rights)[75].

Wenngleich diese Vorschläge wirklich bedrohlich erscheinen und beispielsweise US-Sentor Douglas[76] sagte: „Ich persönlich glaube, daß die Gefahr, daß diese amendments schließlich durchkommen, größer ist, als viele der Kommentatoren zu glauben scheinen", muß man sich doch vor Augen halten, daß in der Geschichte der Vereinigten Staaten an die 4 000 amendments vorgeschlagen wurden[77] und bekanntlich insgesamt nur 25 durchgekommen sind. Wenn man von der unter besonderen Umständen zustandegekommenen Bill of Rights absieht, folgen nur 13 amendment-Vorschläge irgendwelchen mißliebigen Gerichtsentscheidungen[78] und nur zweimal waren solche Vorschläge mit Erfolg gekrönt[79]. Das einzig Erstaunliche ist, daß derart weittragende und unglückliche Vorschläge von respektablen Institutionen wie Council of State Government und National Legislative Conference kommen[80].

b) Parallel zu diesen Bemühungen auf Einzelstaatsebene wurde auch in Washington versucht, die Macht des Supreme Court zu beschneiden. Die reapportionment-Entscheidungen des Supreme Court, besonders die materiellen Entscheidungen vom Juni 1964, fanden harten *Widerstand* in gewissen Kreisen des *Repräsentantenhauses* und des *Senats*[81].

Eine der ersten Reaktionen war ein Vorschlag für ein Verfassungsamendment, das im Repräsentantenhaus von McCulloch eingebracht wurde[82]. Dieses *McCulloch proposal* ging dahin, daß bei Zweidrittelmehrheit in beiden Häusern des Bundesparlaments und nach Ratifizie-

---

[75] Vgl. Fordham, Jefferson B., supra especially at 674; Black, Charles L., supra, 72 Yale L.J. 957 (1963); Monroe, James O., supra. Auch das House of Delegates of the American Bar Association hat sich ausdrücklich gegen jeden der drei Vorschläge gewandt. Vgl. Bericht darüber 49 A.B.A.J. 984 (1963) at 986. Interessant auch Fordham, Jefferson B., supra, der Nachweise darüber bringt, daß Vorschläge nicht nur zur Beschneidung der Aktivität des Obersten Bundesgerichts, sondern auch des Bundesparlaments und der Bundesexekutive, also von Kongreß, Senat und Präsident, existieren.

[76] 109 Cong.Rec. 8263 (1963).

[77] Monroe, James O., supra at 557.

[78] Vgl. note, 72 Yale L.J. 968 (1963) at 983 n. 77.

[79] Amendment XI — Chisholm v. Georgia, 2 Dall. 419 (1793); amendment XVI — Pollock v. Farmers' Loan and Trust Co., 157 U.S. 429 (1895).

[80] Monroe, James O., supra at 538; Block, Joe M., supra at 193/194.

[81] Die Entwicklung ist am besten gezeichnet von McKay, Robert B., Courts, Congress and Reapportionment, 63 Mich.L.Rev. 255 (1964), an den sich der Verfasser eng anschließt. Herangezogen wurden ferner u. a. die Congressional Records, die New York Times und Dixon, Robert G., Reapportionment in the Supreme Court and Congress: Constitutional Struggle for Fair Representation, 63 Mich.L.Rev. 209 (1964).

[82] Sog. McCulloch proposal. Zur Verfassungsmäßigkeit dieses Gesetzesentwurfs vgl. Dixon, Robert G., id. at 232.

rung durch drei Viertel der Staatslegislativen Einzelstaaten das apportionment für eine Kammer ihres Parlaments nicht unbedingt nach Bevölkerungsmaßstäben, sondern nach anderen Gesichtspunkten einrichten können, vorausgesetzt, daß die Abweichung von dem equal population standard in einer Volksabstimmung bejaht worden ist[83]. Dieser Plan konnte sich jedoch nicht durchsetzen.

Das McCulloch proposal war nur ein Plan von vielen. Mitte August berichtete der Vorsitzende des Judiciary Committee[84] des Repräsentantenhauses, daß bis zum 19. August 1964 nicht weniger als 138 Gesetzesentwürfe und Resolutionen von 99 verschiedenen Autoren eingebracht worden waren und daß das Judiciary Committee bei seiner achttägigen Verhandlung[85] von Mitgliedern des Repräsentantenhauses (25 an der Zahl) und anderen Leuten, die sich zur Frage des reapportionment äußern wollten, derart überlaufen worden sei, daß nicht einmal allen Repräsentanten das Wort habe erteilt werden können[86].

In der Zwischenzeit, schon Mitte Juli, hatte sich die Republikanische Partei bereits für eine gesetzgeberische Maßnahme gegen den strengen Gleichheitsstandard des Supreme Court festgelegt[87]. Als dann der Eindruck entstand, daß die am 22. Juli 1964 beginnenden achttägigen Verhandlungen des House Judiciary Committee von dem Vorsitzenden Celler ohne große Sympathie für solche gesetzgeberischen Maßnahmen geführt wurden, brachte der Abgeordnete des Repräsentantenhauses, William M. Tuck, mit Hilfe des Rules Committee, dessen Vorsitzender der ebenfalls aus Virginia stammende Howard W. Smith war, im Repräsentantenhaus einen Gesetzesentwurf ein, der dem Supreme Court und den Bundesgerichten die Kompetenz nehmen sollte, über reapportionment-Fragen zu befinden[88, 89]. Nach verhältnismäßig kurzer Debatte ging dieser Entwurf am 19. August[90] durch. Viele Beobachter hatten freilich den Eindruck, daß die Politik des Repräsentantenhauses

---

83 Vgl. mit Nachweisen Dixon, Robert G., id. at 231.

84 Gesetzgebungsausschuß.

85 Ab 22. Juli 1964.

86 Vgl. Dixon, Robert G., supra at 231; McKay, Robert B., supra at 259. mit Nachweisen.

87 Vgl. McKay, Robert B., ibid.

88 "The Supreme Court shall not have the right to review the action of a Federal Court or a State Court of last resort concerning any action taken upon a petition or complaint seeking to apportion or reapportion any legislature of any state of the Union or any branch thereof ... The district courts shall not have jurisdiction to entertain any petition or complaint seeking to apportion or reapportion the legislature of any State of the Union or any branch thereof." Vgl. 110 Cong.Rec. 19580, daily ed., Aug. 19, 1964 und McKay, Robert B., id. at 268. Vgl. auch Dixon, Robert G., id. at 231.

89 Zur Verfassungsmäßigkeit des Tuck proposal, vgl. Dixon, Robert G., id. at 233 et s.

bei der Zustimmung zu diesem Gesetzesentwurf dahin ging, durch eine einigermaßen extreme Stellungnahme den Boden für eine gemäßigtere Maßnahme im Senat zu bereiten[91].

Inzwischen hatte sich auch einiges im Senat getan. Hier war der treibende Geist Senator Everett Dirksen von Illinois, der Fraktionsführer der Republikaner. In der Absicht, Zeit zu gewinnen, um eine notwendige Zweidrittelmehrheit in beiden Kammern für ein weitergehendes Gesetz zu finden[92], brachte Dirksen das sog. *Dirksen proposal*[93] im Senat ein[94]. Danach sollten die gesamten reapportionment-Prozesse für die nächsten beiden Legislaturperioden in den Einzelstaaten ausgesetzt werden[95]. Interessant war, daß Dirksen vorschlug, über diesen Gesetzesentwurf solle sofort ohne Debatten (hearings) abgestimmt werden und der Entwurf solle als ein sog. rider einem anderen drängengen Gesetzesprojekt, das mit apportionment nichts zu tun habe, beigefügt werden. Zur Rechtfertigung meinte Dirksen, in der gegenwärtigen Legislaturperiode sei keine Zeit für ein Verfassungsamendment[96]. In der Tat entschloß sich dann Dirksen, seinen Entwurf eines reapportionment-Stoppgesetzes der foreign aid authorisation bill anzufügen, einem Gesetzesentwurf, der unbedingt verabschiedet werden mußte[97].

Das Dirksen proposal und besonders die Art und Weise, wie es ohne hearings und als rider durchgeführt werden sollte, erregten starkes

---

[90] Mit einem Wahlergebnis von 218 Ja- gegen 175 Neinstimmen, so Dixon, Robert G., id. at 231, bzw. 242 gegen 148, so McKay, Robert B., id. at 269 und 110 Cong.Rec. 19589, daily ed., Aug. 19, 1964.

[91] Vgl. McKay, Robert G., ibid., ebenso Dixon, Robert G., ibid.

[92] McKay, Robert B., supra at 260/261 mit Nachweisen.

[93] Ausführungen zur Verfassungsmäßigkeit siehe bei Dixon, Robert G., supra at 236; ferner McKay, Robert B., id. at 270, zweifelnd unter Anführung von Präjudizien, bes. Ex parte McCardle, 74 U.S. (7 Wall.) 506 (1869). Zu McCardle besonders ausführlich McKay, Robert B., id. at 255.

[94] Der ursprüngliche Text dieses Gesetzesentwurfes lautete folgendermaßen, vgl. McKay, Robert B., id. at 260/261; 110 CongRec. at 19605, daily ed., Aug. 19, 1964: "Upon application made by or on behalf of any State or by one or more citizens thereof in any action or proceeding in any court of the United States, or before any justice or judge of the United States, in which there is placed in question the validity of the composition of either house of the legislature of that State of the apportionment of the membership thereof, such action or proceeding shall be stayed until the end of the second regular session of the legislature of that State which begins after the date of enactment of this section."

[95] Der Supreme Court hatte es zu der Zeit bereits abgelehnt, den Einzelstaatslegislativen Aufschub bei der Anpassung des apportionment an die vom Supreme Court entwickelten Grundsätze zu gewähren. Vgl. New York Times, April 1, 1965, p. 39, col. 4 (New Jersey).

[96] Vgl. McKay, Robert B., supra at 261.

[97] Vgl. McKay, Robert B., id. at 261; Dixon, Robert G., supra at 231, jeweils mit Nachweisen.

Mißfallen in der Öffentlichkeit[98]. Auch im Senat selber gab es eine scharfe Gegenreaktion, die sogar bis zu einem freilich nur kurzen Gebrauch der Filibustermethode gegen das Dirksen proposal ging[99]. Angesichts dieser Widerstände kam es schließlich am 12. August dazu, daß das ursprüngliche Dirksen proposal abgeschwächt wurde. Der Kompromiß, an dem neben Dirksen und Mansfield auch der Solicitor General der USA, Archibald Cox, und Attorney General, Nicholas de B. Katzenbach, maßgeblich beteiligt waren[100], brachte als einzige Änderung die Bestimmung, daß die Gerichte nicht, wie nach dem ursprünglichen Dirksen proposal notwendigerweise aussetzen mußten, sondern „unter besonders außergewöhnlichen Umständen" das Verfahren weiterführen konnten. Außerdem war mangels solcher Umstände nicht wie vorher eine bestimmte Dauer der Aussetzung vorgeschrieben, sondern es hieß jetzt, die Gerichte sollten solange aussetzen, als es im öffentlichen Interesse geboten erscheint.

Wenige Tage später erklärte der Fraktionsführer der Demokraten im Senat, Senator Mansfield, daß er die Entscheidungen des Supreme Court billige und nur den Einzelstaaten habe helfen wollen, angemessene („reasonable") Zeit zu haben, den Entscheidungen nachzukommen[101]. Am 19. August konnte Senator Douglas den am Tage zuvor veröffentlichten Gallup poll[102] in die Debatte werfen, der festgestellt hatte, daß eine klare Mehrheit der Bevölkerung der USA (3 : 2) positiv zu den Supreme Court Entscheidungen stand[103]. Wie McKay meint[104], mögen auch die Bedenken von Einfluß gewesen sein, die von den (demokratischen) Bürgermeistern einer Reihe von bedeutenden Städten in Washington gegen die Versuche angemeldet wurden, die Zuständigkeit des Supreme Court in dieser Sache[105] einzuschränken.

---

98 Vgl. New York Times editorial, Aug. 6, 1964, p. 28, col. 2; ferner 15 Universitätslehrer in einem Telegramm an Mehrheits- und Minderheitsführer im Senat (Senator Mansfield und Senator Dirksen), u. a. Dean Eugene V. Rostow von Yale, Dean Erwin N. Griswold von Harvard, Professor Wechsler von Columbia, Robert McKay von New York University, Paul A. Freund von Harvard, dazu New York Times, Aug. 10, 1964, p. 36, col. 1; zwei Redner vor der Conference of Chief Justices, Robert B. McKay von New York University und Robert G. Dixon Jr. von der George Washington University Law School, dazu New York Times, Aug. 7, 1964, p. 1, col. 5; ferner Senator Metcalf, der 68 Zeitungseditorials im Kongreß vorlas (110 Cong.Rec. 20716, daily ed., Sept. 2, 1964), von denen sich über zwei Drittel gegen das Dirksen-amendment aussprachen.

99 Vgl. McKay, Robert B., supra at 262/263.

100 Vgl. McKay, Robert B., id. at 263 und Dixon, Robert G., supra at 231.

101 New York Times, Aug. 15, 1964, p. 1, col. 5, at p. 6, col. 2.

102 Statistische Meinungsbefragung.

103 110 Cong.Rec. 19742, daily ed., Aug. 19, 1964.

104 Supra at 266.

105 New York Times, Aug. 19, 1964, p. 16, col. 1.

Ebenfalls am 19. August sprach sich zwar eine Mehrheit im Repräsentantenhaus für eine viel radikalere Lösung bezüglich der reapportionment-Entscheidungen des Supreme Court aus[106], aber wie schon oben erwähnt, schien dabei die Absicht vorgeherrscht zu haben, dadurch im Senat wenigstens einem Kompromiß den Weg zu bahnen. Doch blieb diese Maßnahme ohne den gewünschten Effekt. Am 23. August 1964 berichtete die New York Times[107], daß Präsidentschaftskandidat Johnson der Ansicht sei, daß durch Taktieren im Kongreß selbst und nicht durch öffentliche Diskussion die vorgeschlagenen amendments abgestoppt werden müßten. Die Einbeziehung der Frage in platform[108] und party convention[109] lasse nur die Gefühle aufwallen und erschwere es, eine sachgerechte Lösung zu finden. Die Chancen für die Annahme des modifizierten Dirksen proposal schwanden so immer mehr und Dirksen drängte am 8. September 1964 mit 17 anderen Senatoren auf Schluß der Debatte. Am 10. September brachten die Senatoren Javits, Humphrey und Eugene J. McCarthy gegen den Widerstand von Dirksen einen Vorschlag ein, der das modifizierte Dirksen proposal ersetzen sollte und, ohne die Gerichte in irgendeiner Weise binden zu wollen, zum Ausdruck brachte, daß nach Ansicht des Kongresses die Gerichte den Einzelstaatsparlamenten eine angemessene Frist für die Vornahme des reapportionment gewähren sollten[110].

Am 15. September kam dieser Gegenplan von Javits, Humphrey und McCarthy zur Abstimmung und wurde mit 42 : 40 Stimmen abgelehnt[111]. Am selben Tag wurde der Tuck-Gesetzesentwurf, der am 19. August im Repräsentantenhaus angenommen worden war, mit einem Wahlergebnis von 56 : 21[112] abgelehnt. Unter dem Eindruck dieser Verhältnisse und nach weiteren Verhandlungen brachte Mehrheitsführer Mansfield

---

106 Annahme des sog. Tuck proposal.

107 Aug. 23, 1964, p. 82, col. 1.

108 Wahlprogramm einer Partei.

109 Parteikonvent.

110 "It is the sense of the Congress that in any action or proceeding in any court of the United States or before any justice or judge of the United States in which there is placed in question the validity of the composition of any house of the legislature of any State of the apportionment of the membership thereof, adequate time should be accorded 1) to such State to conform to the requirements of the Constitution of the United States relating to such composition or apportionment consistently with its electoral procedures and proceedings and with its procedure and proceedings for the amendment of the constitution of such State, and 2) for consideration by the State of any proposed amendment to the Constitution of the United States relating to the composition of the legislature of the several States, or to the apportionment of the membership thereof, which shall have been duly submitted by the Congress to the States for ratification." 110 Cong.Rec. at 21227, daily ed., Sept. 10, 1964.

111 New York Times, Sept. 16, 1964, p. 1, col. 5.

112 New York Times, Sept. 16, 1964, p. 1, col. 5.

schließlich am 23. September einen neuen Entwurf ein, der nur noch davon sprach, daß die Gerichte zusätzliche Zeit[113] für ein reapportionment gewähren könnten[114], daß sie erlauben könnten[115], daß die nächsten Wahlen zum Parlament in den Einzelstaaten nach den am 20. Sept. 1964 geltenden Gesetzen durchgeführt werden und daß die Gerichte nach Ablauf einer zusätzlichen Frist selbst die notwendigen Maßnahmen vorzunehmen berechtigt seien[116]. Dieser neue Mansfieldplan wurde schließlich am 24. Sept. 1964 mit 44 : 38 Stimmen angenommen[117]. Die Abstimmung war im wesentlichen eine Parteiabstimmung. Doch stimmten 15 Demokraten dagegen und 7 Republikaner dafür[118]. Nach Annahme dieses neuen Mansfield proposal wurde der Dirksen rider von der foreign aid assistance bill entfernt[119] und dieses Gesetz ohne den rider angenommen[120, 121].

Der ausländische Betrachter, der die dargestellten Bemühungen auf Einzelstaats- und auf Bundesebene, die Entscheidungen des Supreme Court zu revidieren, verfolgt, muß sich vor jeder Stellungnahme darüber im klaren sein, daß es in den USA gewissermaßen Tradition ist, sich mit politisch nicht genehmen Supreme Court Entscheidungen, gerade weil solche Entscheidungen in ihrer Wirkung über das rein Juristische hinausgehen und politisch sind, nicht ohne weiteres abzufinden[122]. Lincoln, der zwar den konkreten Fall Dred Scott als endgültig geregelt ansah und insofern sagen konnte „wir leisten dem keinen Widerstand", griff deswegen nicht weniger heftig und erfolgreich das

---

113 In der Regel nicht mehr als 6 Monate.

114 "(C)ould properly allow."

115 "(C)ould properly permit."

116 Genauer Text des Gesetzesentwurfes, 110 Cong.Rec. 21866, daily ed., Sept. 23, 1964.

117 10 Cong.Rec. 21866 at 22051, daily ed., Sept. 24, 1964.

118 New York Times, Sept. 25, 1964, p. 1, col. 7 at p. 31, col. 5.

119 New York Times, Oct. 2, 1964, p. 1, col. 6.

120 110 Cong.Rec. 22722 at 22851, daily ed., Oct. 2, 1964.

121 Die Untersuchung hier auf den neuesten Stand zu bringen, war dem Verfasser nach seiner Rückkehr aus den USA nicht möglich; aber vgl. New York Times, Aug. 5, 1965, p. 1, col. 1. Das Dirksen proposal wurde im Senat, wie es scheint endgültig, geschlagen. Es ergaben sich 57 Stimmen im Senat für, 39 gegen ein amendment, wonach eine Kammer eines Zweikammernparlaments nach anderen Kriterien als Bevölkerungszahl organisiert werden könnte. Damit fehlten bei einer Anwesenheitszahl von 96 sieben Stimmen zur erforderlichen Zweidrittelmehrheit im Senat (später wäre noch Zweidrittelmehrheit im Haus und Zustimmung von drei Viertel der Staaten nötig gewesen). 29 Republikaner und 28 Demokraten stimmten für und 36 Demokraten und 3 Republikaner gegen das amendment. Vgl. auch New York Times, April 21, 1965, p. 44, col. 1; New York Times, Febr. 11, 1965, p. 14, col. 4; New York Times, Febr. 9, 1965, p. 31, col. 2.

122 Eingehende Nachweise Freund, Paul A., Storm over the American Supreme Court, 21 Modern L.Rev. 345 (1958) at 346 et s.; vgl. auch Freund, Paul A., The Supreme Court under Attack, 25 U.Pitt.L.Rev. 1 (1963).

politische Prinzip an, das der Entscheidung zugrunde lag. Ganz ähnlich verhielt es sich mit Präsident Jackson im Streit um eine Bank der Vereinigten Staaten, der ihn mit Marshall konfrontierte. Ein weiteres berühmtes Beispiel ist schließlich F. D. Roosevelts Kampf mit dem Supreme Court in den Jahren des New Deal, als er zwar mit seinem Versuch, sich den Supreme Court durch Erhöhung der Zahl der Richter gefügig zu machen, scheiterte, sich im Ergebnis aber dann doch durchsetzte. Der Widerstand großer Teile der USA gegen die Entscheidungen des Supreme Court in Fragen der Rassenintegration hält heute noch an. In diesem Zusammenhang hat der Supreme Court freilich klargestellt, daß seiner Ansicht nach nicht nur die Entscheidung des Einzelfalls respektiert werden muß, sondern daß auch jeder Widerstand gegen das zugrunde liegende Prinzip der Rassenintegration verfassungswidrig ist[123]. Dies schien dem Supreme Court sogar so wichtig zu sein, daß dieses Urteil entgegen sonstigen Gepflogenheiten im Namen aller einzeln aufgezählten Richter und nicht nur im Namen eines von ihnen als Sprechers für das Gericht erging[124].

Die Frage, inwieweit der Widerstand gegen die politischen Ansichten des Supreme Court, soweit sie durch die Urteile durchscheinen oder Teil derselben bilden, legal ist bzw. inwieweit der Supreme Court seine Ansichten etwa zur Rassenintegration oder zum apportionment zum „law of the land" machen kann, ist in den Vereinigten Staaten noch heute ein ungelöstes Problem, und die Untersuchung wird darauf unten noch näher einzugehen haben. Hier soll festgehalten werden, daß die Bemühungen in Washington, die Supreme Court Entscheidungen zum apportionment in ihrer Wirkung aufzuhalten, wohl als gescheitert angesehen werden müssen. Selbst wenn es noch zu einem entsprechenden Gesetz bzw. zu einer Verfassungsänderung kommen sollte, wäre die politische Landkarte der Vereinigten Staaten schon unwiderbringlich verändert. Folgendes ist freilich deutlich geworden. Bei aller Erfolglosigkeit des gesetzgeberischen Widerstandes standen doch weite Kreise der Legislative den Entscheidungen des Supreme Court zum apportionment besonders der Einzelstaatslegislativen sehr kritisch gegenüber. Zumindest wurde die Hast mißbilligt, unter der die Einzelstaatsgesetzgeber unter dem Druck von Gerichtsurteilen vorgehen mußten.

Trotz allem überwog freilich bei den meisten Kritikern dieser Entscheidungen im Kongreß die Ansicht, man könne eine solche Frage allenfalls durch ein amendment zur Verfassung der USA lösen[125]. Die Macht des Kongresses, die Kompetenz des Supreme Court im Rahmen

---

[123] Vgl. Cooper v. Aaron, 358 U.S. 1 (1958) at 18.

[124] Vgl. ausführlich dazu Bickel, Alexander M., The Least Dangerous Branch (1962) at 263, 265.

[125] Vgl. die Nachweise oben.

des Federal Judiciary Act[126] zu beschneiden, ist eine Befugnis über die Kompetenz und Gerichtsbarkeit des Supreme Court im prozessualen Sinn und sollte nicht dazu benutzt werden, indirekt materielle Fragen zu entscheiden[127].

Bemerkenswert bleibt, daß selbst zu dem Zeitpunkt, als der Widerstand gegen die Supreme Court Entscheidungen in der Legislative erfolgreich zu sein versprach, die Gerichte sich keineswegs beirren ließen und die anhängigen Prozesse ohne Rücksicht darauf weiter- und zu Ende führten[128, 129].

---

126 In diesem Gesetz wird die prozessuale Zuständigkeit der Bundesgerichte geregelt.

127 Vgl. McKay, Robert B., supra at 278; Dixon, Robert G., supra at 237.

128 Vgl. mit Nachweisen McKay, Robert B., ibid. und Dixon, Robert G., ibid.

129 Die letzten Nachrichten aus den USA gehen dahin, daß der Protest gegen Baker v. Carr inzwischen weitgehend verstummt ist, wohl deshalb, weil faires apportionment heute durchgehend ein fait accompli ist. Vgl. McKay, Robert B., Reapportionment: Success Story of the Warren Court, 67 Mich.L.Rev. 223 (1968/69) at 228.

Viertes Kapitel

Die Auswirkungen der Entscheidungen des Supreme Court zum reapportionment in rechtlicher und politischer Hinsicht

A. Die Auswirkungen[1] in rechtlicher Hinsicht

I. Reapportionment

1. Wenn man von rechtlichen Auswirkungen der Entscheidungen des Supreme Court auf das reapportionment spricht, muß man sich davor hüten, einen Fehler zu machen, der vielfach in der amerikanischen Literatur gemacht wird. Man darf nämlich nicht übersehen, daß es ein reapportionment nicht schlechthin, sondern nur im Rahmen einer bestimmten Wahl zu einem bestimmten Organ gibt, d. h. man muß das apportionment der Wahlen zum Kongreß, das apportionment der Wahlen zu den einzelstaatlichen Legislativen, das der Wahlen zum Präsidenten, das der Wahlen von Exekutivbeamten und, soweit Richter gewählt werden, der Richter, das apportionment von Wahlen auf der Ebene des gesamten Einzelstaats und schließlich das apportionment von Wahlen auf lokaler oder Gebietsebene unterscheiden. Entscheidungen des Supreme Court sind nur zu einigen dieser apportionments ergangen. Gray v. Sanders[2] ist vom Supreme Court als reiner Wahlrechtsfall mit der Folge des absoluten Gleichbehandlungsgebots bei Wahlen von Exekutivbeamten und Richtern in staatsweiter, also überlokaler Wahl bezeichnet worden. Mit der apportionment-Problematik habe dieser Fall direkt nichts zu tun. Doch war aus der dissenting opinion von Harlan und aus der Stellung von Gray v. Sanders in der Entwicklung der Supreme Court Rechtsprechung etwas anderes zu

---

[1] Nachdem die Fragen nun einmal in einer Richtung vom Supreme Court entschieden worden sind, hält es der Verfasser nicht für angebracht, über Richtigkeit oder Nichtrichtigkeit der Entscheidungen Ausführungen zu machen und die Argumente beider Seiten gegeneinander abzuwägen (vgl. dazu die dissenting opinions des Supreme Court und die überaus reichhaltige Literatur). Vielmehr werden nur die Auswirkungen der Entscheidungen untersucht, wobei dann freilich Stellung genommen wird, ob die Effekte wünschenswert sind oder nicht.

[2] s. o. Kap. 2, 4.

entnehmen[3]. Ausdrücklich hat sich der Supreme Court ferner mit dem apportionment bei den Kongreßwahlen befaßt (Wesberry v. Sanders) und hier „one person, one vote" zum „law of the land" gemacht. Schließlich ist in Reynolds v. Sims und den gleichzeitig ergangenen Urteilen auch das apportionment der Wahlen zu den Einzelstaatslegislativen dem equal population standard unterworfen worden.

Nicht zur Sprache gekommen sind die *Wahlen zum Bundessenat*. Denn diese Wahlen zum Senat werden nach dem 17. amendment von 1913 auf Einzelstaatsebene durchgeführt. Die Ungleichheit, die sich daraus ergibt, daß jeder Staat zwei Senatoren ohne Rücksicht auf die Zahl der Bevölkerung des betreffenden Staates stellt, hat als Teil des Großen Kompromisses[4] Verfassungsrang und steht insofern nicht zur Debatte. Die Rechtsprechung des Supreme Court kann sich demnach bei Senatswahlen nur dann auswirken, wenn der Staat die ihm zustehenden zwei Senatoren nicht unmittelbar vom Volk, sondern entweder über Wahlmänner oder unter Einschaltung eines county unit system, wie in Gray v. Sanders, wählen läßt. Werden dagegen die beiden Senatoren ohne county unit system und ohne Wahlmänner in unmittelbarer Wahl gewählt, dann bildet die Einzelstaatsgrenze zugleich die Grenze des Wahlgebietes, es bestehen keine Wahlkreise, malapportionment ist ausgeschlossen.

Hinsichtlich der *Präsidentenwahl* besteht, wie bei den Senatswahlen, eine Ungleichheit darin, daß sich die Zahl der einem Staat zustehenden Wahlmänner nach Art. II § 1 II bestimmt, also nach der Zahl der dem Senat zustehenden Repräsentanten[5] (im wesentlichen Bevölkerungsstandard) zusätzlich der Zahl der dem Staat zugeteilten Senatoren (Souveränitätsprinzip). Auch bei der Wahl zum Präsidenten wäre dann eine Auswirkung der Supreme Court Urteile festzustellen, wenn ein Staat ein county unit system bei der Wahl der Wahlmänner benutzen würde. Abgesehen von der auf dem Souveränitätsprinzip beruhenden Ungleichheit gilt also auch bei den Präsidentenwahlen der equal population standard.

Wie bei den Wahlen zu den Staatslegislativen hatten bisher beim apportionment bei *Wahlen auf Gebiets- bzw. lokaler Ebene* weitgehend andere Standards als der equal population standard geherrscht (Gebiet, Steuern etc.). In Fortentwicklung der Rechtsprechung des Supreme Court haben die Untergerichte inzwischen den Grundsatz „one person, one vote" auch für die Wahl auf Gebiets- bzw. lokaler Ebene angewandt. Dies hat der Supreme Court inzwischen bestätigt[6].

---

[3] Gray v. Sanders als Vorbote des equal population standard.

[4] s. o. Kap. 2, 5 a.

[5] Art. I in Verbindung mit 14. amendment, 2. Abschnitt.

[6] Avery v. Midland County, 390 U.S. 474 (1968). s. o. Kap. 2, Fußnote 182.

Bemerkt sei noch, daß der Grundsatz one man, one vote auch für die sog. *primaries* gilt, also für die Vorwahlen innerhalb der Partei zur Aufstellung der Parteikandidaten. Dies wurde in Gray v. Sanders[7] damit begründet, daß die Abhaltung von primaries staatliches Handeln im Sinne des 14. amendment sei.

Zusammenfassend ist festzustellen, daß heute für alle Wahlen grundsätzlich der equal population standard gilt, von den durch die Eigenstaatlichkeit der Einzelstaaten bedingten Ungleichheiten abgesehen.

2. Was freilich unter Gleichheit bei der Wahlkreiseinteilung nun im einzelnen zu verstehen ist und in welchem Umfang andere Gesichtspunkte beim apportionment doch noch herangezogen werden dürfen, ist durch die Supreme Court Urteile noch nicht völlig geklärt.

Zwar führt der Supreme Court in seinen Urteilen eine ganze Reihe von Erwägungen an, die seiner Ansicht nach eine wesentliche Abweichung vom equal population standard nicht tragen. So genügen Geschichte und die überkommene Tradition der Wahlkreiseinteilung ebensowenig wie wirtschaftliche oder sonstige Gruppeninteressen[8]. Verkehrsgesichtspunkte, das Bestreben, eine wirksame Repräsentation der Bevölkerung in dünn besiedelten Gebieten zu sichern, und die Absicht, Wahlkreise nicht allzu groß werden zu lassen, um den Bürgern den Zugang zu ihren Abgeordneten nicht zu erschweren[9], sind nach Ansicht des Supreme Court bei der heutigen Entwicklung der Verkehrsbedingungen und Nachrichtenwege ebenfalls nicht geeignet, gegenüber dem Bevölkerungsprinzip eigenständige Faktoren bei der Ziehung der Wahlkreislinien darzustellen. Auch die Bemühungen, ein Gleichgewicht zwischen Stadt und Land zu finden[10], rechtfertigen Abweichungen nicht, zumal mit diesen Argumenten in der Praxis sehr oft eine teilweise krasse Unterrepräsentierung der Städte bemäntelt worden ist. Abgesehen davon ist im Laufe der Zeit das apportionment oft so willkürlich geworden, daß angesichts der Ungleichbehandlung innerhalb der ländlichen Gruppe selber von einer Balancierung zwischen Stadt und Land als tragendem Gesichtspunkt nicht mehr gesprochen werden kann[11]. Daß auch der Wille der Mehrheit der Wähler eines Staates an der Geltung des equal population standard nicht rütteln kann, wird ausdrücklich festgestellt[12].

---

[7] 372 U.S. 368 (1963) at 374.

[8] Reynolds v. Sims, 377 U.S. 533 (1964) at 579.

[9] Id. at 580.

[10] Davis v. Mann, 377 U.S. 678 (1964) at 692.

[11] Vgl. Davis v. Mann, 377 U.S. 678 (1964) at 692.

[12] Lucas v. Forty-Fourth General Assembly of the State of Colorado, 377 U.S. 713 (1964) at 736.

Auf der anderen Seite betont der Supreme Court, daß die erforderliche *Gleichheit keine mathematische* zu sein braucht und daß gewisse kleinere Abweichungen vom equal population standard zulässig bleiben[13]. Reynolds v. Sims bringt dazu einige abstrakte Erwägungen, ohne sich hinsichtlich der noch zulässigen Abweichungen auf bestimmte Prozentzahlen[14] bzw. Maximalabweichungsziffern[15] festzulegen. Eine gewisse Vorstellung davon, was der Supreme Court zahlenmäßig an Abweichungen vom equal population standard für noch bzw. nicht mehr tragbar hält, kann man induktiv gewinnen, wenn man die Zahlenverhältnisse aus den Staaten heranzieht, zu deren apportionment der Supreme Court Stellung genommen hat[16].

Der Supreme Court hat es für verfassungswidrig gehalten, wenn wie in Virginia die eine Kammer von 40,5 % die andere von 41,1 % der Bevölkerung beherrscht werden konnten und die Maximaldifferenzen zwischen dem volkärmsten und dem volkreichsten Wahlkreis 2,65 : 1 für die eine Kammer bzw. 4,36 : 1 für die andere Kammer waren. Beim apportionment von Michigan machte der Supreme Court deutlich, daß selbst 43 % im einen und 44 % im anderen Haus bei Maximaldifferenzen von 4 : 1 und 2 : 1 nicht dem equal population standard entsprechen. Dabei ist freilich zu berücksichtigen, daß der Supreme Court es ausdrücklich abgelehnt hat, das apportionment eines Hauses aufrechtzuerhalten, das des anderen dagegen für verfassungswidrig zu erklären, wenn nicht ganz eindeutig ist, daß die apportionments der beiden Kammern nicht in der Weise voneinander abhängen, daß der Gesetzgeber Ungleichheiten im apportionment der einen Kammer bei der Gestaltung des apportionment der anderen hat berücksichtigen wollen. So mag zwar die untere Kammer mit Meßzahlen von 1,7 : 1 und 45,1 % einem nicht mathematisch aufgefaßten equal population standard genügen[17]. Doch nützt das nichts, wenn das andere Haus mit Meßzahlen von 3,6 : 1 und 33,2 % klar verfassungswidrig

---

13 Reynolds v. Sims, supra at 577 et s.

14 Prozentsatz der Bevölkerung, der auf Grund der Wahlkreiseinteilung eine Mehrheit im Parlament zu wählen imstande ist.

15 Vergleich der Bevölkerung des größten und kleinsten Wahlkreises.

16 Zu beachten ist freilich, daß die beiden neuesten Urteile des Supreme Court vom 7. April 1969, die erst während der Drucklegung der Untersuchung ergangen sind, nunmehr doch einen nahezu numerisch gleichen Maßstab anlegen und somit die Spekulationen, welche Abweichungen bei der Wahlkreiseinteilung mit dem Prinzip „one man — one vote" noch vereinbar seien, enttäuschen. Im Ergebnis haben sich danach heute die Parteigänger der (nahezu) mathematischen Gleichheit durchgesetzt. Kirkpatrick v. Preisler, — U.S. — (1969), 22 L.Ed.2d 519, und Wells v. Rockefeller, — U.S. — (1969), 22 L.Ed.2d 535. Genauer s. o. Kap. 2, Fußnote 182.

17 Lucas v. Forty-Fourth General Assembly of the State of Colorado, 377 U.S. 713 (1964) at 730: "at least arguably apportioned on a population basis."

Staat	Bevölkerung: Verhältnis größter und kleinster Wahlkreise		Prozentsatz der Bevölkerung, der eine Mehrheit wählen kann	
	Haus	Senat	Haus	Senat
Alabama[a)]	16 : 1	41 : 1	25,7	25,1
(amendments)	4,7 : 1	59 : 1	43,0	19,4
(amendments)	5 : 1	20 : 1	37,0	27,6
Colorado[b)]	1,7 : 1	3,6 : 1	45,1	33,2
Connecticut[c)]	424 : 1	8 : 1	12,0	32,0
Delaware[d)]	35 : 1	15 : 1	18,5	22,0
(amendment)	12 : 1	15 : 1	28,0	21,0
Florida[e)]	23 : 1	26,4 : 1	26,9	15,2
Idaho[f)]	11 : 1	102 : 1	44,0	16,6
Illinois[g)]	4,6 : 1	10,5 : 1	39,9	28,7
Maryland[h)]	12 : 1	32 : 1	24,7	14,1
(amendment)	6 : 1	—	35,6	—
Michigan[i)]	2 : 1	4 : 1	44,0	43,0
New York[k)]	11,9 : 1	2,4 : 1	37,1	40,9
(1960 Volkszählung)	21,1 : 1	3,9 : 1	34,7	41,8
Ohio[l)]	15 : 1	1,9 : 1	28,4	46,0
Oklahoma[m)]	5,4 : 1	26,4 : 1	28,5—33,5	24,5
Virginia[n)]	4,36 : 1	2,65 : 1	40,5	41,1
Washington[o)]	4,7 : 1	7,2 : 1	38,0	35,6

Urteile (vgl. Fundstellen und Besprechung = oben Kap. 2):

a) Reynolds v. Sims
b) Lucas v. 44th Ass.
c) Pinney v. Butterworth
d) Roman v. Sincock
e) Swann v. Adams
f) Hearne v. Smylie
g) Germano v. Kerner
h) Maryland Committee v. Tawes
i) Marshall v. Hare
k) WMCA v. Lomenzo
l) Nolan v. Rhodes
m) Williams v. Moss
n) Davis v. Mann
o) Meyers v. Thigpen

Die statistischen Tatsachen finden sich in aller Regel in den Supreme Court Urteilen bei den Angaben zum Sachverhalt. Teilweise muß auf die vorinstanzlichen Urteile bzw. auf den Congressional Quarterly Weekly Report zurückgegriffen werden. Die Synopse ist im wesentlichen von Auerbach, Carl A., The Reapportionment Cases: One Person, One Vote — One Vote, One Value, 1964 Supr.Court Rev. 1 at 14, übernommen worden.

organisiert ist und keine Anhaltspunkte dafür gegeben sind, daß das apportionment der beiden Häuser voneinander trennbar ist[18].

Über diese induktiv gewonnenen zahlenmäßigen Feststellungen hinaus läßt sich nichts darüber sagen, wo der Supreme Court die Grenze zwischen einem noch dem equal population standard entsprechenden und einem diesem nicht mehr genügenden apportionment ziehen würde bzw. wird. Im Gegenteil führt der Supreme Court in Roman v. Sincock[19] aus: „Unserer Ansicht nach läßt sich das Problem nicht auf solche[20] Einheitsformeln reduzieren, und es ist weder praktisch noch wünschenswert, starre mathematische Maßstäbe aufzustellen, mit deren Hilfe die Verfassungsmäßigkeit des apportionment eines Einzelstaates an der equal protection clause zu messen wäre. Der richtige Weg, dem Problem richterlich zu begegnen, ist vielmehr festzustellen, ob in dem einzelnen Staat, dessen apportionment-System zur Entscheidung steht, unter den dort existierenden besonderen Umständen ein Bejahen und Befolgen des Systems einer auf Bevölkerung abstellenden Repräsentation festgestellt werden kann. Dies ist freilich nur dann der Fall, wenn lediglich solche kleineren Abweichungen vorkommen, wie sie eine Anerkennung bestimmter anderer Faktoren mit sich bringt, die frei auch von der bloßen Spur von Willkür und Diskriminierung sind."

Wenn man demnach keine festen mathematischen Höchstabweichungssätze von der mathematischen Gleichheit im apportionment aufstellen kann, werden die wenigen Andeutungen des Supreme Court zu den Abweichungen, die noch zulässig bleiben, um so interessanter. Eine wichtige Äußerung findet sich schon am Ende des obigen Zitats aus Roman v. Sincock. Etwas ausführlicher geht Reynolds v. Sims[21] auf diese den Gegnern des equal population standard zugestandenen Abweichungsmöglichkeiten ein. Das Prinzip ist „one man, one vote", soweit praktisch durchführbar. Die Anforderungen, die dieses Prinzip an das apportionment der Einzelstaatsparlamente und an das des Bundesparlaments stellt, sind aber nicht unbedingt dieselben[22]. Da die Anzahl der Sitze in einem Einzelstaatsparlament erheblich höher ist als die auf den einzelnen Staat entfallende Zahl von Sitzen im Bundesparlament, kann beim apportionment der Einzelstaatsparlamente in viel weiterem Ausmaß auf die Grenzen von Gebietskörperschaften und auf sonstige politische Untergliederungen zurückgegriffen werden, so-

[18] Id. at 735.

[19] 377 U.S. 695 (1964) at 710.

[20] Das Instanzgericht hatte die Formel von 1,5 : 1 als Maximaldifferenz aufgestellt.

[21] 377 U.S. 533 (1964) at 578—581.

[22] Id. at 578.

fern freilich — man sieht förmlich den erhobenen Zeigefinger — der equal population standard nicht in irgendeiner erheblichen Weise verwässert wird. Beim apportionment einer oder auch beider Kammern einer Zweikammerlegislative sind gewisse Abweichungen[23] auch nach der Ansicht des Supreme Court verfassungsmäßig, zumal ein apportionment, das sich von natürlichen oder historischen Grenzlinien völlig entfernt, sehr leicht zur Wahlkreisgeometrie führt. Aber auch diese Konzession wird sofort wieder abgeschwächt: „Bürger, nicht Geschichte oder wirtschaftliche Interessen, stimmen ab[24].“ Die häufig zutreffende apportionment-Praxis, „Gebiet“ an Stelle oder neben Bevölkerung zu setzen, wird scharf angegriffen: „Es sind Menschen und nicht Gebiet oder Bäume oder Weiden, die wählen[25].“ Dies gilt besonders angesichts der modernen Verkehrs- und Nachrichtenentwicklung. Schließlich nimmt der Gerichtshof noch zur Anknüpfung an herkömmliche Gebietskörperschaftsgrenzen und politische Unterteilungen Stellung und zeigt sich dabei etwas großzügiger. Da counties etc. im politischen Leben eines Einzelstaates wichtige Funktionen innehaben[26] und da eine Anlehnung an vorgegebene politische Grenzen den weiten Möglichkeiten der Wahlkreisgeometrie entgegenwirkt, kann ein Staat vernünftig handeln, wenn er den politischen Gebietskörperschaften in gewissem Umfang eine selbständige Vertretung einräumt. Das bedeutet aber nicht, so schränkt das Gericht sofort wieder ein, daß jeder Gebietskörperschaft, county etc. ohne Rücksicht auf die Bevölkerungszahl mindestens ein Vertreter zugestanden werden darf. Selbst bei eindeutig willkürfreier Staatspolitik dahingehend, solche counties etc. nicht ohne eigenen Repräsentanten zu lassen, darf nach Ansicht des Gerichts die Bevölkerung als beherrschender Faktor beim apportionment nicht zurücktreten[27], da sonst das Recht des einzelnen Bürgers, eine Stimme mit gleichem Gewicht wie jeder andere abgeben zu können, in verfassungswidriger Weise beeinträchtigt wird.

3. Wie bereits eingangs klargestellt, geht es in der vorliegenden Untersuchung nicht darum, zu rechten, ob der Supreme Court richtig entschieden hat oder nicht. Die Positionen der feindlichen Lager werden im folgenden nur angedeutet. Der Entschluß des Supreme Court, den equal population standard derart dezidiert für Recht zu erklären, ist auch nach Ergehen der Entscheidung Baker v. Carr nicht erwartet

---

[23] "(S)ome deviations."

[24] Id. at 580.

[25] Id. at 580.

[26] Das Gericht erwähnt dabei die in den USA vielfach übliche local legislation, d. h. Gesetzgebung, die sich in Form von Einzelfallgesetzen mit den Problemen eines bestimmten Ortes oder einer einzelnen county befaßt.

[27] Id. at 581.

worden und wird von vielen als zu extrem empfunden. Neben reinen Machtgesichtspunkten — man möchte das bestehende politische Arrangement nicht antasten — und sonstigen Interessen stößt man in der Diskussion vielfach auf die sehr ernst zu nehmende Erwägung[28], daß verschiedene Gebiete innerhalb des Staates jeweils verschiedene Probleme haben und daß ein eigener Abgeordneter aus dem Gebiet dabei helfen kann, im Parlament auf die spezifischen Probleme seines Wahlkreises hinzuweisen und auf eine sachgerechtere Entscheidung darüber hinzuwirken. In die Argumentation mischen sich dann auch stark und vielfach polemisch die Gegensätze zwischen Stadt und Land, zwischen Demokraten und Republikanern usw. ein[29]. Insgesamt bringen die Supreme Court Entscheidungen notwendigerweise eine gewisse Nivellierung mit sich, und was Justice Brandeis, freilich in anderem Zusammenhang, einmal folgendermaßen formuliert hat, trifft auf dem Gebiet des apportionment nicht mehr zu[30]: „Eine der glücklichen Seiten des bundesstaatlichen Systems ist es, daß ein einzelner mutiger Staat, wenn seine Bürger es so wollen, als Laboratorium dienen und neue soziale und ökonomische Experimente durchführen kann, ohne daß der Rest des Landes das Risiko tragen muß..."

4. Trotz der vom Supreme Court zum law of the land erklärten Stimmengewichtsgleichheit bestehen gewisse *systemimmanente Ungleichheiten* in den USA weiter. Auf die Abweichungen, die sich aus dem Großen Kompromiß hinsichtlich der Wahlen zum Senat (auf Bundesebene) und der Präsidentenwahlen ergeben, ist schon oben hingewiesen worden. Daneben darf nicht vergessen werden, daß die Mehrheitswahl, verbunden mit einem System zahlreicher Wahlkreise, Wahlergebnisse nach sich zieht, die schon infolge dieses Wahlsystems Abweichungen vom equal population standard aufweisen. Dahl[31] führt dazu als Beispiel an, daß das Überwechseln eines Prozents der Wähler von der einen Partei zu der anderen in einem Sitzgewinn des Siegers in Höhe von 2,5 % in der unteren Kammer resultiert. Diese Erscheinung wird in der amerikanischen politischen Theorie als das *„cube law"* bezeichnet[32]. Ferner ist in diesem Zusammenhang auf das noch

---

[28] Am deutlichsten formuliert von Lucas, Jo Deshua, Legislative Apportionment and Representative Government: the Meaning of Baker v. Carr, 61 Mich.L.Rev. 711 (1963) at 766.

[29] Dazu s. u. Kap. 4, B.

[30] New State Ice Corp. v. Liebmann, 285 U.S. 262 (1932) at 311, dissenting opinion.

[31] Dahl, Robert A., A Preface to Democratic Theory (1956) at 147.

[32] De Grazia, Alfred, Essay on Apportionment and Representative Government (1963) at 127; vgl. auch Hacker, Andrew, Congressional Districting: Tle Issue of Equal Representation (1963) at 43: Tafel über die Änderungen der von den Demokraten erreichten Stimmenzahl auf Einzelstaatsebene im

weiter unten[33] zu behandelnde Problem der Wahlbeteiligung hinzuweisen. Wenn in einem Gebiet von 100 Wahlberechtigten nur 10 wählen, in einem anderen Wahlkreis dagegen alle 100, so ist das Gewicht einer Stimme im ersten Wahlkreis das Zehnfache einer Stimme im zweiten. Schließlich ist die örtliche und gebietsmäßige Verteilung der Anhängerschaft einer Partei von großem Einfluß. Bei den Wahlen zum Repräsentantenhaus in Kansas stimmten 63 % der Wählerschaft für die republikanische Partei und 37 % für die demokratische Partei. Da sich aber die 37 % demokratische Wähler auf die sechs bestehenden Wahlkreise zersplitterten, lag die Sitzverteilung im Parlament nachher 100 % für die Republikaner[34, 35]. Alle diese Faktoren, die eine absolute Stimmengewichtsgleichheit von vornherein unmöglich machen, müssen bei der Beurteilung des apportionment in den USA, wie es sich nach Ergehen der Supreme Court Urteile darstellt, im Auge behalten werden.

5. Im folgenden muß noch kurz auf einige Sonderprobleme im Rahmen der reapportionment-Rechtsprechung eingegangen werden. Der Supreme Court hat den equal population standard dekretiert („one person, one vote"), stellt also auf die *Bevölkerungszahl* ab. In der Rechtsprechung der Untergerichte findet sich dagegen manchmal auch der Vorschlag, es dem Gesetzgeber bei seinem apportionment freizustellen, statt der absoluten Bevölkerungszahl dem apportionment die *Zahl der tatsächlichen Wähler* zugrunde zu legen[36]. In diesem Sinne sprach etwa der US District Court for the Northern District of Georgia davon, daß ein county unit system dann in verfassungswidriger Weise diskriminiert, wenn einer county unit weniger Sitze zugeteilt sind, als ihr im Verhältnis zur nächsten ganzen Zahl — wenn man auf die Bevölkerung abstellt — oder zur Gesamtzahl der abgegebenen Stimmen, etwa in einer kurz zurückliegenden Governorwahl, wenn man die Zahl der Wähler zugrunde legt, zustehen[37]. Der Supreme Court hat sich inzwischen mit gewissen Schranken für die Zulässigkeit des Abstellens auf die Zahl der tatsächlichen oder der eingetragenen Wähler ausgesprochen[38].

Vergleich zu den von Demokraten besetzten Sitzen im Kongreß, ausgewählte Einzelstaaten von 1954—1958; March, James G., Party Legislative Representation as a Function of Election Results, 21 Pub.Op.Q. 521 (1957/58); Schattschneider, E. E., Party Government (1942) at 74 et s.

33 s. u. Kap. 4, B II.

34 Beispiel von Key, V. O., Politics, Parties, and Pressure Groups (2d ed. 1947) at 221, (5th ed. 1964) at 163 et s.

35 Vgl. genauer dazu unten Kap. 4, A II.

36 s. o. Kap. 1, I.

37 Vgl. Gray v. Sanders, 372 U.S. 368 (1963) at 373 n. 5.

38 Burns v. Richardson, 384 U.S. 73 (1966) at 90 et s.

In der Literatur findet man nur vereinzelt Stellungnahmen zu dem Problem[39]. Das oft angeführte Argument, der Gesetzgeber stelle in aller Regel auf die Bevölkerung und nicht auf die Zahl der in früheren Wahlen abgegebenen Stimmen ab, weil die Bevölkerungszahl auf Grund des Zensus leicht festzustellen ist[40], steht dem Argument gegenüber, das Abstellen auf die Wählerzahl verursache keine Kosten und keine Verzögerung, die bei der Verwertung bzw. Erlangung von Zensusdaten notwendigerweise auftauchen. Beide Argumente sind rein organisatorischer Art und fallen kaum ins Gewicht. Ein anderes Argument geht dahin, daß das Abstellen auf Wähler die Wahlfreudigkeit des einzelnen stärken würde, da er wisse, es komme auf ihn und seine Stimme dafür an, wie stark die Vertretung seiner county sein werde. Das ist aber eine Hypothese, der mit ebensoviel Wahrscheinlichkeit widersprochen werden kann. Das Hauptargument ist demgegenüber wohl, daß ein einfacher Bevölkerungsstandard nicht geeignet ist, die Wahlbeteiligungsunterschiede und ihre Auswirkung auf das Gewicht der Stimmen in den verschiedenen Wahlkreisen zu neutralisieren. Ein gutes Beispiel läßt sich hierzu aus New York State nehmen[41]. Dort war die Wahlbeteiligung bei vier Senatswahlen zwischen 1954 und 1960 im 11. Senatswahldistrikt in Brooklyn 20,5 %, im dritten in Nassau County dagegen 86,1 %. Demnach hatte die Stimme eines Bürgers in Manhattan oder Brooklyn bei der Senatswahl 4,2mal das Gewicht, das eine Stimme in Nassau County hatte. Als Argument der Gegenseite führt Schmeckebier diesbezüglich an[42], daß die verschiedenen Anforderungen der Einzelstaaten bezüglich der Einschreibung in die Wählerliste bei einem Abstellen auf Wählerzahl statt auf Bevölkerung zu Diskrepanzen führen und daß dieses Bedenken nur bei einheitlichen Wählervoraussetzungen in den verschiedenen Einzelstaaten entfallen würde. Freilich ist die so entstehende Ungleichheit nach Ansicht des Verfassers erheblich geringer — wenn man einmal von den verfassungswidrigen Zuständen im Süden, die mit dem Negerproblem zusammenhängen, absieht — als diejenige, die aus einer nicht abzuändernden, im Soziologischen wurzelnden, unterschiedlichen Wahlbeteiligung resultiert.

In der Diskussion und in der Rechtsprechung tauchen öfters die Begriffe *„floterial districts"* und *„single member districts"* auf. Flo-

---

[39] Besonders Schmeckebier, Lawrence F., Congressional Apportionment (1941) at 93—97.

[40] Vgl. de Grazia, Alfred, General Theory of Apportionment, 17 Law and Contemp.Prob. 256 (1952) at 256, mit dem Hinweis darauf, es sei schwierig, in jedem Moment die Zahl der tatsächlichen bzw. wahlberechtigten Wähler festzustellen.

[41] Silva, Ruth C., Apportionment in New York, 30 Fordham L.Rev. 581 (1962) at n. 33.

[42] Supra at 93 et s.

terial districts sind Sammelwahlkreise, die innerhalb ihrer Grenzen mehrere einzelne Bezirke oder politische Gebietskörperschaften aufweisen, welche allein keine zusätzliche Vertretung im Parlament stellen könnten, deren Gesamtbevölkerungszahl sie aber zu einem zusätzlichen Sitz im Parlament bzw. der zu wählenden Körperschaft berechtigt[43]. Single member districts sind im Gegensatz zu multimember districts Wahlkreise, in denen nur ein Kandidat zu wählen ist. Der Supreme Court hat bisher noch nicht endgültig geklärt[44], wann solche Art von apportionment zu billigen ist. Manchmal wird argumentiert, daß multimember districts unter Umständen dazu benutzt werden könnten, Mehrheiten, die sich bei einer Aufteilung in single member districts ergeben würden und vielleicht nicht genehm wären, dadurch zu neutralisieren, daß das betreffende Gebiet mit einem größeren anderen Gebiet mit genehmerer politischer Mehrheit zusammengefaßt wird und somit die Sitze im Gesamtgebiet alle an die richtige Partei fallen[45, 46]. Dies ist natürlich ein sehr ernst zu nehmendes Bedenken. Im übrigen ist es der Vorteil der single member districts, daß kleine örtliche oder gebietsmäßige Mehrheiten zumindest mit einem Vertreter im Parlament repräsentiert werden, während bei multimember districts solche kleinen, punktuell verteilten Mehrheiten nicht zum Zuge kommen können. Diesem Vorteil steht wiederum entgegen, daß im Verhältnis zur gesamten Bevölkerung und zu den staatsweiten Prozentsätzen für die eine oder die andere Partei Disproportionalitäten auftreten[47].

Den floterial districts dürften ähnliche Bedenken — freilich in geringerem Umfang — entgegenstehen. Auch bei der Bildung von floterial districts ist durchaus denkbar, daß die verschiedenen Einzeldistrikte, die zwecks eines zusätzlichen Sitzes im Weg der Reststimmenverwertung zu einem floterial district kombiniert werden, derart zu-

---

[43] So die Definition in Davis v. Mann, 377 U.S. 678 (1964) at 686 n. 2.

[44] Aber immerhin Fortson v. Dorsey, 379 U.S. 433 (1965), wo jedoch viele Fragen offenbleiben. Dazu note, 79 Harv.L.Rev. 1226 (1965/66) at 1258. Ferner s. o. Kap. 2, Fußnote 182.

[45] Doch erwähnt Reynolds v. Sims, supra at 579: „Single member districts können die Regel in einem Staat sein, während ein anderer Staat vielleicht einige Flexibilität durch die Einführung von multimember districts oder floterial districts erreichen will. Was auch das Mittel zur Verwirklichung sein mag, das bestimmende Ziel muß grundsätzlich Gleichheit der Bevölkerung in den verschiedenen Wahlkreisen sein." Freilich handelt es sich insoweit nur um ein dictum, nicht um ein holding des Supreme Court.

[46] Dorsey v. Fortson, 228 F.S. 259 (N.D.Ga.), prob. juris. noted in 379 U.S. 810 (1964), im Oktober 1964; ferner Drew v. Scranton, 229 F.S. 310 (M.D.Pa.), freilich aufgehoben und zurückverwiesen in Scranton v. Drew, 379 U.S. 40 (1964), im November 1964.

[47] Vgl. oben die Ausführungen zum „cube law". Auch Hacker, Andrew, Congressional Districting: The Issue of Equal Representation (1963) at 42.

sammengesetzt sind, daß nur der Kandidat einer bestimmten Partei bzw. Favorit von bestimmten Interessengruppen eine Chance hat, gewählt zu werden. Doch dies ist eine Problematik, die den floterial districts nicht eigen ist, sondern bei jeder Bildung von Wahlkreisen auftaucht und unten beim Problem der Wahlkreisgeometrie zu besprechen sein wird.

Die Frage, ob überhaupt Wahlkreise gebildet werden oder ob alle Mitglieder einer Körperschaft ohne Verteilung der Sitze auf einzelne Wahlkreise direkt von der ganzen Wählerschaft gewählt werden sollten *(election at large)*, taucht ebenfalls manchmal auf. Daß an die Preisgabe des Systems der Wahlkreise ernstlich nicht gedacht werden kann, wenn es etwa darum geht, mehrere hundert Parlamentarier zu wählen, ist selbstverständlich, wenn man sich die Länge der Wahlzettel bei solchen Wahlen vorstellt. Doch gerade das wird oft als Argument gegen den Supreme Court benutzt. So sagt z. B. Justice Harlan[48], es sei nicht ein bloßes Hirngespinst anzunehmen, daß der Supreme Court, um den vielen Problemen aus dem Weg zu gehen, in die Baker v. Carr die Gerichte hineingeführt habe, eines Tages versucht sein werde, zu entscheiden, daß alle Gesetzgeber eines Einzelstaates ohne Wahlkreise in einer Wahl auf der Ebene des gesamten Einzelstaates zu wählen seien. Das ist jedoch zu schwarz gesehen. Die Androhung eines Gerichts, bei Nichtdurchführung eines rechtzeitigen, verfassungsmäßigen apportionment durch den Gesetzgeber zu entscheiden, daß die nächste Volksvertretung auf der Ebene des gesamten Einzelstaats zu wählen sei, ist vielmehr gerade ein Mittel der Gerichte, die Gesetzgeber, die eine derart unberechenbare Wahl mit riesig langen Stimmzetteln und einem ganzen Staatsgebiet statt eines Wahlkreises für die Wahlkampagne (und dem entsprechenden Geldaufwand) scheuen, zum reapportionment zu zwingen[49].

Die Frage, *wieviele Wahlkreise* zu bilden sind bzw. wieviele Sitze die verschiedenen Kammern des Parlaments haben sollen, ist dagegen vom Supreme Court ausdrücklich dem Ermessen des Einzelstaatsgesetzgebers belassen worden[50].

II. Gerrymandering (Wahlkreisgeometrie)

Bereits oben wurde gezeigt[51], wie die Ungleichheit in der Bevölkerungszahl der verschiedenen Wahlkreise Ungleichheiten im Stimmen-

48 Reynolds v. Sims, 377 U.S. 533 (1964) at 622 n. 82, dissenting opinion.

49 Vgl. genauer unten Kap. 4, A III 6.

50 Reynolds v. Sims, id. at 581 n. 63.

51 s. o. Kap. 1, I.

gewicht der Wähler mit sich bringt und zugunsten bestimmter Gruppen oder Parteien mißbraucht werden kann. Die Entscheidungen des Supreme Court haben dem abgeholfen. Doch nicht nur durch die Bildung von Wahlkreisen mit verschiedener Einwohnerzahl kann das Stimmengewicht der Wähler in den verschiedenen Wahlkreisen verzerrt werden. Das gleiche ist möglich durch *Wahlkreisgeometrie oder,* wie es im Amerikanischen heißt, durch *gerrymandering*[52]. Griffith[53], dessen 1907 erschienenes Buch das Standardwerk über Aufkommen und Entwicklung der Wahlkreisgeometrie in den USA ist, definiert Wahlkreisgeometrie wie folgt[54]: Wahlkreisgeometrie ist „die Bildung von Wahlkreisen auf einer anderen Basis als einzelner zusammenhängender, politischer Einheiten, wie sie vor der Neuziehung der Wahlkreise existierten, mit Grenzen, die zum Parteiwohl ausgeklügelt worden sind".

Es gibt verschiedene Methoden der Wahlkreisgeometrie. Die eine ist, die Anhänger der Oppositionspartei so auf die verschiedenen Wahlkreise zu verstreuen, daß die Opposition nur wenige oder gar keine Sitze erringen kann. Die andere ist, die Anhänger der Oppositionspartei derart in einem oder wenigen Wahlkreisen zu konzentrieren, daß die Opposition zwar diese wenigen oder den einen Sitz absolut sicher erringen kann, aber bei den anderen keine Chance hat. Hacker[55] illustriert dies an anschaulichen Tafeln. Für die erste Methode der Wahlkreisgeometrie bringt er folgenden hypothetischen Fall. Die Partei A und die Partei B konkurrieren in acht Wahlkreisen. Die Wahlkreise sind von der Partei A im Wege der Wahlkreisgeometrie zu ihren Gunsten gezogen worden. In den Wahlkreisen eins bis sieben gewinnt Partei A mit jeweils 110 000 Stimmen gegenüber 90 000 Stimmen, d. h. pro Wahlkreis mit 55 % Mehrheit und 19 999 „excess votes" (Stimmen, die zur Gewinnung des Wahlkreises nicht notwendig waren). Im achten Wahlkreis gewinnt die Partei B mit 120 000 gegen 80 000 Stimmen mit 60 % Mehrheit und 39 999 excess votes. Die Auswertung des Ergebnisses ergibt, daß die Partei A bei einer Gesamtmehrheit von 52 % (850 000 Stimmen) gegenüber 48 % (750 000 Stimmen) sieben Wahl-

---

[52] In Massachusetts suchte Governor Gerry durch Wahlkreisgeometrie im Frühjahr 1812 die Gegenpartei an einem Wahlsieg zu hindern. Einige der so gezogenen Wahlkreise glichen vorsintflutlichen Ungeheuern. Der Name von „Salamander" fiel und einige kamen auf die Idee, statt Salamander „gerrymander" zu sagen. Dieser Ausdruck setzte sich zur Bezeichnung von Wahlkreisgeometrie durch.

[53] Griffith, Elmer C., The Rise and Development of the Gerrymander (1907) at 17 et s.

[54] Id. at 21.

[55] Hacker, Andrew, Congressional Districting: The Issue of Equal Representation (1963) at 46 et s. Vgl. auch Silva, Ruth C., Apportionment in New York, 30 Fordham L. Rev. 581 (1962) at 596 n. 88.

kreise für sich gewonnen und nur einen an die Gegenpartei verloren hat. Die Zahl bzw. der Prozentsatz der excess votes der Partei A waren insgesamt 139 993 bzw. 16,5 %, die der Partei B 39 999 bzw. 5,3 %. Die Zahl bzw. der Prozentsatz der sog. „wasted votes", d. h. der Stimmen, die deshalb verloren sind, weil sie einer Mehrheit von gegnerischen Stimmen in demselben Wahlkreis gegenüberstanden, beläuft sich insgesamt bei der Partei A auf 80 000 bzw. 9,4 %, bei der Partei B dagegen — und das ist das Charakteristikum dieser ersten Art der Wahlkreisgeometrie — auf 630 000 bzw. 84 %. Die Zahl bzw. der Prozentsatz der Stimmen, die für die Erreichung der Mehrheit in den betreffenden Wahlkreisen notwendig war, beläuft sich bei der Partei A auf 630 007 bzw. 74,1 %, bei der Partei B auf 80 001 bzw. 10,7 %[56].

Als Beispiel für die zweite Methode der Wahlkreisgeometrie, die Anhängerschaft der Oppositionspartei möglichst in einem oder wenigen Wahlkreisen zu konzentrieren, um dadurch die übrigen Wahlkreise um so sicherer gewinnen zu können, bringt Hacker[57] einen ähnlich instruktiven Fall. Die Parteien A und B konkurrieren in fünf Wahlkreisen. Die Partei A gewinnt in den ersten vier Wahlkreisen mit 115 000 zu 85 000 Stimmen, d. h. mit 57,5 % Mehrheit. Die Partei B gewinnt im fünften Wahlkreis mit 180 000 zu 20 000 Stimmen, d. h. mit 90 % Mehrheit. Das Ergebnis der Wahlen ist dann, daß die Partei A mit einer Gesamtstimmenzahl von 480 000 bzw. 48 % vier Wahlkreise gewinnt, die Partei B mit einer Gesamtstimmenzahl von 520 000 bzw. 52 % nur einen Wahlkreis. Die Auswertung der Zahlen zeigt, daß die excess votes, d. h. die Stimmen, die nicht mehr ins Gewicht fallen, da ein Wahlkreis ohnehin schon erobert ist, bei der Partei A 119 996 bzw. 25 % ihrer Stimmen ausmachen, bei der Partei B dagegen 159 999 bzw. 30,7 %.

Das dritte Beispiel, das Hacker bringt[58], ist nicht mehr reine Wahlkreisgeometrie, sondern fällt unter die apportionment-Problematik und ist demnach schon oben besprochen worden. Dabei geht es nämlich um die Bildung von bevölkerungsungleichen Wahlkreisen.

Wahlkreisgeometrie ist ebenso wie malapportionment in den USA ein vertrautes Bild in der Geschichte und Gegenwart[59]. Freilich ist es

---

[56] Die Zahlen bei Hacker enthalten einen Rechenfehler. Im Text oben wurden die Zahlen vom Verfasser berichtigt.

[57] Supra at 48, table 7.

[58] Id. at 51, table 9.

[59] Vgl. zur Geschichte Griffith, Elmer C., supra. Zur Gegenwar vgl. z. B. Tyler, Gus and Wells, David, Camel Bites Dachshund, New Republic, Nov. 27, 1961, p. 9 und die Karte der Kongreßwahlkreise aus New York City (id. at 10), die geradezu ein Musterbeispiel für Wahlkreisgeometrie darstellt. Auch New York Times, Febr. 9, 1965, p. 31, col. 1.

nicht so, daß der Übelstand der Wahlkreisgeometrie nicht gesehen würde. Im Gegenteil findet man in den Einzelstaatsverfassungen immer wieder Vorschriften, die im Interesse einer Verhinderung der Wahlkreisgeometrie verlangen, daß die Wahlkreise aus zusammenhängendem Territorium bestehen müssen oder daß sie möglichst gleich sein müssen oder daß counties nicht geteilt werden dürfen oder daß counties nur dann untergeteilt werden dürfen, wenn alle durch die Teilung gebildeten Wahlkreise innerhalb des Gebiets der county liegen etc.[60]. Auch für das apportionment des Kongresses war des öfteren vom Kongreß bestimmt worden, daß die Wahlkreise aus zusammenhängendem Territorium und möglichst gleich zu sein hätten. Doch existierte diese Vorschrift im gegenwärtigen apportionment des Kongresses zur Zeit des Ergehens von Baker v. Carr nicht mehr[61] und war auch vorher nicht durchgesetzt worden. Aber auch soweit solche Vorschriften, wie z. B. in vielen Einzelstaaten, existieren, wird man entgegen Harvey[62] sehr daran zweifeln müssen, inwieweit solche Vorschriften geeignet sind, Wahlkreisgeometrie wirklich zu verhindern. Zwar ist es richtig, daß die Parteien bei jeder Neuziehung der Wahlkreisgrenzen sehr aufeinander achten und daß praktisch keine solche Gelegenheit vorübergeht, ohne daß nicht eine der Parteien der anderen Wahlkreisgeometrie vorgeworfen hätte. Doch bauen diejenigen, die an der Macht sind, oft in geradezu zynischer Weise auf das kurze Gedächtnis der Wähler und bedienen sich des Mittels der Wahlkreisgeometrie mitunter in erheblichem Umfang. Man vergleiche nur die bei Tyler und Wells[63] gebrachte Karte der Kongreßwahlkreise aus New York City. Auch in Kalifornien ist es Gemeinplatz, daß in den letzten Jahrzehnten in erheblichem Umfang Wahlkreisgeometrie stattgefunden hat. Viele andere Beispiele könnten die Reihe fortsetzen[64].

Der Supreme Court hat sich zur Frage der Wahlkreisgeometrie noch nicht deutlich ausgesprochen. Zwar ergibt Gomillion v. Lightfoot[65],

---

[60] Vgl. mit Nachweisen Harvey, Lashley G., Reapportionment of State Legislature — Legal Requirements, 17 Law and Contemp.Prob. 364 (1952) at 368.

[61] Zur gegenwärtigen Lage vgl. Strout, Richard L., Gerrymander? The Christian Science Monitor, March 19, 1965, p. 6, col. 4, 5; New York Times, March 17, 1965, p. 1, col. 2: Celler bill.

[62] Harvey, Lashley G., supra.

[63] New Republic, Nov. 27, 1961, p. 9.

[64] Besonders instruktiv war der erhebliche Streit in New York State, als die noch im Amt befindlichen, aber schon abgewählten (lame-duck) Republikaner noch schnell vier Alternativ-reapportionment-Gesetze durchdrückten, um sich noch möglichst viele Vorteile zu sichern. Dazu New York Times, Dec. 21, 1964, p. 30, col. 2; New York Times, Dec. 19, 1964, p. 1, col. 2; New York Times, Dec. 23, 1964, p. 1, col. 2 und p. 14, col. 2, 3; New York Times, Dec. 18, 1964, p. 23, col. 2.

daß Wahlkreisgeometrie, wenn sie zur Rassendiskriminierung führt, gegen das 15. amendment verstößt. Inzwischen ist noch ein weiteres Urteil, Wright v. Rockefeller[66], ergangen, in dem es um die Neuformung der Kongreßdistrikte in New York City und Wahlkreisgeometrie zuungunsten der Neger und Puertoricaner ging. Das 18. Distrikt hatte 86,3 % Neger und Puertoricaner, das 19. 28,5 %, das 20. 27,5 %, das 17. 5,1 %. Der mit drei Richtern besetzte District Court entschied gegen Judge Murphy, daß die Beweise für das Vorliegen rassischer Diskriminierung durch Wahlkreisgeometrie nicht genügten[67]. Der Supreme Court hält dieses Urteil gegen scharfen dissent von Douglas und Goldberg aufrecht.

Noch ist also unsicher, ob der Supreme Court außer im Falle eindeutig rassisch bedingter Wahlkreisgeometrie einschreiten wird. Freilich ist durch das vom Supreme Court im Rahmen seiner reapportionment-Rechtsprechung aufgestellte Erfordernis bevölkerungsgleicher Wahlkreise auch die Wahlkreisgeometrie erschwert worden. Andererseits sieht auch der Supreme Court in Reynolds v. Sims[68], daß die wahllose Ziehung von Wahlkreisgrenzen ohne Rücksicht auf politische Unterteilungen oder natürliche oder historische Grenzen geradezu eine Aufforderung zu Parteiwahlkreisgeometrie sein könne, und die dissenting opinion von Harlan wirft dem Supreme Court bitter vor, trotz dieser Erkenntnis die historisch überkommenen Anhaltspunkte wie Territorium und politische Unterteilungen (county-Grenzlinien) als selbständige Kriterien verworfen und damit dem gerrymandering Tür und Tor geöffnet zu haben[69]. In der Literatur sind die Meinungen geteilt. Während die einen der Ansicht sind, daß die apportionment-Rechtsprechung des Supreme Court die Möglichkeiten der Wahlkreisgeometrie doch eingeschränkt habe[70], glauben die anderen, daß die reapportionment-Entscheidungen des Supreme Court ihre volle Wirkung erst dann entfalten können, wenn auch die Probleme der Wahlkreisgeometrie einbezogen werden[71].

Sicher wird man dem Übelstand der Wahlkreisgeometrie energischer zu Leibe rücken müssen. Dies kann mittels eines notfalls zwangsweise

---

65 364 U.S. 339 (1960), s. o. Kap. 2, 2.

66 376 U.S. 52 (1964).

67 Wright v. Rockefeller, 211 F.S. 460 (S.D.N.Y.).

68 377 U.S. 533 (1964) at 579.

69 Reynolds v. Sims, id. at 622.

70 Vgl. Auerbach, Carl A., The Reapportionment Cases: One Person, One Vote — One Vote, One Value. 1964 Supr.Court Rev. 1 at 65: auch Hacker, Andrew, Congressional Districting: The Issue of Equal Representation (1963) at 69, wobei freilich zu beachten ist, daß Hacker den Begriff des gerrymander, wie sich aus Tafel 9 at 51 ergibt, weiter faßt.

71 Neal, Phil C., Baker v. Carr: Politics in Search of Law, 1962 Supr.Court Rev. 252 at 278.

durchgesetzten Gebots erreicht werden, zusammenhängende Wahlkreise möglichst ohne „Schnörkel" und selbstverständlich unter vorrangiger Beachtung der Bevölkerungsgleichheit zwischen den einzelnen Wahlkreisen zu ziehen[72]. Ob dies freilich vom Supreme Court mit verfassungsrechtlichen Mitteln erreicht werden wird und ob das überhaupt wünschenswert ist[73], bleibt vorerst offen. Die reapportionment-Rechtsprechung des Supreme Court hat aber immerhin bewirkt, daß diese Frage neu gestellt worden ist und daß die Mißstände der Wahlkreisgeometrie von neuem ins Licht gerückt sind. Die nächsten Jahre werden zeigen, ob noch weitere Auswirkungen mehr in Gestalt materieller Lösungen folgen werden.

III. Maßnahmen, die den Gerichten bei Durchsetzung des vom Supreme Court entworfenen Programms zur Verfügung stehen

Trotz der vom Supreme Court herausgearbeiteten reapportionment-Grundsätze und der von den Staatslegislativen in Reaktion darauf durchgeführten reapportionments ist die Frage, mit welchen Mitteln ein Gericht seinem Spruch in einem reapportionment-Prozeß Beachtung verschaffen kann, noch sehr umstritten.

Folgende Maßnahmen kommen in Betracht:

1. ein Gebot an die Behörde, den Governor oder die Gesetzgeber, die für das apportionment zuständig sind, auszusprechen, ein faires apportionment, eventuell nach eingehenden Vorschlägen des Gerichts, durchzuführen (writ of mandamus);
2. eine Verfügung (injunction) an die für die Wahlen und ihre Durchführung zuständigen Behörden zu richten, keine Wahlen mehr nach dem bestehenden, ungerechten apportionment durchzuführen;
3. die Gesetzgeber zur Durchführung eines fairen reapportionment dadurch zu zwingen, daß eine Verfügung gegen Auszahlung der Gehälter der Gesetzgeber erlassen wird;
4. die Parlamentarier, die eine apportionment-Neuregelung nicht vornehmen, beim nächsten Mal für nicht mehr wählbar zu erklären;
5. alle Akten der Gesetzgebung für null und nichtig anzusehen, da sie von einer Legislative erlassen worden seien, die nicht rechtens in das Amt gekommen sei bzw. sich zu Unrecht an der Macht gehalten habe;

---

[72] Dazu generell Vickrey, William, On the Prevention of Gerrymandering, 76 Pol.Sci.Q. 105 (1961).

[73] Ablehnend z. B. Auerbach, Carl A., supra at 65; insgesamt kritisch auch Neal, Phil C., supra at 278.

6. zu bestimmen, daß bei den nächsten Wahlen nicht nach Wahlkreisen, sondern ohne solche auf der Ebene des gesamten Einzelstaats (election at large) gewählt wird;
7. die nächsten Wahlen unter Zurückgreifen auf das System der „gewogenen Stimmen" (weighted voting) durchführen zu lassen;
8. das apportionment bzw. reapportionment einem unabhängigen Gremium bzw. Sachverständigen zu übertragen;
9. das reapportionment vom Gericht selber unter Zurückgreifen auf bestehende Gesetze, Gesetzesentwürfe etc. (Herausgreifen und Zusammenstücken der brauchbaren Teile) vornehmen zu lassen;
10. ganz unabhängig von irgendwelchen Vorlagen des Gesetzgebers die Wahlkreisgrenzen vom Gericht selbst ziehen zu lassen.

Hierbei handelt es sich um ein derart neues Feld, daß die United States Advisory Commission on Intergovernmental Relations in ihrem Bericht[74] bei ihren Empfehlungen zwar eine Reihe dieser Maßnahmen als in der Diskussion befindlich erwähnt, aber unter Hinweis auf die begrenzte Erfahrung der Gerichte mit diesen Maßnahmen auf dem Gebiet des apportionment von einem eigenen Vorschlag absieht.

1. Gerichtliche Anordnungen *(mandamus)* gegenüber Behörden sind eine vertraute Erscheinung und dürften auch auf dem Gebiet des apportionment verwendbar sein. Freilich ist zu berücksichtigen, daß eine mandamus-Verfügung des Gerichts gegen den Governor oder gar gegen die Legislative mit den Rechtsfolgen des contempt of court[75] im Fall der Zuwiderhandlung mit den Gewaltenteilungsgrundsätzen wohl nicht vereinbar ist. In der amerikanischen Literatur wird denn auch mandamus zumindest gegenüber der Legislative abgelehnt[76].

2. Eine *injunction*[77] gegenüber denjenigen, die für die Durchführung der Parlamentswahlen zuständig sind, keine weiteren Wahlen nach dem bestehenden apportionment-System durchzuführen, ist zwar ohne weiteres denkbar, hat aber den großen Nachteil, daß damit lediglich künftige Wahlen nach dem ungerechten Verteilungsschlüssel verhindert werden, ohne daß mit dieser Maßnahme eine neue, gerechtere Wahl erzwungen wird. Somit könnte leicht der Fall eintreten, daß bei Unterlassen des reapportionment überhaupt keine Wahl stattfinden kann

---

74 A Commission Report, Apportionment of State Legislatures (Dec. 1962) at 65.

75 Mißachtung des Gerichts bzw. seines Spruchs.

76 Vgl. unter vielen Silva, Ruth C., Apportionment in New York, 30 Fordham L.Rev. 581 (1962) at 594 mit Nachweisen zum mandamus; vgl. aber auch McKay, Robert B., Political Thicket and Crazy Quilts: Reapportionment and Equal Protection, 61 Mich.L.Rev. 645 (1963) at 704.

77 Gerichtliche Verfügung, etwas zu unterlassen.

und entweder die alten Gesetzgeber über die Legislaturperiode hinaus im Amt bleiben oder der Staat überhaupt kein Parlament mehr hat, auch keines das eine neue, rechtswirksame apportionment-Regelung erlassen könnte.

3. Das Mittel, dem Gesetzgeber als nicht rechtmäßig ins Amt gekommen die *Gehälter zu sperren*, ist zwar in der Literatur vereinzelt erwähnt[78], aber nie wirklich vertreten und vorgeschlagen worden. Auch wenn man annimmt, daß das Mittel noch im Rahmen der equity-Gewalt[79] des Gerichtes liegt[80], wird man an der Wirksamkeit schon deswegen zweifeln können, da in den amerikanischen Einzelstaaten der Gesetzgeber durchaus unterbezahlt ist und sein Einkommen in aller Regel anderswoher bezieht.

4. Ob das Gericht im Rahmen seiner equity-Gewalt auch die Möglichkeit hat festzustellen, die Gesetzgeber der laufenden Legislaturperiode seien beim nächsten Mal *nicht mehr wählbar*, ist angesichts des Gewaltenteilungsgrundsatzes äußerst fragwürdig und wird in der Tat auch nur vereinzelt als theoretische Möglichkeit gesehen, aber nicht näher diskutiert oder gar vorgeschlagen.

5. Die Akte der auf Grund einer ungerechten apportionment-Situation in das Amt gekommenen Legislative für null und *nichtig zu erklären*, scheidet als echte Möglichkeit von vornherein aus. Soweit die Literatur überhaupt auf diese Möglichkeit eingeht, geschieht es immer in dem Sinn, daß versucht wird, die Akte der Legislative bzw. diese selbst, da einmal im Amt, als de facto gültig bzw. rechtmäßig amtierend zu behandeln. Jede andere Ansicht würde selbst bei überzeugender theoretischer Fundierung in der Praxis zu einem Chaos führen[81].

6. Dem Gesetzgeber zu drohen, die nächsten Wahlen müßten mangels eines fairen reapportionment ohne Zurückgreifen auf Wahlkreise *(election at large)* abgehalten werden, ist eine in der Literatur zum reapportionment populäre und oft befürwortete Maßnahme. Für die Anwendung dieser Maßnahme gibt es Präzedenzfälle. Der Supreme Court hat

---

[78] Vgl. Merrill, Maurice H., Blazes for a Trail Through the Thicket of Reapportionment, 16 Okla.L.Rev. 59 (1963) at 81.

[79] Damit ist in diesem Zusammenhang die Befugnis des Gerichts gemeint, auf einen rechtswidrigen Zustand nach seinem Ermessen mit geeigneten Maßnahmen zu reagieren.

[80] Zwar haben die Parlamentarier einen gesetzlichen Anspruch auf Gehalt bzw. Diäten. Das Gericht könnte sich aber auf den Standpunkt stellen, daß dieser Anspruch nur dem auf der Grundlage eines fairen apportionment gewählten und demnach das Volk wirklich repräsentierenden Gesetzgeber zusteht.

[81] Vgl. auch Dixon, Robert G., Apportionment Standards and Judicial Power, 38 Notre Dame Law. 367 (1963) at 388.

bereits in drei Fällen, die allerdings schon längere Zeit zurückliegen, die election at large in Einzelstaaten für die Kongreßwahlen angeordnet[82]. In den ersten zwei Fällen standen nach dem neuen Zensus dem Einzelstaat weniger Abgeordnete als bisher zu. Die vom Gesetzgeber erlassenen reapportionments der Kongreßwahlen des Staates wurden in beiden Fällen vom Governor mit einem Veto belegt. Der Supreme Court ordnete election at large an, bis ein neues gültiges reapportionment-Gesetz zustande gekommen sei. Im dritten Fall hatte der Staat New York nach dem Ergebnis der Volkszählung Anspruch auf zusätzliche Vertretung. Mangels Berücksichtigung dieser zusätzlich zu wählenden Vertreter beim apportionment mußten sie nach dem Spruch des Supreme Court bis zum Ergehen eines neuen Gesetzes at large gewählt werden. In allen drei Fällen wurde kurz darauf ein entsprechendes Gesetz erlassen, und die Notwendigkeit der election at large war bald beseitigt. Erfahrungsgemäß genügt oft schon die bloße Androhung einer election at large. So wurde z. B. in Hawaii auf die gerichtliche Androhung entsprechender Maßnahmen, unter denen hauptsächlich die election at large in Frage kam, umgehend ein reapportionment durch die Gesetzgeber vorgenommen[83].

Die Androhung der election at large ist deswegen ein starkes Druckmittel in der Hand des Gerichts, weil jeder Gesetzgeber gegen eine auch nur geringfügige Änderung seines Wahlkreises sehr empfindlich ist, da eine solche seinen Sitz im Parlament gefährden kann. Die Unsicherheitsfaktoren, die sich schon bei kleineren Änderungen der Grenzen eines Wahlkreises ergeben, wachsen aber ins Unermeßliche, wenn plötzlich alle Mitglieder eines Parlaments, also mehrere Hundert, sich nicht mehr auf hergebrachte Wahlkreise, dort bekannte Interessengruppen, Fürsprechern, Parteigänger, vertrautes Publikum, vertraute Interessen usw. verlassen können, sondern sich auf eine Wahlkampagne auf Einzelstaatsebene unter Konkurrenz mit vielen anderen und unter dem Zwang, sich bei der ungleich größeren Bevölkerung des ganzen Staates bekannt zu machen und durchzusetzen, einstellen müssen. Das Mittel, dem Gesetzgeber mit einer election at large zu drohen, wird demnach in der Literatur am häufigsten erörtert und befürwortet[84].

---

[82] Caroll v. Becker, 285 U.S. 380 (1932): Missouri; Smiley v. Holm, 285 U.S. 355 (1932): Minnesota; Koenig v. Flynn, 285 U.S. 375 (1932): New York.

[83] Dyer v. Abe, 138 F.S. 220 at 234 (D.Hawaii 1956); notes, 56 Colum.L.Rev. 949 (1956) und 32 N.Y.U.L.Rev. 383 (1957); dazu Abe v. Dyer, 256 F. 2d 728 (9th Circ. 1958, per curiam). In Minnesota: Margraw v. Donovan, 177 F.S. 803 (D.Minn. 1959); in New Jersey: Asbury Park Press, inc. v. Woolley, 33 N.J. 1, 161 A. 2d 705 (1960) und New York Times, Febr. 2, 161, p. 1, col. 2.

[84] Vgl. z. B. Silva, Ruth C., Apportionment in New York, 30 Fordham L.Rev. 581 (1962) at 594; McKay, Robert B., Political Thicket and Crazy Quilts: Reapportionment and Equal Protection, 61 Mich.L.Rev. 645 (1963) at 705; Bischoff, Ralph F., Constitutional Law and Civil Rights, 1963 Ann.

Andere dagegen stellen nicht so sehr auf den stimulierenden Effekt ab, den die Androhung der election at large auf den Gesetzgeber haben könnte, sondern auf die Möglichkeit, daß die election at large bei Untätigkeit des Gesetzgebers trotz Androhung bzw., was häufiger vorkommen mag, bei Verfassungswidrigkeit auch des neuen apportionment-Gesetzes[85] zur Realität wird. In einem solchen Fall wäre die Wahl zum Parlament zugegebenermaßen eine Farce. Denn von einer sinnvollen Wahl bei Wahlzetteln mit mehreren Hundert von zu besetzenden Stellen und mindestens dem Doppelten von Bewerbern kann überhaupt keine Rede sein. Zudem ist es durchaus möglich, daß die derart gewählten Gesetzgeber, einmal gewählt, ebenfalls nicht daran interessiert sind, ihre Sitze im Wege eines apportionment zu gefährden. Unter diesen Umständen wird man also auch die Androhung einer election at large nur mit großen Bedenken befürworten können[86].

7. Besonders in letzter Zeit ist von verschiedenen Seiten vorgeschlagen worden, daß das Gericht, statt sich in Kämpfe mit dem widerstrebenden Gesetzgeber einzulassen oder gar selbst an den Karten- und Vermessungstisch zu treten, sich der Methode der „gewogenen Stimmen“ *(weighted voting)* bedienen solle. Danach kann es das Gericht bei den bisherigen Wahlkreisen mit verschiedener Bevölkerungszahl belassen und spricht nur aus, daß die Stimme des Volksvertreters aus einem Wahlkreis mit größerer Einwohnerzahl entsprechend schwerer wiegt, d. h. daß sie bei Abstimmungen entsprechend höher gezählt wird[87]. Dieses System des weighted voting, von manchen als die Rettung im reapportionment-Dickicht oder doch zumindest als guter Kompromiß angesehen[88], hat den Vorteil, daß der equal population

---

Survey of Am.Law 1 at 10. Zu Auswirkungen einer tatsächlich erfolgten election at large auf die Qualität der Gesetzgeber vgl. Jaffe, Louis L., New Law Makers Score in Illinois General Assembly, The Christian Science Monitor, May 12, 1965, p. 9; The Christian Science Monitor, Jan. 30, 1965, p. 5, col. 6 (Virginia).

85 Etwa wenn die bestehenden Ungerechtigkeiten nur teilweise beseitigt worden sind.

86 Ablehnend z. B. Thigpen v. Meyers, 231 F.S. 938 (W.D.Wash. 1964) at 940; Merrill, Maurice H., Blazes for a Trail Through the Thicket of Reapportionment, 16 Okla.L.Rev. 59 (1963) at 59: Dixon, Robert G., Apportionment Standards and Judicial Power, 38 Notre Dame Law. 367 (1963) at 394, besonders heftig für Einzelstaatsparlamentswahlen: „unter der Ebene ernsthafter Diskussion“, a. A. für Kongreßwahlen; note, 72 Yale L.J. 968 (1963) at 1037; vgl. auch Neal, Phil C., Baker v. Carr: Politics in Search of Law, 1962 Supr.Court Rev. 252 at 276/277; zurückhaltend Pierson and Capp, Wesberry v. Sanders: Deep in the Thicket, 32 Geo.Wash.L.Rev. 1076 (1964) at 1109 et s.

87 Engle, Robert H., Weighing Legislators' Votes to Equalize Representation, 12 Western Pol.Q. 442 (1959).

88 Merrill, Maurice H., id. at 83; Thigpen v. Meyers, 231 F.S. 938 (1964) at 940.

standard in Abstimmungen ohne weiteres realisiert wird, ohne daß das Gericht den Gesetzgeber zum Eingreifen zu veranlassen hätte. Die Nachteile, die mit diesem System verbunden sind, liegen jedoch darin, daß ohne Abänderung der Wahlkreise trotz weighted voting Ungleichheiten fortbestehen. Bei weighted voting haben z. B. 50 000 Einwohner einen Vertreter, 200 000 dagegen auch nur einen Vertreter, wenngleich mit vier Stimmen. Es ist leicht möglich, daß bei Vierteilung des Wahlkreises mit 200 000 Einwohnern zwei Vertreter der einen Partei und zwei der anderen gewählt worden wären. Außerdem erschöpft sich die Tätigkeit eines Gesetzgebers nicht in Abstimmungen. Gerade in den Vereinigten Staaten sind die Mitgliedschaft in einem Ausschuß der Legislative, der persönliche Einfluß, die Argumentation in Debatten, die Kontakte zu Mitgesetzgebern, zur Exekutive, zu Interessengruppen etc. entscheidend. Da man bei diesen Tätigkeiten nicht wägen kann, würde insoweit die Benachteiligung derjenigen, die in übervölkerten Wahlkreisen wohnen, fortbestehen. Wenn man sich dies vor Augen hält, versteht man, daß sich der Vorschlag des weighted voting weder in den Gesetzen der Einzelstaaten noch in der Rechtsprechung bzw. Literatur hat durchsetzen können[89].

8. Die wohl beste Maßnahme, die das Gericht ergreifen kann, ist es, die Ausarbeitung des reapportionment mangels Eingreifens des Gesetzgebers an eine *neutrale*[90] *Kommission* aus Sachverständigen, Persönlichkeiten des öffentlichen Lebens etc. zu übertragen. Diese Lösung wird allerdings nicht generell gesehen[91]. Solche Sachverständigenkommissionen im Bereich des reapportionment sind auf der Bühne des amerikanischen öffentlichen Lebens durchaus nichts Neues. Doch

---

[89] z. B. Brown v. State Election Board, 369 P. 2d 140 at 149 (Okla. 1962); League of Nebraska Municipalities v. Marsh, 209 F.S. 189 at 195 (D.Nebr. 1962); Auerbach, Carl A., The Reapportionment Cases: One Person, One Vote — One Vote, One Value, 1964 Supr.Court Rev. 1 at 44; Dixon, Robert G., Apportionment Standards and Judicial Power, 38 Notre Dame Law. 367 (1963) at 395; Dixon, Robert G., Reapportionment in the Supreme Court and Congress: Constitutional Struggle for Fair Representation, 63 Mich.L.Rev. 209 (1964) at 262 n. 47 mit Nachweisen, daß weighted voting sich weder in New Mexico noch in Washington hat durchsetzen können, obwohl es ernsthaft zur Debatte stand und in New Mexico vorübergehend sogar schon Gesetz war. Auch New York Times, Dec. 16, 1964, p. 1, col. 2: Der Supreme Court von New Jersey hat es abgelehnt, einen vom Senat von New Jersey angenommenen Plan zu billigen, wonach der Senat weighted voting durch bloße Änderung seiner Geschäftsordnung einführen und so ein reapportionment vornehmen wollte.

[90] Oder eine unabhängige, mit Männern beider Parteien besetzte Kommission z. B. in New Jersey, New York Times, Jan. 28, 1965, p. 28, col. 2; vgl. auch die Lage in Connecticut, New York Times, Jan. 19, 1965, p. 32, col. 1.

[91] Vgl. aber note, 72 Yale L.J. 968 (1963) at 1039; ferner New York Times, Oct. 30, 1964, p. 26, col. 6 dazu, daß diese Maßnahme in Connecticut von einem Bundesgericht angewendet worden ist.

sind die Empfehlungen dieser Kommissionen, soweit sie konkrete Vorschläge neutraler Art machten, bisher in aller Regel am Eigeninteresse der Legislative gescheitert.

9. Sehr weit geht der Vorschlag, das *Gericht* das reapportionment selber vornehmen zu lassen und es lediglich zur *Heranziehung von* Bruchstücken von Gesetzen, *Gesetzesentwürfen* und Sachverständigengutachten zu verpflichten. Diejenigen, die schon bei Baker v. Carr unter Hinweis auf die Gewaltenteilung Bedenken erhoben haben, werden sich mit dieser Maßnahme freilich nicht abfinden können. Der Supreme Court hat aber bereits in Reynolds v. Sims[92] die Verhaltensweise des vorinstanzlichen Gerichts[93], das einen eigenen reapportionment-Plan unter Heranziehung der besten Teile zweier von der Legislative verabschiedeter, aber erst nach Billigung durch die Wählerschaft in Kraft tretender Alternativgesetze zusammengesetzt und entschieden hatte, daß nach ihm die Parteivorwahlen und die allgemeinen Wahlen 1962 durchgeführt werden müssen, nicht nur unangetastet gelassen, sondern sogar als „angemessenen und wohlüberlegten Gebrauch richterlicher Macht" bezeichnet[94]. Auch wenn man dies nicht billigt, ist doch das Einschreiten der Gerichte in dieser Art eine Realität, vor der man nicht die Augen verschließen darf.

10. Der extremste Schritt eines *Gerichts* wäre es, das reapportionment *selbst* ohne Zurückgreifen auf Gesetzesteile etc. vorzunehmen. Dies wird freilich nahezu allgemein abgelehnt[95]. Das Gericht würde mit Aufgaben belastet, für die es einfach nicht geschaffen ist. Schließlich gehen die Variationsmöglichkeiten bei der Ziehung der Wahlkreisgrenzen ins Astronomische. Außerdem ist jede Grenzziehung, wie neutral der Richter auch sein mag, ein Vorteil für die einen bzw. ein Nachteil für die anderen. Hier würde dann wirklich Frankfurters Warnung vor dem „politischen Dickicht" zur bitteren Realität werden[96]. Der Supreme Court hat denn auch in Reynolds v. Sims[97] betont, daß es letztlich nicht die Aufgabe der Gerichte ist, ein dauerhaftes reapportionment vorzunehmen, sondern allenfalls, durch vorübergehende

---

[92] 377 U.S. 533 (1964) at 586 et s.

[93] District Court for the Middle District of Alabama.

[94] Id. at 586; vgl. zustimmend auch McKay, Robert B., Political Thicket and Crazy Quilts: Reapportionment and Equal Protection, 61 Mich.L.Rev. 645 (1963) at 703.

[95] Aber Merrill, Maurice H., Blazes for a Trail Through the Thicket of Reapportionment, 16 Okla.L.Rev. 59 (1963) at 86.

[96] Vgl. jedoch Weaver, James B. and Hess, Sydney W., A Procedure for Nonpartisan Districting: Development of Computer Techniques, 73 Yale L.J. 288 (1963).

[97] Supra at 586.

Maßnahmen die Voraussetzungen für eine verfassungsmäßige Parlamentswahl zu schaffen.

IV. Frage der Einschaltung der Gerichte auf längere Sicht

Baker v. Carr war Ende März 1962 entschieden worden. Knapp neun Monate später waren die apportionments in mindestens 35 Staaten angefochten[98]. Da manchmal mehrere Prozesse im gleichen Staat liefen, zum Teil doppelspurig bei einem Bundesgericht (Federal Court) des betreffenden Staates und bei den Landesgerichten, schwebten bereits bis Ende 1962 über sechzig Prozesse. Bei dieser Fülle der Prozesse stellt sich die Frage nach der Einschaltung der Gerichte auf längere Sicht.

Die Geschichte der reapportionment-Problematik vor Eingreifen des Supreme Court[99] und die Art und Weise, wie die Staatslegislativen in den USA auf die reapportionment-Entscheidungen des Supreme Court reagiert haben[100], zeigen, daß es problematisch ist, das apportionment ganz dem Belieben des Gesetzgebers zu überlassen. Andererseits ist es aber auch nicht unbedenklich, die Gerichte in die politisch brisanten Händel der Parlamentarier und der anderen am apportionment interessierten Gruppen[101] einzuschalten, weil sie damit in ihrer Unabhängigkeit doch bis zu einem gewissen Grade gefährdet werden. Immerhin finden sich eine ganze Reihe von Gestaltungsmöglichkeiten, die es den Gerichten erlauben, sich auf eine Kontrollfunktion zu beschränken und doch gleichzeitig die Legislativen aus ihrer Position als Richter in eigener Sache herauswerfen. Hier ist an Vorschriften der Einzelstaatsverfassungen, eventuell auch in Bundes- oder Einzelstaatsgesetzen zu denken, die genaue Anordnungen bezüglich des reapportionment machen, also etwa bestimmen, daß mehr als eine bestimmte Maximalabweichung von grundsätzlicher Bevölkerungsgleichheit der Wahlkreise nicht zulässig ist, daß spätestens alle zehn Jahre das apportionment den geänderten demographischen Realitäten anzupassen ist[102], daß die Wahlkreise aus zusammenhängendem Territorium zu bestehen haben (letzteres besonders im Hinblick auf mögliche Wahlkreisgeometrie)[103], daß bei mangelnder Einigung der Legislative über die Durch-

[98] s. o. Kap. 3, 2 mit Nachweisen.

[99] s. o. Kap. 1, II.

[100] s. o. Kap. 3, 3.

[101] s. u. Kap. 4, B.

[102] Vgl. dazu Reynolds v. Sims, 377 U.S. 533 (1964) at 583 et s.

[103] Dies war z. B. auf Bundesebene für das reapportionment des Kongresses von 1842 bis 1852 und von 1852 bis 1929 gesetzlich vorgesehen, wurde aber in der Praxis nie durchgesetzt. Auch nach 1929 wurden immer wieder

führung eines reapportionment andere Stellen sich einschalten, so daß ein rechtzeitiges apportionment gewährleistet ist etc. Die Gerichte könnten dann die Legislativen zum Vollzug dieser Bestimmungen auffordern und notfalls den Vollzug anordnen. Damit wäre einerseits verhindert, daß die Bestimmungen wie bisher nicht durchgesetzt werden. Andererseits bliebe es den Gerichten erspart, selbst in das „politische Dickicht" hineinzutreten[104].

Auf diesem Hintergrund gewinnt auch ein Vorschlag der National Municipal League, die für ihre Arbeit auf dem Gebiet eines fairen apportionment und für ihren Einsatz bei der Bewältigung der in den USA überaus drängenden städtischen Probleme bekannt ist, erhebliche Bedeutung. Die National Municipal League hat in ihrer Mustereinzelstaatsverfassung vorgeschlagen, daß der gesamte reapportionment-Prozeß von der Legislative entfernt und auf eine neutrale Stelle, nach ihrem Vorschlag auf den Governor und ein nicht parteilich gebundenes Gremium, übertragen wird[105]. Die Mitglieder dieses Gremiums würden vom Governor ernannt werden. Das Gremium würde einen unparteiischen Plan auf der Grundlage des Bevölkerungsprinzips und unter weitestgehender Vermeidung jeglicher Art von Wahlkreisgeometrie anfertigen und dem Governor vorlegen. Dieser könnte selbst noch gewisse Änderungen an dem Plan vornehmen und müßte den Plan zusammen mit den Änderungen binnen 90 bis 120 Tagen nach Ernennung des Gremiums veröffentlichen. Der Oberste Gerichtshof des Einzelstaates würde die erstinstanzliche und ausschließliche Gerichtsbarkeit erhalten, diesen Plan zu überprüfen bzw. mangels Handelns des Governor die notwendigen Anordnungen zu treffen[106].

Der Vorschlag, das gesamte reapportionment auf unabhängige Gremien zu übertragen, ist insofern nicht neu, als verschiedene Staaten schon Erfahrungen mit einer solchen Regelung aufzuweisen haben. Zumeist sind das gerade die Staaten, in denen die Überprüfung des reapportionment durch die Gerichte und die Anwendung von mandamus und injunction[107] ziemlich reibungslos funktioniert haben[108].

---

dahingehende Gesetzesentwürfe eingebracht. Mit genauen Nachweisen Hacker, Andrew, Congressional Districting: The Issue of Equal Representation (1963) at 18, 40 et s. Für die entsprechenden Vorschriften in Einzelstaatsgesetzen vgl. Harvey, Lashley G., Reapportionment of State Legislatures — Legal Requirements, 17 Law and Contemp.Prob. 364 (1952) at 368.

[104] Vgl. dazu auch Israel, Jerold, On Charting a Course Through the Mathematical Quagmire: the Future of Baker v. Carr, 61 Mich.L.Rev. 107 (1962) at 146.

[105] Vgl. genauer bei Goldberg, Arthur L., The Statistics of Malapportionment, 72 Yale L.J. 90 (1962) at 92 n. 11.

[106] Art. 4, § 4 04 der Modellverfassung.

[107] s. o. Kap. 3, 3.

[108] s. o. Kap. 1, V.

Ob und inwieweit sich dieser Vorschlag freilich in breiterem Umfang in der Praxis durchsetzen wird, bleibt abzuwarten, da die Legislativen trotz der strengen Kriterien des Supreme Court hinsichtlich des reapportionment doch noch weitgehend freie Hand bei der Wahlkreisgeometrie haben und diese Chance sich nur ungern entgleiten lassen werden. Entgegen dem, was man bei Gesprächen mit Parlamentariern und Politikern in den USA immer wieder zu hören bekommt, ist festzuhalten, daß apportionment und reapportionment nicht unbedingt dem politischen „Kuhhandel" überlassen bleiben müssen, sondern daß Kompromiß und Arrangement zwischen den vorhandenen Interessen sauberer und wirksamer erfolgen, wenn weder mit der Wahl noch mit den Wahlkreisen manipuliert werden kann[109].

V. Widerhall der Entscheidungen des Supreme Court im Wahlrecht

Die herkömmliche Wahlart in den Vereinigten Staaten ist die Mehrheitswahl in vielen einzelnen Wahlkreisen. In Reaktion auf die Entscheidungen des Supreme Court zum reapportionment findet man in der gegenwärtigen Diskussion immer wieder Ausführungen über Wahlsysteme schlechthin und bisweilen auch die Vermutung bzw. Befürchtung, daß sich die Lawine, die diese Entscheidungen in Lauf gesetzt haben, auch auf das Gebiet des Wahlrechts erstrecken werde. Eines der Hauptargumente der Gegner des strengen Gleichheitsprinzips beim reapportionment war seit jeher und ist auch heute die Furcht vor einem egalitären System, das zu einer Überspielung der Minderheiten führen könnte. Das herkömmliche System des amerikanischen Wahlrechts mit vielen Wahlkreisen und Mehrheitswahl bewirkt, daß die lokalen Mehrheiten zum Zuge kommen, während die Mehrheiten, wie sie auf Staatsebene anzutreffen sind, zurücktreten. Etwas mehr als 25 % der Stimmen (Mehrheit in der Mehrheit der Wahlkreise) genügen, um eine Mehrheit im Parlament zu erreichen. Verbunden mit dem malapportionment, das in fast allen Einzelstaaten zu finden war, hatte das zu der sicheren Herrschaft bestimmter Gruppen geführt, die von einer gesamtstaatlichen Sicht aus Minderheiten sind (Landbevölkerung), sich aber als lokale Mehrheiten in einer Mehrzahl der Wahlkreise durchsetzen konnten. Manche rechnen damit, daß diese Gruppen in der nächsten Zeit Wahlrechtsänderungsvorschläge vorbringen wer-

[109] Damit wird nicht übersehen, daß auch die Gewährleistung des equal population standard durch die Gerichte politische Auswirkungen hat. Derartige politische Auswirkungen sind aber mit jeder Wahlkreiseinteilung verbunden. Entscheidend ist vielmehr, daß das Manipulieren mit diesen politischen Auswirkungen nach dem obigen Vorschlag ausgeschlossen oder doch erschwert würde.

den[110], um den durch die reapportionment-Entscheidungen des Supreme Court drohenden Machtverlust anderweitig zu kompensieren. In Frage kommen hauptsächlich Vorschläge zur Einführung der Verhältniswahl für bestimmte Ämter und der Vorschlag des sog. limited voting.

Das *Verhältniswahlrecht* hatte bisher in den Vereinigten Staaten nahezu keine Heimstätte[111]. Wo man es mit der Verhältniswahl versucht hat, etwa in Ohio, Massachusetts, Rhode Island u. a., hing die Frage, ob sich das Wahlsystem durchsetzen konnte, in aller Regel erst einmal davon ab, ob der jeweilige Oberste Gerichtshof des Staates das System als mit der Landesverfassung vereinbar ansah oder nicht[112]. In der Literatur findet man auf Schritt und Tritt die Nachteile der Verhältniswahl aufgezählt, wobei interessanterweise zuweilen auch das Beispiel der Weimarer Republik ein übriges zum Ressentiment gegen dieses Wahlrechtssystem getan zu haben scheint[113]. Ob unter diesen Umständen die Vermutung gerechtfertigt ist, daß als Reaktion auf die reapportionment-Entscheidungen Vorschläge eingebracht werden, in den Vereinigten Staaten das Verhältniswahlrecht einzuführen, ist danach sehr zu bezweifeln. Diese Zweifel verstärken sich noch, wenn man sieht, daß die Kritik an den Entscheidungen des Supreme Court oft gerade umgekehrt vorgeht und hervorhebt, daß das Prinzip „one man, one vote“ von dem traditionellen Mehrheitswahlsystem weg in Richtung auf die Verhältniswahl führe[114]. In die gleiche Richtung geht der Einwand von Justice Stewart in seiner dissenting opinion in Lucas v. Forty-Fourth General Assembly of the State of Colorado[115]. Letzten Endes wird vor Erhebung irgendwelcher Vorschläge in dieser Richtung von den Gruppen, die von den reapportionment-Entscheidun-

[110] Pierson and Capp, Wesberry v. Sanders: Deep in the Thicket, 32 Geo. Wash.L.Rev. 1076 (1964) at 1119; Dixon, Robert G., Reapportionment in the Supreme Court and Congress: Constitutional Struggle for Fair Representation, 63 Mich.L.Rev. 209 (1964) at 227.

[111] Vgl. mit Nachweisen Pierson and Capp, supra at 1119 n. 272.

[112] Vgl. Pierson and Capp, supra.

[113] Vgl. Lipset, Seymour, Political Man (The Social Bases of Politics) (1960) at 31, 89—91; Hermens, F. A., Democracy or Anarchy? A Study in Proportional Representation (1941); Dixon, Robert G., supra at 227 n. 51; Vor- und Nachteile zählen ausführlich auf Pierson and Capp, supra at 1120 n. 273 mit Nachweisen; zurückhaltend auch Israel, Jerold, Nonpopulation Factors Relevant to an Acceptable Standard of Apportionment, 38 Notre Dame Law. 499 (1963) at 510 et s.

[114] Vgl. dazu Auerbach, Carl A., The Reapportionment Cases: One Person, One Vote — One Vote, One Value, 1964 Supr.Court Rev. 1 at 34 et s.; Neal, Phil C., Baker v. Carr: Politics in Search of Law, 1962 Supr.Court Rev. 252 at 282; Lucas, Jo Deshua, Legislative Apportionment and Representative Government: the Meaning of Baker v. Carr, 61 Mich.L.Rev. 711 (1963) at 767; Israel, Jerold, supra at 510 et s.

[115] 377 U.S. 713, 744 (1964) at 750 n. 12.

gen ungünstig betroffen sind, die Überlegung angestellt werden, ob es besonders angesichts der dauernd zunehmenden Verstädterung der USA mehr einbringt, beim alten System zu bleiben und lieber die weniger zahlreichen Wahlkreise, die ihnen nach dem „one person, one vote"-Prinzip noch zustehen, sicher zu gewinnen, ohne die Macht mit den Vertretern der auch dort immer stärker werdenden Städte zu teilen, oder ob es günstig ist, den Städtern Anteil an den ländlichen Wahlkreisen zu geben und dafür in den städtischen Wahlkreisen eine bestimmte Anzahl von Sitzen zu belegen. Aber selbst wenn letzteres den Minderheitsgruppen, insbesondere der ländlichen Gruppe, günstiger erscheinen sollte, ist kaum anzunehmen, daß sich das unpopuläre Verhältniswahlrecht in den Vereinigten Staaten in größerem Umfang durchsetzen könnte.

Dagegen scheint das sog. *limited voting* mehr Chancen zu haben. Hier handelt es sich darum, daß etwa wie im New York City Council, der um zwei Sitze pro Wahlkreis erweitert wurde, für alle oder für einen Teil der Sitze von den Parteien weniger Kandidaten vorgeschlagen werden dürfen und die Wähler weniger Stimmen haben als Sitze zu besetzen sind. So stand in Blaikie v. Power[116] zur Debatte, ob bezüglich zweier at large zu wählender, zusätzlicher Mitglieder des New York City Council eine Bestimmung des Inhalts verfassungsmäßig ist, daß nicht zwei, sondern nur ein Kandidat von jeder Partei aufgestellt und von den Wählern nur eine Stimme, nicht zwei, abgegeben werden dürfe. Das Gericht bejahte dies. Das limited voting hat einen günstigen Effekt auf die Minderheitenvertretung. Ob sich freilich eine solche Regelung in größerem Umfang durchführen ließe, ist sehr fraglich, da hier doch ein erheblicher Einschnitt in die Wahl, wie sie herkömmlich in den Vereinigten Staaten verstanden wird, stattfindet.

Im Zusammenhang mit den reapportionment-Entscheidungen des Supreme Court lassen sich auch Stimmen vernehmen, die für eine Hinwendung zur Interessenvertretung (sog. *funktionelle Repräsentation*) eintreten[117].

---

116 13 N.Y. 2d 134, 243, N.Y.S. 2d 185, 193 N.E. 2d 55 (1963), app. dismissed 375 U.S. 439 (1964).

117 Besonders de Grazia, Alfred, Essay on Apportionment and Representative Government (1963) at 170 et s.; vgl. auch die Gedanken von Neal, Phil C., supra at 277 et s.; Bickel, Alexander M., The Least Dangerous Branch (1962) at 192 et s.; vgl. ferner Harlan dissenting in Reynolds v. Sims, 377 U.S. 533 (1964) at 623, 624 „... die Gesetzgeber können Wähler nur dadurch vertreten, daß sie für ihre Interessen sprechen — wirtschaftliche, soziale, politische —, und von diesen spiegeln viele den Platz wider, wo die Wähler leben." Vgl. auch Stewart dissenting in Lucas v. 44th General Assembly of the State of Colorado, 377 U.S. 713 (1964) at 749.

De Grazia z. B. denkt dabei an ein Parlament, dessen Sitze nach Regierungsbezirken, also county lines etc. (40 %), nach Berufsklassen (20 %) und nach Bevölkerungszahl (40 %) verteilt sind. De Grazia spricht aber in diesem Zusammenhang selbst von einem apportionment für die nächste Generation.

In der Tat scheint eine derartige Umformung des Wahlrechts, von einzelnen wenigen Staaten abgesehen, völlig unwahrscheinlich. Die Mehrzahl der Experten auf den Gebieten des apportionment und des Wahlrechts sprechen sich gegen eine solche Gestaltung des Wahlrechts aus[118], da der unmittelbare Eintritt der Interessengruppen in das Parlament ohne Mediatisierung durch die Parteien Konflikte verschärfen und die Interessengruppen und ihre Positionen weniger flexibel machen würde. Außerdem wäre die Auswahl der im Parlament vertretenen Interessengruppen angesichts ihrer Vielzahl und Veränderlichkeit notwendigerweise willkürlich.

Als Ergebnis läßt sich festhalten, daß die Entscheidungen des Supreme Court zum reapportionment in den Vereinigten Staaten zwar Anlaß gegeben haben, Fragen des Wahlrechts einmal grundsätzlich aufzuwerfen. Von einer Umsetzung der Diskussion und Ideen in die Praxis des Wahlrechts als Auswirkung der Entscheidungen kann aber weder heute noch wahrscheinlich auch künftig die Rede sein.

VI. Schlußbemerkungen zu den Auswirkungen der Supreme Court Entscheidungen in rechtlicher Hinsicht

Bevor der Abschnitt über die rechtlichen Auswirkungen der Entscheidungen des Supreme Court abgeschlossen wird, ist noch kurz darauf hinzuweisen, daß die Entscheidungen zum apportionment in einer deutlich erkennbaren Linie von Entscheidungen mit dem Trend stehen, immer mehr verfassungsrechtliche Anforderungen an die Einzelstaaten zu stellen. Die schrittweise Ausdehnung der in der Bill of Rights enthaltenen und die Einzelstaaten ursprünglich nicht bindenden Grundrechte über die Rechtsstaatsklausel des 14. amendment (due process) auch auf die Einzelstaaten[119] ist bekannt[120]. Die reapportionment-Urteile mit Ausnahme des zum apportionment des Kongresses ergan-

---

[118] z. B. Israel, Jerold, supra at 507 n. 44; Truman, David B., The Governmental Process (1960) at 525 et s., at 122; Lipset, Seymour, supra at 31, 86 et s.; Auerbach, Carl A., supra at 54; vgl. auch Lucas v. 44th General Assembly of the State of Colorado, 377 U.S. 713 (1964) at 722 n. 8 und Judge Doyle in Lisco v. Love, 219 F.S. 922, dissenting opinion.

[119] Die Stichworte Mapp v. Ohio und Gideon v. Wainwright genügen.

[120] Vgl. im einzelnen z. B. Fraenkel, Das Amerikanische Regierungssystem, 2. Aufl. 1962, S. 179.

genen Urteils[121] greifen auf die zweite Schranke des 14. amendment, den Gleichheitssatz, zurück[122] und erlegen auf diesem Weg den Einzelstaaten eine neue Verfassungschranke auf. Emerson[123] weist darauf hin, daß mit Ausnahme der Gleichheit im Prozeß und in Rassenfragen die equal protection clause wohl wegen ihrer Vagueheit in der Rechtsprechung bisher nur sparsam herangezogen worden ist. Er glaubt, eine neue Ära in der Anwendung des Gleichheitssatzes, nunmehr als Prüfungsmaßstab auch bezüglich der tatsächlichen Ergebnisse des demokratischen Prozesses, feststellen zu können. Ob sich das als richtig herausstellen wird, bleibt abzuwarten.

B. Die Auswirkungen auf das politische Kräfteverhältnis[1]

I. Das Stadt—Land-Problem

1. In der Literatur zum apportionment wird sehr oft auf die das Stadt-Land-Problem betreffende Dimension der Supreme Court Entscheidungen hingewiesen. Meist werden dabei jedoch die Begriffe „städtisch“ und „ländlich“ (urban-rural) vorausgesetzt, und man kümmert sich nicht näher darum, sie zu definieren.

---

[121] Clark wollte auch dieses Urteil mit dem 14. amendment begründen, Wesberry v. Sanders, 376 U.S. 1, 18 (1964) at 19.

[122] Es gibt sogar Leute, die darüber hinaus auch die Garantieklausel (U.S. Const. art. IV § 4) judifizieren wollen, vgl. Emerson, Thomas J., Malapportionment and Judicial Power, 72 Yale L.J. 64 (1962) at 68.

[123] Id. at 65 mit Urteilsnachweisen.

[1] Diesem Teil der Untersuchung stehen erhebliche Schwierigkeiten entgegen. Zwar ist es eine Binsenwahrheit, daß jede Veränderung der Wahlkreise gewisse Auswirkungen auf das politische Kräfteverhältnis (Person des Abgeordneten, Partei, Interessengruppen etc.) haben wird. Darüber, daß die reapportionment-Entscheidungen des Supreme Court wahrscheinlich sogar beachtliche Konsequenzen in dieser Hinsicht mit sich bringen, sind sich alle einig. In welche Richtung diese Auswirkungen gehen, kann ganz grob auch noch gesagt werden (z. B. Stadt-Land-Problematik). Sobald man jedoch versucht, die Auswirkungen etwas präziser in den Griff zu bekommen, steht man einem Vakuum gegenüber. Die politische Wissenschaft steckt diesbezüglich anerkanntermaßen noch in den Kinderschuhen (vgl. z. B. McCloskey, Robert G., The Supreme Court 1961 Term — Foreword: The Reapportionment Case, 76 Harv.L.Rev. 54 [1962] at 59; Dixon, Robert G., Apportionment Standards and Judicial Power, 38 Notre Dame Law. 367 [1963] at 387 et s.). Jeder Fortschritt auf diesem Gebiet setzt neben erheblichem Zeitaufwand großzügig bemessene Geldmittel sowie Teamarbeit voraus. Diese Handicaps zwingen den Verfasser teilweise, Fragen nur zu stellen, ohne sie beim heutigen Stand der politischen Wissenschaft bereits erschöpfend beantworten zu können.

In der gegenwärtigen Literatur zum reapportionment gibt es dazu im wesentlichen drei verschiedene Begriffsbestimmungen. Die erste ist die des US Bureau of the Census, das alle Gemeinden ab 2500 Einwohner als *„städtisch"* bezeichnet, damit für das Jahr 1960 zu einer Zahl von 5445 Städten in den Vereinigten Staaten kommt und feststellt, daß unter Zugrundelegung dieser Kriterien 69,9 % aller Amerikaner „Städter" sind[2]. Eine zweite Methode ist diejenige, die im Congressional Quarterly Weekly Report[3] angewandt und bei der auch noch die Kategorie der Vor- und Trabantenstädte (suburban neben urban und rural) gebildet wird. Eine dritte Methode hat Hacker[4] entwickelt. Hacker unterscheidet vier Kategorien: städtisch, vor- und trabantenstädtisch, mittelstädtisch und ländlich (urban, suburban, midurban, rural). In die Kategorie „städtisch" fallen alle (Kongreß-)Wahlkreise, in denen 60 % oder mehr der Einwohner in einer Stadt leben, die jeweils das Zentrum eines der 213 städtischen Gebiete des Landes[5] darstellt. Das bedeutet, daß Hacker dann einen Kongreßdistrikt als städtisch ansieht, wenn er 250 000 Einwohner und mehr hat. Die Kategorie „suburban" faßt Hacker derart, daß 50 % oder mehr der Einwohner des betreffenden (Kongreß-)Wahlkreises am Rand eines der 213 städtischen Gebiete des Landes leben. Das hat zur Folge, daß die Wahlkreise dieser Kategorie zumeist an die zehn größten Städte der USA angrenzen. Die Kategorie „ländlich" umfaßt nach Hacker Wahlkreise, in denen 90 % oder mehr der Einwohner außerhalb der 213 städtischen Gebiete des Landes wohnen. Durch diese Fassung des Begriffs „ländlich" ist gleichzeitig erreicht, daß in solchen Wahlkreisen keine Stadt mit über 50 000 Einwohnern anzutreffen ist. Die vierte Kategorie (midurban) umfaßt die restlichen Wahlkreise mit Städten von 25 000 bis 50 000 Einwohnern in ihren Grenzen.

Daß von den drei Begriffsbestimmungen diejenige von Hacker die aufschlußreichste ist, kann nicht bezweifelt werden, sucht sie doch die groben Klischees Stadt—Land aufzulockern, um zu präsizeren Aussagen kommen zu können. Andererseits liegen viele Daten vor, die auf einer der beiden anderen Begriffsbestimmungen basieren und nicht ohne weiteres in die Begriffe Hackers umgesetzt werden können. Im folgenden ist demnach jede Statistik unter dem Vorbehalt zu lesen, daß sich zwar nicht der allgemeine Trend, aber doch die genauen

---

[2] Vgl. die Hinweise bei Hacker, Andrew, Congressional Districting: The Issue of Equal Representation (1963) at 80. Auch Bureau of the Census, Release CB 62—63, Febr. 24, 1962.

[3] Suburban Areas Most Underrepresented in the House, 20 Cong.Q.W.Rep. 153 (1962).

[4] Supra at 81 et s.

[5] d. h. im Jahre 1955 durchschnittlich etwa 400 000 Einwohner.

Zahlen[6] mit Zugrundelegung der verschiedenen Begriffsfassungen ändern. So kommt etwa das US Bureau of the Census zu 300 städtischen und 137 ländlichen Kongreßwahlkreisen. Der Bericht im Congressional Quarterly Weekly Report spricht dagegen von 126 städtischen, 60 trabantenstädtischen und 250 ländlichen Wahlkreisen. Hacker wiederum arbeitet mit 91 städtischen, 52 trabantenstädtischen, 181 mittelstädtischen und 102 ländlichen Kongreßwahlkreisen[7].

2. Am stärksten *unterrepräsentiert* sind die städtischen Gebiete beim apportionment der Einzelstaatslegislativen[8]. Zwei illustrative Beispiele dazu bringt Goldberg[9]. Im Repräsentantenhaus von Vermont wog eine Stimme im kleinsten Wahlkreis — Vermont's Wahlkreise für die untere Kammer waren die Städte, wie sie im Jahre 1793 existierten — 872 Stimmen in der größten Stadt des Staates, Burlington, auf[10]. In

---

[6] Auch die Zahl der einteilbaren Wahlkreise wechselt, z. B. ist bei der Statistik des Congressional Quarterly Weekly Report der eine at large Sitz in Connecticut ausgeklammert.

[7] Supra at 84.

[8] Die Unterrepräsentierung der Städte in den Einzelstaatslegislativen beruht nicht nur, wie man annehmen könnte, auf einem Unterlassen des Gesetzgebers, den durch Bevölkerungszuwachs, Landflucht und sonstige Bevölkerungsumgruppierungen verursachten Änderungen in der Einwohnerzahl der Wahlkreise Rechnung zu tragen, sondern oft auf einer gezielten Benachteiligung der Städte von vornherein. Die Furcht vor einer zu großen Macht der Städte ist besonders dann groß, wenn es sich um einen Stadtkomplex innerhalb des Einzelstaates handelt, der bei fairem apportionment die Mehrheit des Parlaments stellen würde. Die verfassunggebende Versammlung von New York State von 1894, die verschiedene Verfassungsschranken gegen „one person, one vote" einführte (Art. III § 4 N.Y.Const. 1894), äußerte sich folgendermaßen (4 Revised Record of the Constitutional Convention of 1894 of the State of New York, Sept. 28, 1894 at 1255): „Noch bevor eine neue verfassunggebende Versammlung ihr Werk dem Volk vorlegen wird, werden die Städte New York und Brooklyn bzw. die größere Stadt, die von ihnen zusammen gebildet wird, wahrscheinlich die Mehrheit der Einwohner des Staates stellen. Wenn das gegenwärtige (apportionment-) System weiterbesteht, werden sie die Möglichkeit haben, den Governor, die Staatsbeamten, eine Mehrheit im Staatssenat und eine Mehrheit im Staatsrepräsentantenhaus zu wählen. Durch die Stärke von Zahlen und durch die potenzierte Macht von kompaktem Organisationsgefüge und Zusammenhalt unter den Abgeordneten einer einzelnen county, die einer einzelnen, lokalen, politischen Organisation verantwortlich sind, werden die Städter imstande sein, die Regierung des Staates vollkommen zu kontrollieren. Was wird die Folge sein, wenn man das weite Gebiet von New York City zum St. Lawrence und zum Eriesee mit seinen verschiedenen Interessen, Gefühlen und Meinungen, die von den Einwohnern der Stadt nicht übermäßig gut verstanden werden, solch einer Herrschaft zwangsweise unterwirft? Würde ein solches System einer dauernden Wohlfahrt des Staates förderlich sein? Unsere Meinung ist: nein ..."

[9] Goldberg, Arthur L., The Statistics of Malapportionment, 72 Yale L.J. 90 (1962) at 90.

[10] Bei allen diesen Beispielen wird der Rechtszustand vor bzw. zur Zeit des Ergehens der reapportionment-Urteile des Supreme Court zugrunde gelegt. In der Zwischenzeit hat sich die politische Bühne durch unzählige reapportionment-Maßnahmen der Gesetzgeber und einschlägige Urteile von Bundes- und Landesgerichten vollkommen gewandelt.

California hatte beim apportionment des Staatssenats Los Angeles County eine Einwohnerzahl von 6 038 771, der 28. Senatswahlkreis eine von 14 294 Einwohnern[11]. Nach den Angaben von Dixon[12] hatten bei einem Durchschnittsstimmengewicht von 100 im Jahre 1960 bei den Wahlen zu den Staatslegislativen counties unter 25 000 ein Stimmengewicht von 171, counties von 25 000 bis 99 999 Einwohnern eines von 123, counties von 100 000 bis 499 999 Einwohnern eines von 81 und counties von 500 000 und darüber eines von 76.

Die Unterrepräsentierung der städtischen Gebiete im Repräsentantenhaus der USA ist ebenfalls erheblich[13]. Nach Statistiken des Congressional Quarterly Weekly Report[14] ergibt sich folgendes Bild der Stimmengewichtsverzerrung. Wenn man von 126 städtischen, 60 trabantenstädtischen und 250 ländlichen Kongreßwahlkreisen unter Ausklammerung des einen at-large Sitzes in Connecticut ausgeht, ist die Durchschnittsbevölkerungszahl der Wahlkreise für die städtischen Gebiete 431 960 Einwohner, für die vor- und trabantenstädtischen Gebiete 548 370 Einwohner und für die ländlichen Gebiete 364 920 Einwohner. Bei einem durchschnittlichen Stimmengewicht von 100 ergibt sich dann ein Wert von 95 für die städtischen, von 75 für die trabantenstädtischen und von 112 für die ländlichen Wahlkreise[15]. Unter Zugrundelegung der Statistiken von Hacker[16] läßt sich bei 91 städtischen, 52 trabantenstädtischen, 181 mittelstädtischen und 102 ländlichen Wahlkreisen folgendes etwas detaillierteres Bild zeichnen[17]. Überrepräsentiert[18] sind 20 städtische, 13 trabantenstädtische, 17 mittelstädtische

---

[11] Eine ausführliche, freilich nicht nach Stadt und Land aufgeschlüsselte Statistik über die ungleiche Vertretung in den Einzelstaatslegislativen bringt ein Bericht der National Municipal League (Boyd, William J. D., Compendium on Legislative Apportionment, 2d ed. 1962). Dieser Bericht enthält in der zweiten Auflage eine weitere Tabelle mit den bis zum 16. Juni 1964 erfolgten reapportionments. Nachdruck der Tabelle vom Jahre 1962 auch in 72 Yale L.J. 90 (1962) at 100 et s. Vgl. ferner David, Paul T. und Eisenberg, Ralph, Devaluation of the Urban and Suburban Vote, 2 Bände (1961—62), die jedoch nur mit dem David- und Eisenbergschen „vote values"-Index arbeiten. Auch Dixon, Robert G., Legislative Apportionment and the Federal Constitution, 27 Law and Contemp.Prob. 329 (1962) unter Verwendung von Daten aus dem Congressional Quarterly Weekly Report und aus der eben erwähnten Untersuchung von David und Eisenberg.

[12] Supra at 389.

[13] Freilich viel weniger als bei den Staatslegislativen, Sindler, Allan P., Baker v. Carr: How to „Sear the Conscience" of Legislators, 72 Yale L.J. 23 (1962) at 26.

[14] Febr. 2, 1962, at 153 et s.

[15] Die Statistik geht noch weiter und schlüsselt die Zahlen in gleicher Weise nach vier großen Regionen (östliche Staaten, Südstaaten, Mittelwesten, Westen) auf.

[16] Supra at 84.

[17] Unter Zugrundelegung der Volkszählung von 1960.

[18] Bevölkerungszahl unter 85 % der Durchschnittsbevölkerung.

und 49 ländliche Wahlkreise. Einigermaßen fair repräsentiert[19] sind 61 städtische, 35 trabantenstädtische, 60 mittelstädtische und 45 ländliche Wahlkreise. Unterrepräsentiert[20] sind dagegen 19 städtische, 52 trabanten- und vorstädtische, 23 mittelstädtische und 6 ländliche Wahlkreise[21].

Bei der Wahl zum Bundessenat dagegen fällt die Unterrepräsentierung durch unfaires apportionment nicht ins Gewicht. Angesichts des Wahlmodus bei den Senatswahlen kommt ja eine Unterrepräsentierung im wesentlichen[22] nur derart in Frage, daß ein volkreicher Einzelstaat ebenso zwei Senatoren zu stellen hat wie ein volkarmer (Großer Kompromiß). Aber auch diese Ungleichheit wirkt sich auf das Stadt-Land-Problem immer weniger aus, weil die USA bereits zu einem größeren Teil städtisch strukturiert sind und auch in den volkärmeren Staaten die Senatoren auf die Stimmen der Städter nicht ganz verzichten können. Daraus erklärt sich, daß der Senat modernen Problemen (Städte, Gewerkschaften etc.) viel aufgeschlossener gegenübersteht als das Repräsentantenhaus, von den Einzelstaatslegislativen ganz zu schweigen[23].

Bei der Wahl zum Governor und zu den meisten wählbaren Staatsämtern, u. U. Richterämtern, kommt eine Unterrepräsentierung nicht in Betracht, da es sich dabei meistens um eine at-large Wahl handelt, d. h. eine Wahl ohne Wahlkreise auf Staatsebene. In einigen wenigen Staaten galt das allerdings angesichts des dort angewandten county unit system bisher nicht. Doch hat insoweit Gray v. Sanders[24] Abhilfe geschaffen.

Dagegen ist man der Ansicht, daß das Präsidentenwahlsystem mit der Einschaltung des Wahlmännerkollegiums eher Vorteile für die Städter mit sich bringt[25]. Die Zahl der Wahlmänner eines Einzelstaates

---

19 Bevölkerungszahl von 85 bis 115 % gemessen an der Durchschnittsbevölkerung.

20 Über 115 % der Durchschnittsbevölkerung.

21 Die entsprechenden Zahlen sind 109/81/108 für die östlichen Staaten, 73/68/114 für die südlichen, 94/66/112 für den Mittelwesten, für den Westen 103/71/114. Dabei zeigt sich interessanterweise, daß in manchen Teilen der USA die Städte nicht nur nicht unterrepräsentiert, sondern leicht überrepräsentiert sind und daß dort die eigentlich Diskriminierten die Vor- und Trabantenstädte sind, s. u. 3.

22 Siehe genauer oben Kap. 4, A I 1.

23 Bickel, Alexander M., The Durability of Colegrove v. Green, 72 Yale L.J. 39 (1962) at 42.

24 372 U.S. 368 (1963).

25 Sindler, Allan P., Baker v. Carr: How to „Sear the Conscience" of Legislators, 72 Yale L.J. 23 (1962) at 26, spricht von „strong pro-urban bias". Auch Sindler, Allan P., Presidential Election Methods and Urban Ethnic Interests, 27 Law and Contemp.Prob. 213 (1962).

bestimmt sich zwar nach der Zahl der dem Staat zustehenden Repräsentanten zusätzlich der zwei Senatoren, und so ist eine gewisse Verzerrung entgegen „one man, one vote“ auf alle Fälle gegeben. Doch fällt diese Verzerrung angesichts der nach Bevölkerungszahl auf die Staaten verteilten Kongreßsitze nicht ins Gewicht. Zudem darf nicht außer acht gelassen werden, daß die Stimmen der Wahlmänner eines Staates überwiegend nur einheitlich abgegeben werden und somit die volkreichsten und das bedeutet, die städtereichsten Staaten, den größten Einfluß haben, also etwa New York oder California. Heute ist man allgemein der Ansicht, daß die großen Städte es waren, die für die Wahl Roosevelts in den dreißiger Jahren den Ausschlag gaben und seither in den Präsidentschaftswahlen die erste Rolle spielen[26]. Ein Blick darauf, wie sich die Parteien in den Wahlkämpfen in allererster Linie und oft unter Vernachlässigung anderer Staaten auf die volk- und stadtreichsten und damit wahlmännerreichsten Staaten konzentrieren, kann das nur bestätigen.

3. Angesichts der erwähnten Statistiken kann es nicht verwundern, daß die bisherige Unterrepräsentierung der Städter und die wohltuenden Auswirkungen der Entscheidungen des Supreme Court in dieser Hinsicht und auf die städtischen Probleme im allgemeinen häufig kommentiert werden[27]. Dabei wird immer wieder zu Recht darauf aufmerksam gemacht, daß in noch größerem Maße als die Städte die vor-

---

[26] Eldersveld, Samuel J., The Influence of Metropolitan Party Pluralities in Presidential Elections Since 1920: A Study of Twelve Key Cities, 43 Am.Pol.Sci.Rev. 1189 (1949); ferner Schattschneider, E. E., Urbanization and Reapportionment, 72 Yale L.J. 7 (1962) at 8 et s.

[27] Lamb, Karl A., Pierce, William J., White, John P., Apportionment and Representative Institutions — The Michigan Experience (1963) at 148, 302; Page, Thomas, Legislative Apportionment in Kansas (1952) at 131 et s.; Lockard, Duane, New England State Politics (1959) at 182, 272 et s.; Havard, William C. and Beth, Loren P., The Politics of Mis-Representation (1962) at 21; Key, V. O., Politics, Parties and Pressure Groups (5th ed. 1964) at 20 et s.; Jewell, Malcolm E., The Politics of Reapportionment (1962) at 5, 16, 17, 49 et s.; Jewell, Malcolm E., The State Legislature (1962) at 18; Wahlke, John C. und Eulau, Heinz, Legislative Behavior (1959) at 56; Luce, Robert, Legislative Principles (1930) at 364; Baker, Gordon E., Rural versus Urban Political Power (1955); Baker, Gordon E., The Reapportionment Revolution (1966) at 54 et s.; Schubert, Glendon, Reapportionment (1965); U.S. Advisory Commission on Intergovernmental Relations, A Commission Report, Apportionment of State Legislatures (Dec. 1962) at 23, 44, 45; Silva, Ruth C., Apportionment in New York, 30 Fordham L.Rev. 581 (1962) at 581; Durfee, Elizabeth, Apportionment of Representation in the Legislatures: A Study of State Constitutions, 43 Mich.L.Rev. 1091 (1945); Burchett, The Reapportionment Case: Its Political Implications, 32 U.Cinc.L.Rev. 305 (1963) at 310/311; Aumann, Francis R., Rural Ohio Hangs on, 46 Nat'l Munic.Rev. 189 (1957); Walter, David O., Reapportionment and Urban Representation, 195 Annals 11 (1938); Knowles, Clayton, New York Times, March 28, 1962, p. 22, col. 1; Lewis, Anthony, New York Times, April 1, 1962, section 4, p. 3, col. 1; aber Reston, James, New York Times, March 28, 1962, p. 38, col. 3 und viele andere.

und trabantenstädtischen Gebiete von der Unterrepräsentierung betroffen werden[28]. Die meisten Beobachter freilich begnügen sich mit einem Hinweis auf die Stadt-Land-Problematik, ohne ins Detail zu gehen bzw. sich ins Detail zu wagen. Für sie kommt das Ergebnis von Hacker[29] sehr überraschend, daß sich bei der *Sitzneuverteilung* im Repräsentantenhaus für die städtische Gruppe im Gesamtergebnis nichts ändern, für die vor- und trabantenstädtische Gruppe dagegen ein Zuwachs von 10 Sitzen, für die Mittelstadtgruppe ein solcher von 6 Sitzen und für die Landgruppe ein Abnehmen von 16 Sitzen folgen würde. Die genauen Zahlen hängen natürlich wieder davon ab, welchen Inhalt man den Begriffen „städtisch" etc. beilegt. So kommt z. B. Sindler[30] unter Zugrundelegung der Begriffe aus dem Congressional Quarterly Weekly Report[31] zu dem Ergebnis, daß 27 Sitze von ländlichen Gebieten auf die städtischen und auf die vor- und trabantenstädtischen, und zwar drei Viertel davon auf letztere Gruppe, übergehen werden. Die exakten Zahlenverhältnisse sind interessant. Wesentlich interessanter ist jedoch die Tatsache, daß die gängige Dichotomie Stadt—Land einer kritischeren Betrachtungsweise Platz macht, die einmal auf die besonders schlechte Stellung der Vor- und Trabantenstädte hinweist und ferner aufzeigt, daß nicht eine Unterrepräsentierung schlechthin besteht, sondern daß es städtische bzw. Vorstadtwahlkreise gibt, die nicht nur nicht unterrepräsentiert, sondern im Gegenteil überrepräsentiert sind und daß auch bei im Endergebnis gleichbleibender Sitzzahl[32] eine erhebliche Umgruppierung innerhalb der städtischen (bzw. den jeweiligen anderen) Wahlkreisgruppen selbst erfolgen wird.

Zwei Beispiele mögen diese relativ stärkste Unterrepräsentierung der vorstädtischen Gebiete illustrieren. Marylands Bevölkerung wuchs von 1910 bis 1960 um mehr als ein Drittel. Baltimore hatte 1910 etwas mehr als die Hälfte der Einwohner des Staates, 1960 waren es nur noch ein Drittel. Die Unterrepräsentierung von Baltimore hatte sich demnach wesentlich gebessert, während die der um Baltimore herum liegenden vor- und trabantenstädtischen counties sich erheblich verschlimmert hatte. Es bestehen sogar Schätzungen, daß Baltimore bei gleichbleibendem apportionment schon um 1970 überrepräsentiert sein

[28] Besonders die Statistiken von Hacker, Andrew, supra; David, Paul T. and Eisenberg, Ralph, supra at 8 et s., mit ausführlichem Zahlenmaterial; ferner Goldberg, Arthur L., The Statistics of Malapportionment, 72 Yale L.J. 90 (1962) at 92 n. 12.

[29] Supra at 86.

[30] Sindler, Allan P., Baker v. Carr: How to „Sear the Conscience" of Legislators, 72 Yale L.J. 23 (1962).

[31] Siehe Kap. 4, B I 1.

[32] Hacker für den städtischen Komplex im Repräsentantenhaus, supra.

wird[33]. Friedman[34] vergleicht im Staate New York die Wahlkreise New York City, Nassau County, Suffolk County und Westchester County; die letzteren drei sind vorstädtische counties. New York hatte bei einer Bevölkerung von 53,2 % der gesamten Staatsbevölkerung von New York State im Jahre 1950 bzw. 46,6 % im Jahre 1959 43,3 %[35] der Vertretung im Repräsentantenhaus von New York State und 43,1 % im Senat von New York State. Die entsprechenden Zahlen für Nassau County sind für eine Bevölkerung von 4,5 % (1950) bzw. 7,8 % (1959)[36] 4,0 % im Repräsentantenhaus und 5,2 % im Senat, für Suffolk County bei einer Bevölkerung von 1,9 % (1950) bzw. 3,6 % (1959)[37] 2 % im Haus und 1,7 % im Senat, für Westchester County bei einer Bevölkerung von 4,0 % (1950) bzw. 4,7 % (1959)[38] 4 % in der Kammer und 5,2 % im Senat.

Als Ergebnis kann in diesem Stadium der Untersuchung festgehalten werden, daß die Entscheidungen des Supreme Court zum reapportionment mit ihrem „one person, one vote"-Prinzip ganz erhebliche Auswirkungen auf das Stadt-Land-Problem haben, und zwar in Richtung auf einen starken Sitzgewinn der vor- und tranbantenstädtischen counties und auf einen weniger starken Sitzgewinn der städtischen counties, beides zuungunsten der bisher überrepräsentierten ländlichen counties.

Sich freilich mit dem Ergebnis zu begnügen, daß eine gewisse Zahl von Sitzen von einer Gruppe zu einer anderen hinüberwechselt, würde dem Problem nicht gerecht werden. Der Wechsel der Sitze gewinnt nämlich die richtige Bedeutung erst auf dem Hintergrund soziologischer Tatsachen (Ausmaß der Verstädterung etc.) und der der traditionellen Dichotomie Land—Stadt zugrunde liegenden Interessenkonflikte. Ohne diesen Hintergrund bleiben die malapportionment-Statistiken abstrakte Zahlen.

4. Die für das Verständnis der reapportionment-Situation wichtigste soziologische Tatsache ist die *Verstädterung* der Vereinigten Staaten[39]. Die Bevölkerung des Landes ist seit Präsident Eisenhowers erstem

---

[33] Sindler, supra id. at 25 n. 9 mit Nachweisen; gutes Zahlenmaterial bei Friedman, Robert S., Reapportionment Myth, 49 Nat'l Civic Rev. 184 (1960) at 185 über städtische und vor- und trabantenstädtische Repräsentation in New York, Maryland, Missouri und Louisiana.

[34] Friedman, Robert S., ibid.

[35] Schätzwert.

[36] Schätzwert.

[37] Schätzwert.

[38] Schätzwert.

[39] Vgl. zum Bevölkerungszuwachs der USA seit den Anfängen die Tafel in Ogg and Ray's Introduction to American Government (11th ed. 1956) at 4.

Amtsantritt um 32 Millionen gewachsen. Die Schätzzahlen für 1970 lauten 214 Millionen, für 1980 260 Millionen, für 2010 400 Millionen Einwohner[40]. Dieses rasche Anwachsen der Bevölkerung kam und kommt in allererster Linie den Städten[41], in jüngerer Zeit auch den Vor- und Trabantenstädten zugute, während der Prozentsatz der Landbevölkerung seit langem in dauerndem Abfall begriffen ist. Unter Zugrundelegung der Begriffsfassung „städtisch—ländlich" des U.S. Bureau of the Census[42] ergeben sich folgende Zahlenverhältnisse[43]: Im Jahre 1900 waren 39,7 % der Bevölkerung städtisch und 60,3 % ländlich. 1910 waren die Zahlen schon 45,6 zu 54,4 %. 1920 war die Stadtbevölkerung mit 51,2 % bereits stärker als die Landbevölkerung mit 48,8 %. 1930 waren es 56,2 % zu 43,8 %, 1940 56,5 % zu 43,5 % und schließlich 1950 63,7 % zu 36,3 %. Von diesen 36,3 % leben nur knapp 17 % auf Bauernhöfen, während die restlichen 20 % in kleineren Siedlungen wohnen. Die Gründer der Nation, etwa vier Millionen, waren noch zu mehr als 90 % Bauern gewesen. Während noch 1940 57 245 000 Einwohner in ländlichen Gebieten und 74 424 000 in städtischen gewohnt hatten, war 1960 das Verhältnis 54 054 000 Einwohner in ländlichen Gebieten zu 125 269 000 Einwohnern in Städten[44]. Die Landbevölkerung hat also seit 1940 nicht nur prozentual, sondern absolut abgenommen[45]. Wenn man von dem Begriff der SMS-Gebiete ausgeht — ein Standard Metropolitan Statistical Area enthält eine Stadt von 50 000 Einwohnern im Mittelpunkt und umfaßt auch die umliegenden counties, soweit sie im wesentlichen städtischen Charakter tragen und in sozialer und wirtschaftlicher Hinsicht mit der Hauptstadt eine Einheit bilden[46] —, dann leben von den 179 Millionen Einwohnern der Vereinigten Staaten ungefähr 112 Millionen in den etwa 212 SMS-Gebieten[47]. 70 % der Bevölkerung leben also heute auf etwa einem Prozent des Gebietes der Vereinigten Staaten[48]. Mehr als 800 000

[40] Schattschneider, E. E., Urbanization and Reapportionment, 72 Yale L.J. 7 (1962) at 8.

[41] Vgl. die Tafel 1 bei Banfield, Edward C., The Politics of Metropolitan Area Organization, 1 Midwest J. of Pol.Sci. 77 (1957).

[42] Es sei wiederholt, daß das U.S. Bureau of the Census die Bevölkerung von Städten von 2 500 Einwohnern und mehr als städtische Bevölkerung ansieht.

[43] Ogg and Ray, supra at 5, Tafel.

[44] Tyler, Gus, Court versus Legislature (The Socio-Politics of Malapportionment), 27 Law and Contemp.Prob. 390 (1962) at 406 mit Nachweisen.

[45] Tyler, ibid., weist darauf hin, daß die Definition von „städtisch" und „ländlich" zwischen 1940 und 1960 Veränderungen unterworfen war. Das muß bei den genannten Zahlen berücksichtigt werden.

[46] Es handelt sich um einen im Jahre 1961 vom U.S. Bureau of the Budget definierten Begriff, Grimes, Alan P., Equality in America (1964) at 92.

[47] Grimes, Alan P., id. at 92.

[48] Schattschneider, E. E., supra at 7.

gaben den Bauernhof im Jahre 1961 auf, und die Zahl der Bauernhöfe ist heute nur noch halb so groß wie vor 25 Jahren[49].

Interessant ist in diesem Zusammenhang, daß die vor- und trabantenstädtischen Gebiete besonders in neuerer Zeit in sprunghafter Weise an Bevölkerung zunehmen, während der Bevölkerungsanteil der Großstädte eher sinkt[50]. Eine Vorstellung über die rasche Bevölkerungszunahme dieser Gebiete vermitteln die Statistiken bei David und Eisenberg[51].

Das Bild wird vervollständigt, wenn man sich vor Augen hält, daß die Beweglichkeit der amerikanischen Bevölkerung sehr groß ist. Jedes Jahr während des letzten Jahrzehnts wechselten durchschnittlich mehr als 60 % der gesamten Zivilbevölkerung ihren ständigen Aufenthalt über county-Grenzen, 3 % über Staatsgrenzen hinweg. Heute leben nur 55 % aller Personen von 24 Jahren und darüber noch in dem Staat ihrer Geburt[52].

5. Diese geradezu kataklysmisch anmutenden Bevölkerungsumschichtungen bringen natürlich eine Unzahl von Problemen mit sich[53]. Diese Probleme sind derart zahlreich und brennend, daß man auf Schritt und Tritt Urteile wie das folgende von de Grazia[54] hört: „Der

---

49 Duke, Paul, Wall Street Journal, Aug. 7, 1962, p. 12, col. 4 at 5.

50 Vgl. die Zahlen bei Friedman, Robert S., Reapportionment Myth, 49 Nat'l Civic Rev. 184 (1960) Tafel I und II, deren Brauchbarkeit freilich dadurch etwas beeinträchtigt wird, daß die Zahlenwerte für 1959 nur Schätzwerte sind.

51 David, Paul T. and Eisenberg, Ralph, Devaluation of the Urban and Suburban Vote, vol. 1 (1961), besonders Tafeln at 8 et s.; vgl. auch Goldberg, Arthur L., The Statistics of Malapportionment, 72 Yale L.J. 90 (1962) at 92 n. 12.

52 Auerbach, Carl A., The Reapportionment Cases: One Person, One Vote — One Vote, One Value, 1964 Supr.Court Rev. 1 at 39 n. 183 mit Nachweisen; vgl. ferner Reston, James, New York Times, Aug. 15, 1962, p. 30, col. 3; auch New York Times, Aug. 11, 1962, p. 18, col. 1.

53 Nützliche Statistiken, die den Hintergrund für diese Probleme bilden, in U.S. Advisory Commission on Intergovernmental Relations, Directory of Federal Statistics for Metropolitan Areas (Oct. 1962); Bogue, Donald J., Urbanism in the United States, 1950, 60 Am.J. of Sociology 471 (1954/55); ferner Greer, Scott, The Emerging City (1962); Greer, Scott, Governing the Metropolis (1962); Hutchinson, Theodore M., Metropolitan Area Problems: the Role of the Federal Government (1961); Kneier, Charles M., City Government in the United States (3d ed. 1957); Lockard, Duane, The Politics of State and Local Government (1963) at 494 et s.; Lubell, Samuel, The Future of American Politics (1952) at 28 et s.; Macdonald, Austin F., American State Government and Administration (4th ed. 1950); Macdonald, Austin F., American City Government and Administration (6th ed. 1956); Maddox, Rusell W. and Fuquay, Robert F., State and Local Government (1962); Snider, Clyde F., Local Government in Rural America (1957); Snider, Clyde F., American State Government (1950); Wood, Robert C., Metropolis Against Itself (1959); Wood, Robert C., Suburbia (1958).

54 Essay on Apportionment and Representative Government (1963) at 167.

schlimmste Problemkreis im amerikanischen Regierungssystem nach dem Rassenproblem liegt heute bei Verwaltung und Regierung der Großstädte (metropolitan government)."

Probleme der amerikanischen Großstädte sind besonders die Wohnungsfrage, die Slums, die Notwendigkeit, genügend Schulen zu bauen, öffentliche Gesundheitsfürsorge, sonstige öffentliche Fürsorge, Verkehrsprobleme, Wasser- und Energieversorgung, Luftreinigung, Städteplanung, Arbeitsplätze etc. Von diesen Dutzenden von Einzelproblemen ist eines drängender als das andere. Die verschiedensten Stimmen, die auf die Städte zu sprechen kommen, werden nicht müde, auf die verheerende Situation hinzuweisen[55].

Einer durchgreifenden Lösung der *städtischen Probleme* stehen mehrere Faktoren entgegen, die gerade in ihrem Zusammenwirken die Bewältigung der Probleme so erschweren.

Ein Grund[56] ist die Unterrepräsentierung der Städter in den Parlamenten. Die Städter selber werden mit diesen gigantischen Problemen nicht fertig. Im Einzelstaatsparlament vermögen sie sich aber nur teilweise durchzusetzen.

Der Hauptgrund[57] ist die finanzielle Not. Die Bewältigung der städtischen Probleme erfordert laufend Unsummen von Geld. Mit einmaligen Ausgaben ist es nicht getan. Schon allein, um die gegenwärtige Situation auf dem augenblicklichen Stand zu halten und eine Verschlimmerung der Lage zu vermeiden, werden große Beträge benötigt. Die Beteiligung der Städte am staatlichen Steuereinkommen ist somit das Kernproblem.

Ein dritter Grund[58] ist, daß die städtischen Verwaltungseinheiten oft kompetenzmäßig beschnitten sind. Statt den Städten Selbstverwaltung

---

[55] Baker, Gordon E., Rural versus Urban Political Power (1955) at 25 et s.; sehr eingehend U.S. Commission on Intergovernmental Relations, A Report to the President for Transmittal to the Congress (June 1955) at 51, 145 et s., 226; Schattschneider, E. E., Urbanization and Reapportionment, 72 Yale L.J. 7 (1962) at 10; Clark, Joseph S., New York Times, April 30, 1961, section 6, p. 11; Banfield, Edward C. and Grodzins, Morton, Government and Housing in Metropolitan Areas (1958) at 5 et s., 57 et s.; Banfield, Edward S. and Wilson, James Q., City Politics (1963); Tyler, Gus, Court versus Legislature (The Socio-Politics of Malapportionment), 27 Law and Contemp.Prob. 390 (1962) at 398, 406; Kneier, Charles M., City Government in the United States (3d ed. 1957) at 95 et s.; U.S. Advisory Commission on Intergovernmental Relations, To Improve the Effectiveness of the American Federal System through Increased Cooperation among National, State and Local Levels of Government (Nov. 1962) at 13 et s. zu Reformvorschlägen; Fitch, Lyle C., Fiscal and Political Problems of Increasing Urbanization, 71 Pol.Sci.Q. 71 (1956); O'Kane, New York Times, March 4, 1965, p. 19, col. 1 et s.

[56] s. u. a).

[57] s. u. b).

[58] s. u. c).

in größerem Umfang zu gewähren, behalten es sich die Staatsparlamente vielfach vor, einzelfallmäßig und damit notwendigerweise unzureichend auch für die Bewältigung der städtischen Probleme zu sorgen. Dabei werden oft Gesetze erlassen, die nur eine Stadt mit ihren spezifischen Sorgen betreffen (special legislation), ein Herumflicken an Symptomen ohne Aussicht auf grundlegende Besserung.

Schließlich[59] liegt die Schuld auch an der Organisation von Verwaltung und Regierung in den Städten. Die county-Grenzen werden vielfach noch heute in der Stadtverwaltung als Bezirksgrenzen beibehalten[60]. Zu einer Zeit gezogen, in der die Städte noch Dörfer waren, schneiden sie heute notwendigerweise quer durch, sind viel zu zahlreich, ergeben Doppelzuständigkeiten, wo eine Aufgabe besser an einer Stelle konzentriert wäre, verursachen Rivalitäten und Kompetenzstreit und bringen eine viel zu schwerfällige und wenig aktive Tätigkeit mit sich.

a) Daß die Mißstände, mit denen die Städte selber anerkanntermaßen nicht fertig werden, unverändert fortbestehen, wird von vielen, zum mindesten teilweise, unmittelbar auf die *Überrepräsentierung der Landbezirke* und die zahlen- und einflußmäßige Unterlegenheit der städtischen Elemente in den Einzelstaatlegislativen und im Repräsentantenhaus zurückgeführt. Städte[61] und städtische Beamte, besonders Bürgermeister, klagen immer wieder, daß sie beim Parlament mit ihren Problemen nicht genügend Interesse erwecken können[62]. Dutzende von Studien und Kommissionsberichten zu den städtischen Problemen liegen vor, ohne daß ihre Ergebnisse oder Empfehlungen berücksichtigt würden. Banfield und Grodzins[63] berichten, daß unter 88 solcher Berichte nur in drei Fällen die Empfehlungen in die Praxis umgesetzt worden seien. In den Einzelstaatslegislativen stammen gerade die einflußreichsten Abgeordneten und diejenigen, die in den entscheidenden Komitees sitzen, aus ländlichen Wahlkreisen, in denen sie sicher und beharrlich gewählt werden und so einen guten Rang in der Anciennität (seniority) erreichen. Diese Leute sind entweder nicht geneigt, den Städten die notwendigen Kompetenzen zukommen zu lassen und die entsprechenden Gelder auf Kosten anderer Projekte

---

[59] s. u. d).

[60] Tyler, Gus, supra at 406.

[61] Im Gegensatz dazu verhält sich die große Masse der Städter gleichgültig gegenüber ihrer Unterrepräsentierung, wie sie auch überhaupt bei allen Wahlen eine weitaus geringere Wahlbeteiligungsquote zu verzeichnen hat als die ländliche Bevölkerung.

[62] Banfield, Edward C. and Grodzins, Morton, Government and Housing in Metropolitan Areas (1958) at 99; Ingalls, New York Times, Aug. 28, 1962, p. 18, col. 3.

[63] Supra at 44.

in das bodenlose Faß städtischen Bedarfs zu stecken, oder sie verstehen den Ernst und die Dringlichkeit der städtischen Probleme nicht oder nur wenig[64].

Wenngleich die Unterrepräsentierung der Städter vor Baker v. Carr sich am stärksten und nachteiligsten in den Einzelstaatsparlamenten bemerkbar machte, zeitigte die Unterrepräsentierung der Städter auch im Repräsentantenhaus schädliche Folgen. Interessant sind beispielsweise die Abstimmungsergebnisse im Repräsentantenhaus, als der sog. Urban Affairs Reorganization Plan niedergestimmt wurde[65]. Der Plan hätte, wäre er Gesetz geworden, ein neues Department für städtische Probleme errichtet, und zwar im wesentlichen dadurch, daß die Housing and Home Finance Agency auf Kabinettsrang erhoben worden wäre. Von denjenigen, die für die Reform gestimmt hatten, kamen 75 Abgeordnete von städtischen Wahlbezirken[66] (71 Demokraten und 4 Republikaner), 31 von vor- und trabantenstädtischen (28 Demokraten und 3 Republikaner) und 49 von ländlichen Wahlkreisen (43 Demokraten und 6 Republikaner). Von denjenigen, die sich gegen eine solche Reform gestellt hatten, kamen 47 von städtischen Wahlkreisen (19 Demokraten und 28 Republikaner), 29 von vor- und trabantenstädtischen Wahlkreisen (1 Demokrat, 28 Republikaner) und 194 von ländlichen Wahlkreisen (95 Demokraten und 99 Republikaner). Besonders innerhalb der Demokratischen Partei zeigt sich an diesen Zahlen, wie stark das Abstimmungsergebnis von der Herkunft der Abgeordneten aus ländlichen bzw. städtischen Wahlkreisen abhängt. In der Tat wird das Scheitern des Reformplans vielfach den ländlichen Abgeordneten angelastet.

b) Der Hauptspannungspunkt beim Stadt-Land-Konflikt ist wohl die *Verteilung* des staatlichen *Steuereinkommens*. Fast alle Betrachter sind sich einig, daß die Städter infolge ihrer Unterrepräsentierung in den Parlamenten in geldlicher Hinsicht benachteiligt werden, und zwar in doppelter Weise. Einerseits werden den Städtern eigene Steuern nicht oder nur unter sehr erschwerten Umständen zugestanden. Andererseits erhalten sie aber vom Staat auch keinen ausreichenden Anteil an dessen Steuereinkünften. Schon in Baker v. Carr

---

[64] Tyler, Gus, supra at 406; U.S. Advisory Commission on Intergovernmental Relations, A Commission Report, Apportionment of State Legislatures (Dec. 1962) at 28; Jewell, Malcolm E., The Politics of Reapportionment (1962) at 18 et s.; Baker, Gordon E., Rural versus Urban Political Power (1955) at 25 et s.; Schattschneider, E. E., Urbanization and Reapportionment, 72 Yale L.J. 7 (1962) at 11.

[65] House Kills Urban Affairs Reorganization Plan, 20 Cong.Q.W.Rep. 275 (1962).

[66] Nach den Begriffen des Congressional Quarterly Weekly Report, siehe oben Kap. 4, B I 1.

war vorgebracht worden, daß bei der Steuereinkommensverteilung in verschiedenen Staaten die Städte durch den Verteilungsschlüssel bei Zuschüssen, Subventionen etc. besonders auf dem Gebiet des Schul- und Straßenbaus zugunsten der ländlichen Gebiete benachteiligt werden[67, 68]. Einiges Zahlenmaterial führt dies deutlich vor Augen. Lockard[69] bringt eine Aufstellung der Pro-Kopf-Beträge, die 1948/1949 in den Neuenglandstaaten den Städten für Erziehung und für Straßenbau vom Staat zugeteilt worden sind. Bei einer Einwohnerzahl bis 500 war der Pro-Kopf-Betrag an Straßengeldern 66,97 Dollar und an Erziehungsgeldern 27,19 Dollar, bei einer Einwohnerzahl von 2500 bis 4999 waren es 9,97 bzw. 11,10 Dollar, bei einer Einwohnerzahl von 10 000 bis 99 999 2,17 bzw. 5,70 Dollar und bei einer Einwohnerzahl von 100 000 und mehr 0,51 bzw. 3,95 Dollar. Page[70] berichtet über die Auswirkungen des Verteilungsschlüssels für das Kaufsteuereinkommen in Kansas. Page teilt die counties in Kansas in vier Gruppen ein, die großstädtische mit 25,8 % der Bevölkerung von 1950, die städtische mit 30,4 %, die gemischte mit 15,1 % und die ländliche mit 28,7 %. Auf Grund der „equalized tangible assessed taxable valuations" (Grundbesitz) ergaben sich folgende Beteiligungsprozentsätze am Kaufsteueraufkommen von 1950: erste Gruppe 20,9 % gegenüber 25,8 % der Bevölkerung, zweite Gruppe 26,4 % gegenüber 23,7 % der Bevölkerung, dritte Gruppe 16,7 % gegenüber 15,1 % der Bevölkerung und vierte Gruppe 36,0 % gegenüber 28,7 % der Bevölkerung.

Page[71] bringt ein weiteres, sehr instruktives Beispiel, das typisch für die Lage in fast allen Staaten der USA ist. In Kansas wurde 1951 ein Zivilverteidigungsprogramm verwirklicht. Dazu nahmen die Gesetz-

---

67 Der Supreme Court in Baker v. Carr, 369 U.S. 186 (1962) at 193 n. 15, ließ diese Behauptungen dahingestellt, da er die Gleichheitsklausel auch ohne Beweis tatsächlicher Benachteiligungen steuerlicher Art für verletzt ansah.

68 Zur Benachteiligung der Städter bei der Verteilung von Steuereinkommen z. B. Hagan, Charles B., The Bicameral Principle in State Legislatures, 11 J.Pub.L. 310 (1962) at 322; U.S. Advisory Commission on Intergovernmental Relations, A Commission Report, Apportionment of State Legislatures (Dec. 1962) at 28 mit weiteren Nachweisen; Page, Thomas, Legislative Apportionment in Kansas (1952) at 133 et s., 141; Jewell, Malcolm E., The Politics of Reapportionment (1962) at 19, 302; Price in Jewell, id. at 89; Baker, Gordon E., Rural versus Urban Political Power (1955) at 27 et s.; Lockard, Duane, New England State Politics (1959) at 273 et s.; West, Legislative Apportionment in Tennessee 1901—1961, at 97 et s. in Schubert, Glendon, Reapportionment (1965); ferner die von Shull 1952 gemachte Umfrage, Shull, Charles W., Political and Partisan Implications of State Legislative Apportionment, 17 Law and Contemp.Prob. 417 (1952) at 430 et s.

69 Lockard, Duane, New England State Politics (1959) at 275, table 34.

70 Page, Thomas, Legislative Apportionment in Kansas (1952) at 141, table 36.

71 Id. at 147.

geber eine Million Dollar von dem Aufkommen der Kaufsteuer. Diese Summe wurde unter die counties verteilt, und zwar 50 % auf Grund der Bevölkerungszahl und 50 % nach einem anderen Maßstab („equalized tangible assessed taxable valuations"). Von dem auf sie entfallenden Betrag stand den counties eine Hälfte allein zu, die andere mußten sie mit den Städten innerhalb der county im Verhältnis der Bevölkerung der verschiedenen Städte zur Gesamtbevölkerung des Staates teilen. Es war festgelegt, daß nach dem 1. Juli 1952 die counties bzw. Städte den dann noch nicht verbrauchten Betrag ihrem allgemeinen Haushalt zuführen durften (zusätzlich zu den ohnehin schon im Haushalt aufgeführten Mitteln). Die „drei großen" counties in Kansas weisen drei von wohl nur fünf Hauptmilitärzielen in Kansas im Kriegsfall auf. Trotzdem bekamen sie nur ein Fünftel der Gelder für Zivilverteidigung. Die drei großen Städte in Kansas erhielten insgesamt weniger als ein Zehntel der Gesamtsumme. Man kann Page[72] nur zustimmen, wenn er die Verantwortungslosigkeit des „landorientierten" Gesetzgebers geißelt. Nicht nur wird so ein Teil einer Steuer, deren Hauptlast von den Städtern getragen wird (Kaufsteuer), grob zuungunsten der Städte aufgeteilt. Sogar das Leben der Bevölkerung — die Hauptgefahr fällt wiederum auf die Städter — wird hintangestellt[73].

Das Problem liegt freilich nicht nur im Verteilungsmaßstab bei einzelnen Steuern und einer darin zutagetretenden Benachteiligung der Städter, sondern ist eng mit allgemeineren Problemen — Steuererhebungen überhaupt, Art der Steuern, Beteiligung von Bund, Staaten und counties (local governments) etc. — verbunden. Das macht die ganze Sache so komplex und schwierig zu lösen. Eine Grundtatsache, die jedenfalls nicht vergessen werden darf, ist, daß die lokalen Einheiten (local governments) mehr Einkommen benötigen[74]. Der Kestnbaumreport von 1955 führt in diesem Zusammenhang aus, daß noch vor 25 Jahren den lokalen Einheiten mehr Steuereinkommen als den USA und den Einzelstaaten zusammen zuflossen (53 % des gesamten Steuereinkommens im Jahre 1932), während das Verhältnis inzwischen bei 12 % liege. Ob die Lösung dieses Engpasses für die lokalen Einheiten nun in einer Stärkung der Grundbesitzsteuer zu suchen ist[75] oder ob statt

---

[72] Id. at 147.

[73] Auch ist für Kansas keineswegs ersichtlich, daß die Zivilverteidigung in den Städten einen so viel höheren Pro-Kopf-Aufwand erfordert hätte, daß der Gesetzgeber die Hauptmittel sinnvoller für die Zivilverteilung des ländlichen Teils von Kansas bestimmte.

[74] Ganz deutlich der sog. Kestnbaumreport, U.S. Commission on Intergovernmental Relations, A Report to the President for Transmittal to the Congress (June 1955) at 102.

[75] So Kestnbaumreport, id. at 103.

dessen den lokalen Einheiten andere Geldquellen als die herkömmliche Grundbesitzsteuer zugänglich gemacht werden sollten[76], ist ein Problem, das im Rahmen der gegebenen Untersuchung weniger interessiert. Doch dürfte es für die Einzelstaaten unzumutbar sein, allein aus ihrem Einkommen die Städte, soweit deren eigenes, durch Reformen erhöhtes Steuereinkommen nicht ausreicht, zu finanzieren[77]. Angesichts des im Verhältnis zum Steuereinkommen der Einzelstaaten und der lokalen Einheiten doch sehr hohen Steuereinkommens des Bundes[78] werden Steuergelder des Bundes eingesetzt werden müssen. Dies geschieht bereits in gewissen Gebieten im Rahmen der sog. grants-in-aid[79].

c) Ein weiteres Problem im Rahmen des Stadt-Land-Konflikts wird mit den Begriffen home rule und special legislation gekennzeichnet.

In vielen Staaten besteht Selbstverwaltung der Städte (sog. *home rule*). In anderen Städten besteht keine Selbstverwaltung. Das Staatsparlament erläßt spezielle Gesetze für bestimmte Städte (sog. *special legislation*). In wieder anderen Staaten ist diese special legislation verboten. Dann beschränkt sich das Staatsparlament auf Gesetze, die generell für alle Städte des Staates gelten. In allen diesen Fällen nutzen die ländlich beherrschten Staatsparlamente die Situation zuungunsten der Städte aus.

Am deutlichsten ist das, wo special legislation das Mittel ist, die städtischen Probleme zu regeln. In solchen Staaten ist es die Politik der Staatslegislative, in kleinen Dosen einzelfallmäßig die Probleme der Städte anzugehen, sich für jede Wohltat Gegenleistungen auf anderem Gebiete einräumen zu lassen und im übrigen für jede einzelne Stadt die wirkliche Macht zurückzubehalten. Das bedeutet, daß sich in solchen Staaten die Überrepräsentierung der ländlichen Kreise dahingehend auswirkt, daß die Städte, wenn überhaupt, verspätet und nur stückweise Abhilfe für ihre Probleme erwarten können. Angesichts der raschen Entwicklung der städtischen Bedürfnisse sind mühsam

---

76 Page, Thomas, Legislative Apportionment in Kansas (1952) at 137.

77 Auerbach, Carl A., The Reapportionment Cases: One Person, One Vote — One Vote, One Value, 1964 Supr.Court Rev. 1 at 72 n. 313; aber Monroe, James O., To Preserve the U.S.: A Brief for the Negative on Three Current Plans to Amend the Constitution, 8 St.Louis U.L.J. 533 (1964) at 548, der glaubt, daß bei einer bloßen Reform der „obsoleten" staatlichen Steuersysteme auch ohne Einspringen des Bundes genügend Geld vorhanden wäre, um die städtischen Probleme zu lösen; siehe auch Muskie, Edmund S., S and C of Federalism, 53 Nat'l Civic Rev. 235 (1964); ferner Sperling, The Christian Science Monitor, Febr. 2, 1965, p. 3, col. 1.

78 Vgl. Kestnbaumreport, supra at 95 mit Tafel und Nachweisen.

79 Ausführlich Kestnbaumreport, supra at 118 et s., 145 et s.; zu den grants-in-aid s. u. Kap. 4, D III.

mit Zugeständnissen erhandelte Reformen, weil nicht durchgreifend, oft sehr schnell veraltet. Diese Abhängigkeit der Städte von der ländlich orientierten Legislative vergrößert überdies die Kontroversen in den eigenen Mauern und macht viele städtische Politiker geneigt, sich ihr Eintreten zugunsten der Städte abkaufen zu lassen[80].

Wo die special legislation zwar verboten ist, aber auch keine home rule besteht, ist die Situation meist nicht weniger ungünstig. Wenn es nämlich darum geht, in einem für alle Städte geltenden Gesetz grundlegend und großzügig die städtischen Probleme zu lösen, scheut der ländliche Gesetzgeber davor zurück, zuviel Macht aus der Hand zu geben. Da haben es dann einzelne Städte beim Bestehen von special legislation oft noch leichter, weil ein punktuelles Nachgeben eher zu erreichen ist.

Unter diesen Umständen ist es verständlich, wenn man im reapportionment-Schrifttum häufig die Anklage hört, die Unterrepräsentierung der Städte trage in einem mehr oder weniger hohen Grad die Verantwortung dafür, daß es in solchen Staaten überhaupt nicht erst zur Gewährung der home rule komme und daß hume rule das Allheilmittel sei. Auch dies ist freilich nicht ganz zutreffend. Selbstverwaltung der Städte mit der Möglichheit, die Probleme kraft eigener Kompetenz anzugehen, wäre zwar ein wichtiger Schritt zur Bewältigung spezifisch städtischer Probleme, und das malapportionment trägt sicher dazu bei, daß der ländliche Gesetzgeber vielfach die Einführung der home rule erfolgreich verhindert[81]. Home rule allein ist jedoch angesichts der Finanznot und der über die engen Stadtgrenzen hinaus die vorstädtischen Gebiete bis hin zu den Trabantenstädten betreffenden Probleme nicht geeignet, durchgreifend Abhilfe zu schaffen[82].

---

80 Sehr kritisch Graham, George A., Morality in American Politics (1952) at 104; ein in dieser Hinsicht sehr trübes Bild zeichnet für Kansas, Page, Thomas, Legislative Apportionment in Kansas (1952) at 134 et s.; vgl. auch Lukas, Reporter XXVI, April 26, 1962, at 32 abgedruckt in Schubert, Glendon, Reapportionment (1965) at 58.

81 Vgl. z. B. McKean, Dayton D., The Politics of the States, in American Assembly, The Forty-Eight States (1955) at 72.

82 Zum ganzen Problemkreis der home rule vgl. note, 72 Yale L.J. 968 (1963) at 1015; Auerbach, Carl A., The Reapportionment Cases: One Person, One Vote — One Vote, One Value, 1964 Supr.Court Rev. 1 at 63 et s.; U.S. Advisory Commission on Intergovernmental Relations, A Commission Report, Apportionment of State Legislatures (Dec. 1962) at 26 et s.; Kneier, Charles M., City Government in the United States (3d ed. 1957) at 86; Friedman, Robert S., Reapportionment Myth, 49 Nat'l Civic Rev. 184 (1960) at 187; Bickel, Alexander M., The Durability of Colegrove v. Green, 72 Yale L.J. 39 (1962) at 42; Sandalow, Terrance, The Limits of Municipal Power under Home Rule: A Role for the Courts, 48 Minn.L.Rev. 643 (1964); Littlefield, Neil, Metropolitan Area Problems and Municipal Home Rule (1962); aber auch Schaller, Lyle E., Home Rule — A Critical Appraisal, 76 Pol.Sci.Q. 402 (1961).

d) Ein weiterer städtischer Übelstand wird der Unterrepräsentierung der Städte in den Staatsparlamenten angelastet: das Gestrüpp zahlloser, sich teilweise überschneidender lokaler *Verwaltungseinheiten*, die zu *reformieren* bisher nicht gelungen ist. Kenner der Probleme[83] weisen in interessanten Statistiken auf die übermäßige Zahl der Verwaltungseinheiten (governments) in den Großstädten hin. Danach hat z. B. New York 1071 solche Verwaltungseinheiten, Chicago 960, Philadelphia 702, Pittsburgh 616, St. Louis 420, San Francisco 372, Detroit 355 usw. Die U.S. Commission on Intergovernmental Relations[84] hat erstaunliches Material vorgelegt[85]. In den USA gibt es über 100 000 sich vielfach überschneidende Verwaltungseinheiten (governmental units), darunter unter anderem etwa 3000 counties, 17 000 Stadtkörperschaften, 60 000 unabhängige Schuldistrikte und 12 000 besondere Distrikte. So ist es nicht ungewöhnlich, daß ein Gebiet gleichzeitig in die Zuständigkeit einer Stadtkörperschaft, eines Schuldistrikts, einer county und eines oder mehrerer Spezialdistrikte fällt. Daß eine großzügige Planung und gar Lösung der über die Grenzen dieser Bezirke hinausgehenden und nur einheitlich anpackbaren städtischen Probleme so nicht zu bewerkstelligen ist, leuchtet ein. Trotzdem ist eine Konsolidierung dieser Einheiten nahezu unmöglich. Dagegen sprechen zu viele Interessen der Verwaltungseinheiten selbst, der dort beschäftigten Leute etc. Die Parlamente wiederum, die Abhilfe schaffen könnten, belassen es fast immer bei dem bestehenden Zustand, wohl hauptsächlich, weil sie die Macht der Städte nicht ungern zersplittert sehen, zum Teil aber auch, weil sie die Kritik derer scheuen, die vom gegenwärtigen Zustand profitieren, etwa der Lokalpolitiker, die in diesen vielen Verwaltungseinheiten zu Hause sind und dort „Pöstchen" vergeben etc. Man kann die Situation mit einem treffenden Schlagwort aus dem Bericht der oben genannten Kommission kennzeichnen: „too many local governments, not enough local government[86]."

e) Zu diesem Stand der Probleme auf Einzelstaatsebene kommt aber noch ein sehr wichtiger weiterer Aspekt hinzu. Bei dem Unverständnis der Staatslegislativen gegenüber den städtischen Problemen ist es nicht zu verwundern, daß die Städte sich allenthalten nach Hilfe umsahen und diese schließlich auf Bundesebene zu finden suchten. Der Grad, bis zu dem städtische Probleme heutzutage in den Vereinigten Staaten auf Bundesebene beachtet, gesteuert und finanziert werden, ist erstaunlich. Schon Franklin D. Roosevelt war sich bewußt, daß er seine

[83] Banfield, Edward C. and Grodzins, Morton, Government and Housing in Metropolitan Areas (1958) at 10.

[84] Report to the President for Transmittal to the Congress (June 1955).

[85] Id. at 47.

[86] Id. at 47.

Wahlsiege besonders den großen Städten zu verdanken hatte, und seit Roosevelt kann man behaupten, daß die Städter die Präsidentschaft erobert haben[87]. Doch lag das angesichts des Bevölkerungszuwachses gewissermaßen im natürlichen Lauf der Dinge. Anders ist es hinsichtlich der in den letzten Jahrzehnten rapide zunehmenden *Nationalisierung der Politik* in Sphären, die traditionell die Einzelstaatslegislativen angehen. Städte wenden sich immer mehr unmittelbar an die Bundesregierung um Gelder. Immer häufiger werden Bundesmittel, die vielfach direkt an die Städte und nicht über die Staaten laufen, auf Gebieten wie Städtebau, Städteplanung, Flugplatzbau etc. eingesetzt *(grants-in-aid)*. An dieser Entwicklung ist die mangelnde Finanzkraft der Einzelstaaten, mit Problemen von Städten in der heutigen Größenordnung fertig zu werden, nur teilweise schuld. Entscheidend mitursächlich sind daneben auch die Unterrepräsentierung der Städte und der Mangel an Verständnis, auf den die Städte mit ihren Forderungen und Problemen bei den Einzelstaatslegislativen gestoßen sind[88]. Diese Erkenntnis wurde für die amerikanische Öffentlichkeit erst vor wenigen Jahren zum Gemeingut, als der sog. Kestnbaum-Report[89] in klaren Worten die Sachlage schilderte[90]: „One result of State neglect of the reapportionment problem is that urban governments have bypassed the States..." Viele spätere Beobachter des reapportionment-Problems sind derselben Ansicht[91]. Diese Nationali-

---

87 Dazu Lubell, Samuel, The Future of American Politics (1952) at 28 et s.; Schattschneider, E. E., The Semisovereign People (1960) at 86 et s.; Eldersveld, Samuel J., The Influence of Metropolitan Party Pluralities in Presidential Elections Since 1920: A Study of Twelve Key Cities, 43 Am.Pol.Sci.Rev. 1189 (1949).

88 Man muß aber dabei beachten, daß das größere Verständnis, das die Städter beim Bund finden, nur relativ ist. Auch auf Bundesebene wird absolut gesehen den landwirtschaftlichen Interessen bei weitem mehr Interesse und Geld zugewandt: Graves, W. Brooke. American Intergovernmental Relations (1964) at 685 mit Nachweisen; zum Einfluß der Agrarinteressen in den USA generell Key, V. O., Politics, Parties, and Pressure Groups (5th ed. 1964) at 20 et s.; Baker, Gordon E., Rural versus Urban Political Power (1955) at 47 et s.; auch note, Agricultural Policy, Politics and the Public Interest, 331 Annals, Sept. 1960; aber auch Duke, Paul, Wall Street Journal, Aug. 7, 1962, p. 12, col. 4, 5.

89 U.S. Commission on Intergovernmental Relations, A Report to the President for Transmittal to the Congress (June 1955).

90 Id. at 39, 40.

91 Vgl. Silva, Ruth C., Legislative Representation — with Special Reference to New York, 27 Law and Contemp.Prob. 408 (1962); Taylor, William L., Legal Action to Enjoin Legislative Malapportionment: The Political Question Doctrine, 34 So.Cal.L.Rev. 179 (1961); Sindler, Allan P., Baker v. Carr: How to „Sear the Conscience" of Legislators, 72 Yale L.J. 23 (1962) at 26; Tyler, Gus, Court versus Legislature (The Socio-Politics of Malapportionment), 27 Law and Contemp.Prob. 390 (1962) at 399 et s.; Schattschneider, E. E., Urbanization and Reapportionment, 72 Yale L.J. 7 (1962) at 9 et s.; Lewis, Anthony, Legislative Apportionment and the Federal Courts, 71 Harv.L.Rev. 1057

sierung der Politik und die Schuld, die man den Städtern daran gibt, läßt die Gegensätzlichkeit um so stärker hervortreten, und die Einzelstaaten stehen der sie vermeintlich in ihrer Bedeutung schmälernden Stadt-Bund-Allianz um so mißtrauischer gegenüber.

f) Die Stadt-Land-Problematik wird überlagert von *Interessengruppen*, die sich auf die ländlichen Machthaber in den Parlamenten eingespielt haben. Tyler[92] erwähnt im Anschluß an McHenry[93], daß Banken und Versicherungsunternehmen oft von der Fortdauer der Überrepräsentierung der ländlichen Kreise profitieren[94]. Im übrigen überschneidet sich hier die Problematik mit der des Einflusses der Entscheidungen des Supreme Court auf das Parteiensystem, auf das Kräfteverhältnis der konservativen und der mehr liberalen Teile, auf das Rassenproblem etc. Darauf wird noch weiter unten einzugehen sein[95].

g) Der Interessenwiderstreit zwischen Stadt und Land wird von einer Fülle von *Argumenten* überwuchert, die auf den ersten Blick ein Eigenleben zu führen scheinen, in Wirklichkeit aber oft nur zur *Verbrämung* der zugrunde liegenden Machtpositionen gebraucht werden. Da wird behauptet, die Geschichte spreche für ein Abstellen zumindest in einem Haus auf eine andere Basis als die der Bevölkerung, ähnlich wie im Bundessenat[96]. Andere dagegen glauben, daß die counties mangels eigener Souveränität nicht Objekt einer solchen Analogie sein könnten. Ferner wird behauptet, die ländlichen Gebiete seien besonders bedürftig und müßten mittels einer zusätzlichen Repräsentation (bzw. eines stärkeren Gewichts als des ihnen zahlenmäßig zustehenden) einen Ausgleich erhalten. Städter seien die korrupte, der Parteimaschine hörige, gängelbare, moralisch minderwertige Masse, während nur die ländlichen Kreise die USA noch hochhielten. Dem wird entgegengehalten, der Prozentsatz von Leuten mit abgeschlossener Schulbildung sei unter den Städtern viel höher als auf dem Land, wie umgekehrt die Zahl der Analphabeten bei der Landbevölkerung viel höher sei. Da wird argumentiert, eine Stadt oder ein Kreis von Städtern dürfe keine Mehrheit im Staat stellen, weil sonst der Blickpunkt ein einseitig städtischer sei. Argumente wie

---

(1958) at 1063 et s.; Hobbs at 120 in Hobbs, Edward H., Yesterday's Constitution Today (1960), für Mississippi; Reston, James, New York Times, Jan. 31, 1962, p. 30, col. 3.

92 Tyler, Gus, supra.

93 McHenry, Dean E., Urban v. Rural in California, 35 Nat'l Munic.Rev. 350 (1946) at 353.

94 Zu den Interessengruppen s. u. Kap. 4, B III.

95 s. u. Kap. 4, B II, III.

96 Zur sog. federal analogy s. o. Kap. 4, A I 5,

„dangerous flirtation with mass neurosis“[97] fallen. Die beste Zusammenstellung von teilweise geradezu unglaublich irrationalen bzw. zynischen Argumenten bringt Tyler[98]. Wenn man auch diesen Aspekt des reapportionment-Konflikts kennt, versteht man die Bitterkeit und den Haß, mit dem oft gestritten wird[99].

Erst auf dem Hintergrund all dieser Probleme, der Verstädterung der USA, der akuten städtischen Nöte, der Finanzmisere, dem Streit um mehr und effektivere Selbstverwaltung, der Nationalisierung der Politik, der Ideologisierung des Kampfes usw. wird die oben getroffene Feststellung, daß infolge der Entscheidungen des Supreme Court eine gewisse Zahl von Sitzen von ländlichen auf städtische Gebiete übergehen wird, in ihrer ganzen Reichweite verständlich.

6. Der Beobachter würde zu stark vereinfachen, wenn er auf Grund der dargestellten, typisch städtischen Probleme ohne weiteres auf eine durchgängige Verschiedenheit der Interessen von Stadt und Land schließen und den Stadt-Land-Konflikt als eindeutige Erklärung bei der Beurteilung der Auswirkungen der reapportionment-Entscheidungen des Supreme Court ansehen wollte. Das geschieht freilich in der amerikanischen Literatur weitgehend. Doch mehren sich die Stimmen gerade derjenigen, die von Untersuchungen in Einzelstaaten ausgehen und für ihre Meinung, daß das Schlagwort *Stadt-Land-Konflikt* eine unrichtige *Simplifizierung* darstelle, Tatsachen anzuführen imstande sind[100].

---

[97] De Grazia, Alfred, Essay on Apportionment and Representative Government (1963) at 130, in bezug auf die „one person, one vote“-Unterrepräsentierungsstatistiken.

[98] Tyler, Gus, supra at 396 et s.; ferner Hacker, One Man, One Vote — Yes or No? New York Times, Nov. 8, 1964, section 6, p. 31; 4 Revised Record of the Constitutional Convention of 1894 of the State of New York at 1255; Israel, Jerold, Nonpopulation Factors Relevant to an Acceptable Standard of Apportionment, 38 Notre Dame Law. 499 (1963) at 508 mit Nachweisen; U.S. Advisory Commission on Intergovernmental Relations, A Commission Report, Apportionment of State Legislatures (Dec. 1962) at 48.

[99] Barclay, Thomas S., The Reapportionment Struggle in California in 1948, 4 Western Pol.Q. 313 (1951) at 317, sagt über den reapportionment-Streit in California im Jahre 1948: "The campaign for the adoption of the amendment gave meager support to the dogma that man is a rational being. The appeals (especially those urging defeat of the proposition) were addressed, in large measure, to the emotions of the electorate. Many of the appeals were irrational and prejudiced, but they were to prove exceedingly effective."

[100] Israel, Jerold, supra at 508 n. 46; de Grazia, Alfred, Essay on Apportionment and Representative Government (1963) at 119; Lamb, Karl A., Pierce, William J., White, John P., Apportionment and Representative Institutions — The Michigan Experience (1963) at 158; Derge, at 218 et s. in Wahlke, John C. and Eulau, Heinz, Legislative Behavior (1959); Page, Thomas, Legislative Apportionment in Kansas (1952) at 156; Auerbach, Carl A., The Reapportionment Cases: One Person, One Vote — One Vote,

Der häufig anzutreffenden, unkritischen Verwendung des Schlagwortes Stadt-Land-Konflikt liegt die Vorstellung zugrunde, daß die Interessen von Stadt und Land reinlich geschieden seien, daß die Wähler in Stadt bzw. Land nach diesen Interessen wählen und daß die so gewählten Parlamentarier entsprechend diesen Interessengegensätzen abstimmen.

Bereits die erste Voraussetzung muß einer kritischen Prüfung unterzogen werden. Man darf sich keine falschen Vorstellungen von dem „Land" in den USA machen.

Hacker[101] erwähnt z. B., daß der 36. Kongreßdistrikt in New York State, in dem Cornell University liegt, nach der Methode des Congressional Quarterly Weekly Report als 100 % ländlich qualifiziert worden ist, da er keine städtischen Gebiete aufweist und auch nicht an solche angrenzt. Immerhin lagen in dem Distrikt eine Stadt von 35 249 Einwohnern (Auburn) und eine Stadt von 28 799 Einwohnern (Ithaca). Außerdem arbeiten von den 87 300 männlichen Einwohnern zwischen 21 und 65 Jahren nur 10 500 in der Landwirtschaft. In dem als 100 % ländlich qualifizierten Distrikt arbeiteten also etwa 88 % der genannten Gruppe in anderen Berufen. Die Landwirtschaft selber darf man sich nicht nach deutschen, insbesondere nicht nach süddeutschen Maßstäben vorstellen. Farming ist in den USA dank der Größe des Landes und des Marktes und der Industrialisierung in allen Gebieten der Führung eines Industriebetriebs nicht unähnlich.

Die Interessen der Stadt und die des Landes sind keineswegs in sich homogen. Innerhalb von Stadt bzw. Land gibt es eine Unmenge sich widerstreitender Interessen. Stadt und Land stehen manchmal gegen die eine Riesenstadt des Staates zusammen (z. B. gegen Los Angeles oder gegen Chicago oder New York).

Angesichts dieses Interessenwiderstreits innerhalb der Blöcke selber, ja des Fehlens von homogenen Blöcken überhaupt[102] gewinnen Unter-

---

One Value, 1964 Supr.Court Rev. 1 at 71; Schattschneider. E. E., Urbanization and Reapportionment, 72 Yale L.J. 7 (1962) at 8: Krastin, Karl, The Implementation of Representative Government in a Democracy, 48 Iowa L.Rev. 549 (1963) at 561; Dixon, Robert G., Apportionment Standards and Judicial Power, 38 Notre Dame Law. 367 (1963) at 385 n. 99; Dixon, Robert G., Reapportionment in the Supreme Court and Congress: Constitutional Struggle for Fair Representation, 63 Mich.L.Rev. 209 (1964) at 224; Banfield, Edward C. and Grodzins, Morton. Government and Housing in Metropolitan Areas (1958) at 53 et s.; Lockard, Duane, The Politics of State and Local Government (1963) at 316 n. 54; Friedman, Robert S., The Urban-Rural Conflict Revisited, 14 Western Pol.Q. 481 (1961).

[101] Hacker, Andrew, Congressional Districting: The Issue of Equal Representation (1963) at 83 n. 9.

[102] Dies wird besonders von den mehr kritischen Beobachtern des reapportionment-Problems gesehen: Neal, Phil C., Baker v. Carr: Politics in Search

suchungen Bedeutung, die dartun, daß das Scheitern von städtischen Reformen und Gesetzesentwürfen, die für die Städte günstig gewesen wären, nicht unbedingt nur auf dem Unverständnis des ländlichen Gesetzgebers beruht. Besonders oft zitiert werden die Arbeiten von Derge zu diesem Punkt[103]. Derge stützt seine Untersuchungen auf das Wahlverhalten der Parlamentarier in Illinois und Missouri in fünf Zweijahreslegislaturperioden von 1949 bis 1957. Illinois ist ein Staat mit einer großen Stadtmetropole, Chicago und Cook County, mit 52 % der Bevölkerung von Illinois. Missouri ist ein Staat mit zwei großen Städten, St. Louis einschließlich der dazugehörenden counties (St. Louis City, St. Louis County, Jackson County) und Kansas City, mit insgesamt 36 % von Missouris Bevölkerung. Unter Verwendung von Interviews, Abstimmungsanalysen und vielen statistischen Daten stellt Derge folgendes fest. Bei den Abstimmungen war die Zugehörigkeit zu einer Partei viel entscheidender für die jeweilige Richtung der Stimmenabgabe als die Zugehörigkeit zum städtischen oder ländlichen Teil der Abgeordneten. Die Gesetzgeber aus den städtischen Gebieten standen mit denen aus den vorstädtischen Gebieten sehr oft in hartem Widerspruch. Sogar innerhalb der Städte und der städtischen Vertretung selbst bestanden überaus große Kontroversen. Derge faßt seine Ergebnisse[104] zusammen:

a) Nicht aus den Großstadtzentren kommende Gesetzgeber stimmen selten mit großer Kohäsion gegen die aus Großstadtzentren kommenden ab.

b) Aus Großstadtzentren kommende Gesetzgeber stimmen in der Regel nicht mit großer Kohäsion miteinander ab.

c) Wenn aus Großstadtzentren kommende Gesetzgeber tatsächlich zusammen mit großer Kohäsion abstimmen, sind sie in der Regel imstande, eine Mehrheit zu bilden.

"The city's bitterest opponents in the legislature are political enemies from within its own walls, and those camped in the adjoining suburban areas[105]." Derge geht noch weiter[106]: "When legislative reapportionment

---

of Law, 1962 Supr.Court Rev. 252 at 279; Page, Thomas, Legislative Apportionment in Kansas (1952) at 97 für die Großstadtzentren; Auerbach, Carl A., supra at 40; Schattschneider, E. E., supra at 8.

103 Derge, David R., Urban-Rural Conflict: the Case in Illinois, at 218 et s. in Wahlke, John C. und Eulau, Heinz, Legislative Behavior (1959); Derge, David R., Metropolitan and Outstate Alignments in Illinois and Missouri Legislative Delegations, 52 Am.Pol.Sci.Rev. 1051 (1958), kritisch zu Derge jedoch Frost, Richard T.. On Derge's Metropolitan and Outstate Legislative Delegations, 53 Am.Pol.Sci.Rev. 792 (1959).

104 Supra, 52 Am.Pol.Sci.Rev. 1051 (1958) at 1065.

105 Id. at 1065.

106 Id. at 1062.

is viewed in terms of this intrametropolitan struggle, it becomes doubtful whether correcting urban representation will necessarily make the city's lot in the State legislature an easier one." Derge befürchtet sogar, daß sich die Lage der Städte verschlimmern könnte, weil sehr oft den Demokraten in den Städten republikanische Vorstädter gegenüberstehen und angesichts des wohl stärksten Sitzgewinnes der Vor- und Trabantenstädte durch „one man — one vote" die Weigerung der Republikaner, den vielfach die Städte regierenden Demokraten in die Hand zu spielen, noch viel mehr ins Gewicht fallen mag. Derge[107] führt das Beispiel der Republikaner in Chicago und ihrer Verbündeten in der vorstädtischen Cook County an, die laufend ihre Opposition verstärkt haben und sich immer entschiedener wehren, ihren politischen Gegnern mehr Autonomie bei der Regierung von Chicago (home rule) zuzugestehen. Ähnliche Konflikte zwischen den Städtern selber oder zwischen Städtern und Vorstädtern weist Derge[108] auch für Missouri nach.

Friedman[109] bringt ein Beispiel aus Louisiana, wo ein von der Stadtregierung von New Orleans lange befürwortetes Reformprogramm hinsichtlich des wichtigsten Punktes, Erweiterung der Kompetenz der Stadt zu Enteignungen im Zuge der Stadterneuerung etc., verwässert und eingeschränkt wurde. Friedman führt aus, daß dies keineswegs die Folge eines homogenen gegen den Stadtblock stimmenden Landblockes in der Staatslegislative gewesen sei, sondern daß die politischen Gegner des Bürgermeisters von New Orleans in der Stadt selber sich mit dessen Gegnern auf Staatsebene zusammengetan hätten.

Ähnliche Bündnisse quer durch die Stadt-Land-Linie und mehr nach Parteien berichtet Irwin für Colorado[110]. Jewell[111] betont, daß der Gegensatz zwischen Stadt und Land vielfach erst dann zum Tragen komme, wenn sich die zwei Parteien mit den verschiedenen Positionen von Land bzw. Stadt identifizieren.

In einer ausführlichen Studie für Kansas[112] findet Page, daß von 1102 Gesetzen, die zwischen 1911 und 1947 im Parlament von Kansas ergangen sind und sich mit städtischen Organisations- und Verwaltungsproblemen befaßten (city government), 239 sich nur auf Wichita, Topeka und Kansas City bezogen. Page zieht hieraus den Schluß: "The

[107] Id. at 1063.

[108] Id. at 1063.

[109] Friedman, Robert S., Reapportionment Myth, 49 Nat'l Civic Rev. 184 (1960) at 187.

[110] In Jewell, Malcolm E., The Politics of Reapportionment (1962) at 64.

[111] Id. at 5.

[112] Legislative Apportionment in Kansas (1952) at 136.

legislature actually abdicates the general legislative function by yielding to any local government's request for a new or amended power as long as that power is narrow in scope and is made special for that unit alone."

Die U.S. Advisory Commission on Intergovernmental Relations macht sich in ihrem Report über die Wahlkreiseinteilung für die Staatslegislativen[113] die Positionen von Derge und Page zu eigen[114], betont jedoch, daß zwar keine absolute Dichotomie der Interessen zwischen Stadt und Land besteht, aber doch offensichtlich genügend derartige Interessenkonflikte nachweisbar sind[115, 116].

Die U.S. Advisory Commission on Intergovernmental Relations[117] zeigt, daß zehn von 18 Plänen, die zwischen 1950 und 1961 zur Reform der Verwaltungszersplitterung in den Städten den Wählern vorgelegt wurden und die chronischen, jede weitere Reform lähmenden Mißständen auf diesem Gebiet zu Leibe rücken wollten, nicht angenommen wurden, obwohl die Wahlen nicht auf Staatsebene stattfanden, sondern allein innerhalb des Großstadtgebiets. Fast immer war die Furcht vor höheren Steuern ein ausschlaggebendes Motiv gegen eine Reform des Status quo.

7. Zusammenfassend läßt sich folgendes festhalten. Die Entscheidungen des Supreme Court zum reapportionment bewirken, daß rein zahlenmäßig die städtischen und die vor- und trabantenstädtischen Wahlkreise zum Teil erheblich an Sitzen und somit an Einfluß in den Einzelstaatsparlamenten und etwas weniger auch in der Bundeslegislative gewinnen. Dabei sind die Gewinne der vor- und trabantenstädtischen Wahlkreise oft erheblich größer als die der städtischen. Diese Verschiebung des zahlenmäßigen Gewichts festzustellen, ist aber nur eine formale Aussage, die erst auf dem Hintergrund der den bisher unterrepräsentierten Gebieten spezifischen Probleme Farbe gewinnt und erst im Zusammenhang mit den soziologischen Tatsachen der Verstädterung der USA, der großen Bevölkerungsmobilität etc.

---

113 A Commission Report (Dec. 1962).

114 Id. at 26 et s.

115 Id. at 23.

116 Der Konflikt zwischen dem mehr ländlichen bzw. zwar teilweise städtischen, aber volkärmeren Norden von California und dem Süden droht sich unter Umständen zu einer Spaltung von California in zwei Teile auszuwirken. Entsprechende Pläne gibt es zwar schon länger, sie haben aber erst im Anschluß an Baker v. Carr wieder neue Aktualität gewonnen (The Christian Science Monitor, Febr. 8, 1965, p. 12, col. 1; The Christian Science Monitor, Febr. 5, 1965, p. 16, col. 3).

117 Factors Affecting Voter Reactions to Governmental Reorganization in Metropolitan Areas (1962).

und den politischen Tatsachen der Nationalisierung der Politik und des immer größer werdenden Einflusses der Städte in Washington in der richtigen Perspektive gesehen wird. Der Schluß, daß mit einer größeren Zahl von Volksvertretern aus den städtischen und vorstädtischen Gebieten in demselben Umfang auch die bestehenden Probleme Besserung erfahren, wäre jedoch voreilig und würde die Problematik simplifizieren. Neben dem bisherigen Hindernis zahlenmäßig zu geringer Repräsentation, das sich wie gezeigt besonders bei Steuerverteilung etc. zuungunsten von Städten und vorstädtischen Gebieten ausgewirkt hat, besteht als entscheidendes weiteres Hemmnis die Uneinigkeit zwischen Städtern und Vorstädtern einerseits und zwischen den Städtern selber andererseits. Beide Handicaps müssen bei einer realistischen Einschätzung der Auswirkungen der Supreme Court Entscheidungen auf den Stadt-Land-Konflikt gesehen werden, wenn auch leider oft sowohl nach der einen Seite — „one man, one vote“ beseitigt alle Probleme — wie nach der anderen — die Not der Städte haben diese sich allein selber zuzuschreiben — simplifiziert wird. Außer den Aussagen, daß die Städte und Vorstädte zahlenmäßig an Stimmen gewonnen haben und daß damit ein Hindernis für die Bewältigung des Problemkomplexes „Städte“ beiseite geräumt worden ist, lassen sich bisher nur Vermutungen anstellen. Erst wenn für den größeren Teil der Einzelstaaten in detaillierten Fallstudien die besondere Lage und das spezifische Verhältnis der Kräfte und Interessen und besonders auch der Grad der Einwirkung der Lobbyisten untersucht worden ist[118], kann man daran gehen, mit einem mehr oder weniger großen Anspruch auf Exaktheit weitergehende Feststellungen zu treffen. Im Augenblick muß es, von den obigen Aussagen abgesehen, genügen, den komplexen Charakter des politischen Prozesses und der widerstreitenden Interessen zu betonen. Eine simple Antwort gibt es nicht.

II. Auswirkungen auf die Parteien

1. Was man zu diesem Fragenkreis in der Literatur findet, ist ausgesprochen dürftig. Daß die Neugliederung der Wahlbezirke, wie sie nach den Urteilen des Supreme Court zu erfolgen hat, sich irgendwie auch auf die Parteien auswirken wird, nimmt man zwar allgemein an. Doch besteht Unklarheit darüber, ob diese Wirkungen tatsächlich zutage treten oder ob sie sich gegenseitig aufheben werden (so bei gleichstarkem Kräftezuwachs demokratischer Städte und republikanischer Vorstadtbezirke).

---

[118] Vgl. heute schon Lamb, Karl A., Pierce, William J., White, John P., Apportionment and Representative Institutions — The Michigan Experience (1963) oder Page, Thomas, Legislative Apportionment in Kansas (1952).

In den USA ist es eine politische Erfahrungstatsache, daß die Republikaner mehr in ländlichen Bezirken Unterstützung finden, den traditionell demokratischen Süden mit seinen Einparteienstaaten einmal ausgenommen, während die Städte mehr den Demokraten zuneigen. Die vor- und trabantenstädtischen Gebiete dagegen sympathisieren mehr mit der republikanischen Partei. Auf Grund dieses *Erfahrungswissens* wird am häufigsten auf einen Sitzgewinn der Demokraten und einen entsprechenden Sitzverlust der Republikaner als Folge einer faireren Repräsentierung der Städte geschlossen[119]. Davon schien auch die republikanische Partei auszugehen, als sie sich in San Francisco beim Wahlkampf um das Präsidentenamt gegen die Entscheidungen des Supreme Court aussprach[120]. Bezeichnend ist auch, daß gerade der Führer der Republikaner im Senat einen Gesetzesentwurf wie das Dirksen proposal eingebracht und so nachdrücklich verfochten hat. Auf der anderen Seite scheint sich allmählich die Erkenntnis durchzusetzen, daß die Republikaner durch ein faires reapportionment durchaus nicht nur verlieren, weil sie gerade in den am meisten repräsentierten Gebieten, den Vor- und Trabantenstädten, besonders stark sind[121, 122, 123].

Wie verschieden die Situation in den Vereinigten Staaten beurteilt wird, ergibt sich sehr anschaulich aus einer Befragung kompetenter Persönlichkeiten über die Auswirkungen des bestehenden ungerechten apportionment auf die Parteien (und über andere Wirkungen), die von der National Municipal League[124] veranstaltet wurde[125, 126]. Für die

---

119 z. B. Schattschneider, E. E., Urbanization and Reapportionment, 72 Yale L. J. 7 (1962) at 9; Sindler, Allan P., Baker v. Carr: How to „Sear the Conscience" of Legislators, 72 Yale L.J. 23 (1962) at 26; Lewis, Anthony, Legislative Apportionment and the Federal Courts, 71 Harv.L.Rev. 1057 (1958) at 1063; Jewell, Malcolm E., The Politics of Reapportionment (1962) at 6.

120 s. o. Kap. 3, 1.

121 Dazu, daß diese Erscheinung große innerparteiliche Schwierigkeiten und Umwälzungen mit sich bringt, da die Republikanische Partei nun auf zwei so verschiedene Wählerkreise wie ländliche Bevölkerung und Vorstadtbevölkerung Rücksicht zu nehmen hat, Jewell, Malcolm E., supra at 6 et s.

122 z. B. de Grazia, Alfred, Essay on Apportionment and Representative Government (1963) at 101; Jewell, Malcolm E., supra at 6, 19; Burchett, The Reapportionment Case: Its Political Implications, 32 U.Cinc.L.Rev. 305 (1963) at 312; Krock, Arthur, New York Times, April 1, 1962, section 4, p. 11, col. 1; New York Times, Aug. 26, section 4, p. 11, col. 1; Munger, Frank J. and Straetz, Ralph A., New York Politics (1960) at 41 et s.

123 Vgl. auch die Ansätze zu generellen Aussagen in U.S. Advisory Commission on Intergovernmental Relations, A Commission Report, Apportionment of State Legislatures (Dec. 1962) at 28 et s.

124 Boyd, William J. D., Compendium on Legislative Apportionment (2d ed. 1962).

125 Die einschlägige Frage war: "Do the inequities have the effect of discriminating against: a) Either national party? b) Rural or urban populations? c) Any other elements?"

Beobachter der folgenden Staaten waren keine Auswirkungen auf die Parteien ersichtlich: Alabama, Alaska, Arizona, Arkansas, Colorado, Connecticut[127], Delaware, Georgia, Hawaii, Idaho, Indiana, Kentucky[128], Louisiana, Massachusetts, Minnesota, Mississippi, Nebraska[129], New Hampshire, New Mexico, North Dakota, Oregon, Rhode Island, South Carolina, Texas, Utah, Vermont, Virginia, Washington, West Virginia[130]. Diskriminierenden Effekt der bestehenden Wahlkreiseinteilungen beklagten jedoch die Befragten aus den übrigen Staaten, und zwar zuungunsten der Demokraten die Beobachter aus Illinois, Iowa, Kansas, Maine, Nevada, New York, Ohio, South Dakota, Wisconsin, Wyoming, zuungunsten der Republikaner die Beobachter aus California, Connecticut, Florida, Kentucky[131], Missouri, Montana, North Carolina, Oklahoma, Tennessee. Diskriminierenden Effekt sowohl gegen die eine wie gegen die andere Partei sollen schließlich die apportionments in Michigan, New Jersey und Pennsylvania haben. Nahezu alle Befragten spezifizierten ihre Behauptungen, wiesen auf konkrete Gebiete hin, in denen die betreffende Partei unterrepräsentiert sei, und lieferten oft wichtiges Tatsachenmaterial zu der besonderen Situation der Parteien und ihrer Abhängigkeit von der Wahlkreiseinteilung in dem jeweiligen Staat.

Aus dieser Rundfrage der National Municipal League läßt sich entnehmen, daß die Auswirkungen der Supreme Court-Entscheidungen auf das Parteiensystem in den einzelnen Staaten infolge der verschiedenen Stärke, soziologischen Abhängigkeit und geographischen Lokalisierung der Parteien ganz unterschiedlich zu sein vermögen. Die hohe Zahl von Beobachtern, nach deren Ansicht das vor Baker v. Carr bestehende malapportionment keine Auswirkung auf die Parteien hat, kann freilich ebensogut für die Richtigkeit dieser Aussage wie für die Neuheit der Fragestellung und die Kompliziertheit einer Antwort darauf sprechen.

Manchmal wird versucht, schon aus der Tatsache Schlüsse zu ziehen, daß die Demokraten außerhalb des Südens z. B. im Jahre 1956 47 % der Stimmen, aber nur 39 % der Sitze im Repräsentantenhaus erringen

---

126 Vgl. auch Jewell, Malcolm E., supra at 221, 242 (für New York, zugunsten der Republikaner), at 317 (für Tennessee, zugunsten der Demokraten), at 6, 24 (für mehrere Staaten); ferner die Umfrage von Shull, Charles W., Political and Partisan Implications of State Legislative Apportionment, 17 Law and Contemp.Prob. 417 (1952) at 430 et s.

127 Kongreßwahlen.

128 Kongreßwahlen.

129 Aber dort keine Parteienwahl (election at a „nonpartisan basis").

130 Boyd, William J. D., supra, jeweils unter dem betreffenden Staat.

131 Staatslegislative.

konnten[132], daß also die Zahl der abgegebenen Stimmen sich mit der Zahl der Sitze prozentual nicht deckt. Das ist nicht sehr stichhaltig, da ein solches Mißverhältnis auf zu vielen anderen Faktoren beruhen kann, etwa auf der gebietsmäßigen Konzentration der Parteienstärke, dem Wahlsystem etc.[133]. Oder es wird darauf hingewiesen, daß die Demokraten oft den Governor stellen, während sie im Parlament mindestens in einem Haus nicht die Mehrheit erreichen[134] (sog. divided party control). Es ist anerkannt, daß eine solche Erscheinung zu einem großen Teil auf einem verzerrten apportionment beruht. Doch spielen dabei sehr viele andere Faktoren eine Rolle[135], so daß die Tatsache der divided party control in einem Staat für sich genommen noch keine konkreteren Aussagen über die Auswirkungen von „one person, one vote" auf die Parteien erlaubt, als man auf Grund politischen Erfahrungswissens ohnehin schon treffen kann[136, 137].

2. Während sich die Äußerungen in der amerikanischen Literatur zu den Auswirkungen der Supreme Court-Entscheidungen auf die Parteien fast ausnahmslos auf die vorausgehenden Beobachtungen politischen Erfahrungswissens beschränken, wird ganz vereinzelt versucht, konkretere Erkenntnisse dadurch zu gewinnen, daß durch ein berichtigendes *Nachrechnen* die *Abstimmungsergebnisse* ermittelt werden, die sich bei einem fairen reapportionment ergeben hätten. Einer der ersten, die diesen Weg gegangen sind, ist Hacker[138], allerdings beschränkt auf das Kongreß-apportionment. In seiner Studie kommt Hacker zum Ergebnis[139], daß unter Zugrundelegung der Einwohnerzahl der 426 Kongreßwahlbezirke die Demokraten aus den Nordstaaten insgesamt drei Sitze zuviel haben, die Demokraten aus dem Süden insgesamt zwei Sitze zuviel, die Republikaner einen Sitz

---

132 Vgl. Lewis, Anthony, Legislative Apportionment and the Federal Courts, 71 Harv.L.Rev. 1057 (1958) at 1063.

133 Vgl. dazu Schattschneider, E. E., Party Government (1942) at 71 et s.

134 Sindler, Allan P., Baker v. Carr: How to „Sear the Conscience" of Legislators, 72 Yale L.J. 23 (1962) at 41; Key, V. O., American State Politics: An Introduction (1956) at 52 et s.; Key, V. O. and Silverman, Corinne, Party and Separation of Powers: A Panorama of Practice in the States, 5 Public Policy 382 (1954); Baker, Gordon E., Rural versus Urban Political power (1955) at 20 mit zahlreichen Nachweisen.

135 Besonders ausführlich dazu Key, V. O. and Silverman, Corinne, id. at 398; auch Sindler, Allan P., id. at 26 et s.

136 s. o. 1 am Anfang.

137 Als politische Erscheinung wird freilich die divided party control noch unten zu erörtern sein.

138 Hacker, Andrew, Congressional Districting: The Issue of Equal Representation (1963) at 86 et s.

139 Die Zahlenverhältnisse dürften sich in der Zwischenzeit schon wieder geändert haben.

zuwenig. Hinter diesen Zahlen, etwa daß die südlichen Demokraten insgesamt nur zwei Sitze zuviel haben, verbirgt sich aber, daß im Süden die städtischen Wahlkreise der Demokraten insgesamt Demokraten insgesamt fünf Sitze zuviel, während sich für die vor- und mittelstädtischen nichts ändert[140]. Ähnlich ist es bei den Republikanern, bei denen die städtischen Wahlkreise einen Sitz zuviel haben, die ländlichen fünf zuviel, die vorstädtischen fünf zuwenig und die mittelstädtischen zwei zuwenig, so daß die Republikaner insgesamt nur einen Sitz zuwenig haben. Hinsichtlich der Sitzverteilung im Kongreß ergibt sich somit, daß der zu erwartende Wechsel innerhalb der Parteien selbst stattfinden wird, und zwar von den ländlichen Demokraten bzw. Republikanern hin zu vor- und mittelstädtischen. Interessant ist ferner, daß sich zumindest hinsichtlich der Sitzverteilung im Kongreß der nördliche Flügel der Demokraten gar nicht so sehr auf die Städte stützt, wie man oft glaubt, und daß umgekehrt die Republikaner ländliche und vorstädtische Wahlkreise gar nicht in dem Maße für sich buchen können, wie das vielfach behauptet wird.

Hacker untersucht dann verschiedene Abstimmungen im 87. Kongreß, um durch ein Wägen der Stimmen der Kongreßabgeordneten nach der von ihnen repräsentierten Bevölkerungszahl (bzw. nach der Zahl der für sie abgegebenen Stimmen für den Fall, daß man beim apportionment nicht auf die Bevölkerung, sondern auf die Wähler abstellt) zu ermitteln, welche Änderungen sich bei den Abstimmungen ergeben hätten. Hacker geht dem Schicksal von vier Gesetzesvorschlägen zu den städtischen Problemen, zur Erziehung, zur Landwirtschaft und für das Rules Committee nach[141]. Alle vier wurden von der Regierung mit allen Mitteln unterstützt, drei fielen aber schließlich durch. Hackers Zahlenergebnisse sind für den Entwurf zu den städtischen Problemen: tatsächliches Abstimmungsergebnis 156 : 271, gewogenes Ergebnis 145 : 282 (gewogen nach Bevölkerung des Kongreßwahlkreises), 170 : 257 (gewogen nach den für den Kongreßabgeordneten bei seiner Wahl abgegebenen Stimmen); für den Entwurf zur Erziehung: tatsächliches Abstimmungsergebnis 179 : 251, gewogenes Ergebnis 143 : 287 bzw. 161 : 269; für den Entwurf zur Landwirtschaft: tatsächliches Ergebnis 212 : 222, gewogenes Ergebnis 183 : 251 bzw. 191 : 243, und für den Entwurf zum Rules Committee: tatsächliches Ergebnis 219 : 214, gewogenes Ergebnis 211 : 222 bzw. 222 : 211.[142]. Aus dieser

---

140 Hackers Methode der Einteilung in Stadt, Land und Zwischenkategorien ist schon oben erwähnt worden.

141 Hacker untersucht den Wechsel der politischen Philosophie (konservativ — liberal, „pro-administration" oder contra).

142 Hacker, Andrew, supra, table 19, Selected Roll-Call Votes, Actual and Weighted, in the 87th Congress, at 90 et s.

Statistik folgt erstaunlicherweise, daß sich im tatsächlichen Ergebnis kaum etwas ändert, sondern daß im Gegenteil die konservativen Kräfte bei den genannten Abstimmungen durch ein faires reapportionment eher noch mehr Stimmen für sich hätten verbuchen können.

Daß sich bei fairem apportionment die Abstimmungsergebnisse nur im Stimmenverhältnis, und selbst da nur wenig, geändert hätten, stellen auch Pierson und Capp[143] fest. Sie haben ebenfalls mit der Methode, Stimmen zu wägen, verschiedene Abstimmungen unter anderem zur Civil Rights Bill von 1964 überprüft. Angesichts ihres Untersuchungsergebnisses äußern sie Zweifel daran, ob sich bei fairem reapportionment mehr als nur unbedeutende Änderungen in den Resultaten des gesetzgeberischen Prozesses ergeben werden[144] und ob nicht die eigentliche Hemmschuhe das seniority principle (Anciennitätsprinzip) etc. sind.

Dixon[145] erwähnt die Untersuchungen von McDonald, der mittels derselben Methode, Stimmen zu wägen, 22 Abstimmungen in zwei Legislaturperioden (sessions) des Parlaments von Texas ausgewertet und gefunden hat, daß sich das Endergebnis nur in einem Fall geändert hätte[146]. Dixon selber erwähnt eine von ihm angestellte, noch nicht abgeschlossene Untersuchung der Abstimmungen des laufenden Kongresses und sagt, daß er bisher wenig Wechsel habe finden können.

Aus allen diesen Untersuchungen dürfen freilich Folgerungen nur vorsichtig gezogen werden. Es ist nämlich ein großer Unterschied, ob man einem Kongreßabgeordneten bzw. einem Volksvertreter in einem einzelstaatlichen Parlament mittels weighted voting das Vielfache einer Stimme entsprechend der Unterrepräsentierung seines Wahlbezirks gibt oder ob man die Wahlkreise entsprechend neu einteilt, dabei u. U. zu einer größeren Zahl von Abgeordneten kommt, auf alle Fälle eine Anzahl neuer Persönlichkeiten in das Parlament bringt und dann prüft, wie das Abstimmungsergebnis ausgefallen wäre. Diesen fundamentalen Einwand gegen die Methode, nachträglich Abstimmungsergebnisse auf Grund einer gewogenen Stimmenzählung neu zu formieren und aus den Abweichungen Schlüsse auf die Wirkungen eines fairen reapportionment auf das Handeln des Gesetzgebers zu ziehen, sehen auch diejenigen, die diese Untersuchungen anstellen[147].

---

143 Pierson and Capp, Wesberry v. Sanders: Deep in the Thicket, 32 Geo. Wash.L.Rev. 1076 (1964) at 1122 et s.

144 Id. at 1123.

145 Dixon, Robert G., Reapportionment in the Supreme Court and Congress: Constitutional Struggle for Fair Representation, 63 Mich.L.Rev. 209 (1964) at 225.

146 Auch Mendelson, erwähnt in Pierson and Capp, supra at 1122.

147 Hacker, Andrew, supra at 91.

Bei einer Verallgemeinerung des Untersuchungsergebnisses ist ferner zu beachten, daß fast alle der genannten Untersuchungen auf relativ wenige Abstimmungen, und zwar zumeist auf Abstimmungen im Kongreß beschränkt sind. Für Abstimmungen in den Einzelstaatslegislativen gilt angesichts der ganz anderen Probleme, die dort zur Debatte stehen, und der sonstigen Verschiedenheiten zwischen Bundes- und Einzelstaatsparlamenten möglicherweise etwas anderes. Darüber hinaus sind die Untersuchungen auf Abstimmungen beschränkt. Sehr oft spiegeln aber Abstimmungen nur das wider, was sich in einem komplexen Geschehen von Kampf, Intrige, Kompromiß etc. hinter den Kulissen ausbalanciert hat. Der Prozeß dieses Ausbalancierens ist das eigentlich Interessante und kann bei jeder neuen Abstimmung ganz anders verlaufen.

3. Aus den bisherigen Erwägungen, so wie sie in der Literatur zum reapportionment zu finden sind, geht einmal hervor, daß infolge gewisser erfahrungsmäßig zu belegender Konzentrationen der Demokraten bzw. der Republikaner in bisher unter- bzw. überrepräsentierten Gebieten bestimmte Änderungen in der Verteilung der Parlamentssitze folgen werden. Da eine Partei oft Schwerpunkte sowohl in über- als in unterrepräsentierten Gebieten hat, etwa die Republikaner in den ländlichen und in den vorstädtischen Gebieten, werden sich die Auswirkungen in geringen Ausmaßen halten. Ein Großteil der Änderungen wird innerhalb der Parteien selbst stattfinden. In dieselbe Richtung deuten die Abstimmungsuntersuchungen mittels Stimmenwägung.

Diese Ergebnisse sind wegen der Methode, mit der sie gewonnen sind — Erfahrungswissen meist ohne wissenschaftliche Aufschlüsselung bzw. die in ihrer Zuverlässigkeit anfechtbare Stimmenwägung —, nur sehr allgemeiner Art. Sie deuten auf gewisse Änderungen in der Sitzverteilung zwischen den Parteien hin, ohne konkrete Aussagen darüber machen zu können. Selbst wenn man aber solche konkreten Aussagen über die Änderung in der Sitzverteilung zwischen den beiden Parteien machen könnte, wäre das ein ähnlich formales Ergebnis wie die Feststellung, daß eine bestimmte Zahl von Sitzen von den dünner auf die dichter besiedelten Wahlkreise übergehen wird. Bei der Behandlung des Stadt-Land-Problems hat sich gezeigt, daß ein solches formales Ergebnis, so wichtig es ist, erst auf dem Hintergrund der städtischen Probleme, soziologischer Tatsachen und des politischen Prozesses voll gewürdigt werden kann. Ähnlich ist auch hier die eigentlich interessante Frage, wie sich eine Sitzverschiebung zwischen den Parteien auswirken wird.

Die Reapportionment-Literatur läßt den Fragesteller an diesem Punkt im Stich. Dem Verfasser haben die technischen und finanziellen Mittel für eigene statistische Erhebungen und Verhaltensanalysen gefehlt. Die Untersuchung muß sich deswegen im folgenden darauf beschränken, die Faktoren zu skizzieren, die bei einer komplexeren Untersuchung der Auswirkungen von Änderungen im reapportionment auf die Parteien und auf die gesetzgeberischen Resultate eine Rolle spielen.

Bevor man eine Aussage darüber machen kann, wie sich eine Veränderung im Gewicht der Stimmen bestimmter Wählerkreise nicht nur auf die Parteienstärke, sondern darüber hinaus auf die gesetzgeberischen Resultate auswirkt, müßte man drei verschiedene Problemkreise durchleuchtet haben:

a) Welche Faktoren bestimmen einen Wähler in einer bestimmten Richtung, für eine bestimmte Partei, für einen bestimmten Abgeordneten zu stimmen?

b) Wie wirkt sich eine Stärkung der Wählerschaft einer Partei auf die Sitzverteilung aus?

c) Welche Faktoren bestimmen das politische und insbesondere das Abstimmungsverhalten eines Abgeordneten?

a) Das *Wähler* durch Parolen, Versprechungen und das Ansprechen ihrer Ängste und Emotionen in hohem Grade beeinflußbar sind[148], ist eine sich immer wieder aufdrängende, betrübliche Wahrheit. Daneben kann jedoch, freilich erst allmählich, wissenschaftlich nachgewiesen werden, daß zwischen politischem Verhalten und soziologischen Fakten eine Wechselwirkung besteht[149]. Lazarsfeld[150] äußerst sich dazu folgen-

[148] Dazu z. B. Burdick, Eugene, Political Theory and the Voting Studies, at 136, 140 in Burdick, Eugene and Brodbeck, Arthur J., American Voting Behavior (1959), der betont, daß der Entscheidung des Wählers nur ein Minimalbestand von Information zugrunde liegt („The act of voting seems divorced from any coherent set of principles"); ferner, Barclay, Thomas S., The Reapportionment Struggle in California in 1948, 4 Western Pol.Q. 313 (1951) at 317, der bei der Untersuchung der Kämpfe um ein reapportionment in California im Jahre 1948 feststellt: "The campaign for the adoption of the amendment gave meager support to the dogma that man is a rational being ... Many of the appeals were irrational and prejudiced, but they were to prove exceedingly effective."

[149] Vgl. dazu besonders Lipset, Seymour M., Lazarsfeld, Paul F., Barton, A. H., Linz, J., The Psychology of Voting: An Analysis of Political Behavior, in Lindzey, Gardner, Handbook of Social Psychology, vol. IV (1954) at 1124 et s.; Lazarsfeld, Paul F., Berelson, Bernard R., Gaudet, Hazel, The People's Choice (2d ed. 1948); Berelson, Bernard R., Lazarsfeld, Paul F., McPhee, William N., Voting, A Study of Opinion Formation in a Presidential Campaign, 1948 (1954); auch Key, V. O., Politics, Parties, and Pressure Groups (5th ed. 1964) at 597 et s.; Burns, James M. and Peltason, Jack W., Government by the People (5th ed. 1963) at 223 et s., 249 et s.; ferner Campbell, Angus, Converse, Philip E., Miller, Warren E., Stokes, Donald E., The

dermaßen: "Parties in America differ from those in Europe. They do not have strong ideological positions but rather represent coalitions of various population groups which want to capture the governmental machinery. And yet, voters for the two main parties have shown for many decades rather stable differences. Democrats are more likely to be recruted from urban centers and low-income strata. They want the government to play a greater role in economic affairs and are especially in favor of extending social legislation. Republicans, by and large, represent a coalition of the business community with farmers. The groups which migrated to this country from eastern and southern Europe are more likely to lean toward the Democrats; people of northern European extraction are more often on the Republican side. For similar historical reasons there is also quite a strong relation between voting and religion; Protestants have Republican tendencies, while Catholics and Jews veer more to Democrats. All these factors, such as income, urbanism, and religion, are interrelated with each other; but careful studies have shown that they play an independent role along the lines just indicated." Beachtenswert ist, daß immer mehr Menschen in die vor- und trabantenstädtischen Gebiete strömen, dort in eine Gesellschaft von „Hauseigentümern"[151] kommen und mit der völlig neuen sozialen Umwelt auch ihre Wahlgewohnheiten und -präferenzen, und zwar in der Regel zu den Republikanern[152] hin, ändern[153]. Wirtschaftlicher Status, Religion, Wohnsitz, Beruf und Alter sind von großer Bedeutung dafür, ob jemand republikanisch oder demokratisch wählt[154]. Zudem ist Wählen im wesentlichen eine Gruppenerfahrung. Leute, die miteinander arbeiten, leben oder spielen, werden wahrscheinlich auch für dieselben

---

American Voter (1960); Lipset, Seymour, Political Man (The Social Bases of Politics) (1960); Banfield, Edward C., The Politics of Metropolitan Area Organization, 1 Midwest J. of Pol.Sci. 77 (1957). Dieses Problem wird mehr und mehr auch in Deutschland Gegenstand wissenschaftlicher Betrachtung. Unter manchen anderen seien herausgegriffen: Sternberger, Dolf, u. a., Wahlen und Wähler in Westdeutschland (1960), besonders S. 135 ff.; Vogel, Bernhard und Haungs, Peter, Wahlkampf und Wählertradition (1965); Gemmecke, Vera, Parteien im Wahlkampf (1967), S. 159 ff.; Scheuch, Erwin K. und Wildenmann, Zur Soziologie der Wahl (1965); Hermens, Ferdinand A., Verfassung und Verfassungswirklichkeit (1966).

[150] Lazarsfeld, Paul F., Political Behavior and Public Opinion, in Berelson, Bernard R., The Behavioral Sciences Today (1963) at 177.

[151] Dies ist eines der Charakteristika für den Vorstädter, das ihn nicht nur sozial, sondern auch politisch formt.

[152] Ausmaß und Gründe dafür sind noch umstritten, Lazarsfeld, Paul F., id. at 180.

[153] Zum Problem des Wechselns allgemein vgl. Kaase, Max, Wechsel von Parteipräferenzen (1967).

[154] Lazarsfeld, Paul F., Berelson, Bernard R., Gaudet, Hazel, The People's Choice (2d ed. 1948) at 16.

Wahlkandidaten stimmen. Wahlstudien zeigen, daß die Zahl der für die Demokraten Stimmenden um so größer wird, je geringer Einkommen bzw. sozialer Status des Wählenden ist[155]. Lipset[156] erwähnt in diesem Zusammenhang, daß 1948 etwa 80 % der Arbeiter demokratisch wählten. Froman[157] weist darauf hin, daß die Wahlkreise, in denen im Norden[158] Demokraten gewählt werden, in der Regel mehr rassisch vermischt sind und Leute mit geringerem wirtschaftlichen und sozialen Status (SES = socioeconomic status) und weniger Hausbesitzer aufweisen.

Was als Erfahrungswissen dem politisch Interessierten in den Vereinigten Staaten bekannt ist, daß nämlich Leute aus bestimmten Kreisen typischerweise demokratisch, andere typischerweise republikanisch wählen[159], wird demnach heute von der politischen Wissenschaft und Soziologie erhärtet. Somit ist festzuhalten, daß die in den Städten zusammengeballten, vielfach aus den niedrigeren Schichten kommenden, oft rassisch, ethnisch und konfessionell vermischten Menschen durch die Entscheidungen des Supreme Court zum reapportionment an Einfluß gewinnen. Wie die herangezogenen Wahlstudien gezeigt haben, wird dieser Gewinn den Demokraten zufallen[160]. Ob dieser Stimmengewinn der Demokraten durch einen entsprechenden[161] Stimmengewinn der Republikaner aus den vor- und trabantenstädtischen Gebieten wettgemacht werden wird, ist eine noch offene Frage, da zwar ein Erfahrungswissen dahin geht, daß Leute aus diesen Gebieten sehr oft republikanisch stimmen, dies aber genauer, insbesondere hinsichtlich des Umfanges dieser Erscheinung in Wahlstudien und Studien politischer Verhaltensweisen noch nicht untersucht worden ist.

Eines freilich läßt sich mit Sicherheit sagen, daß insgesamt solche Wählerkreise an Stimmengewicht und Einfluß gewonnen haben, die mit den Problemen einer modernen Industriegesellschaft ungleich

---

155 Solche Studien werden freilich erst seit 1936 gemacht.

156 Lipset, Seymour, supra at 285.

157 Froman, Lewis A., Inter-Party Constituency Differences and Congressional Voting Behavior, 57 Am.Pol.Sci.Rev. 57 (1963) at 85 et s.

158 Die Südstaaten, die traditionell praktisch Einparteienstaaten sind, spielen eine eigene Rolle.

159 Vgl. auch Stokes, Donald E., Party Loyalty and the Likelihood of Deviating Elections, 24 J. of Pol. 689 (1962).

160 Vgl. Jewell, Malcolm E., Party Voting in American State Legislatures, 49 Am.Pol.Sci.Rev. 773 (1955) at 790; Banfield, Edward C., The Politics of Metropolitan Area Organization, 1 Midwest J. of Pol.Sci. 77 (1957); aber auch Munger, Frank J. and Straetz, Ralph A., New York Politics (1960) at 41 et s.

161 Die vorstädtischen Gebiete sind weitaus am meisten unterrepräsentiert.

mehr vertraut sind als die bisher weithin überrepräsentierten Wähler aus mehr ländlichen Bezirken. Auch wenn sich die politische Tendenz der Städter und Vorstädter letztlich unterscheidet, etwa daß die ersteren liberaler sind, mehr nach Washington und nach sozialen Reformen schauen und Traditionen weniger aufrechterhalten, sehen sich doch beide mit ganz ähnlichen Problemen konfrontiert. Schulbau, Transportschwierigkeiten, Verkehrsmittel, Straßen, Reform und Neuorganisation der Verwaltungseinheiten, Städteplanung, Entwicklungsprogramm etc., kurz die sog. städtischen Probleme, sind für beide Gruppen ähnlich brennend. Künftig werden beide Parteien diese Schichten, die als Folge des fairen reapportionment besonders in den Einzelstaaten z. T. erheblich an Stimmengewicht gewinnen, in einem viel höheren Maße berücksichtigen müssen. Selbst wenn sich also die effektive Sitzverteilung in den Parlamenten zwischen den Demokraten und den Republikanern infolge gleichzeitiger Über- und Unterrepräsentierung beider Parteien nur wenig ändern sollte, werden sich als Folge der Entscheidungen des Supreme Court erhebliche innerparteiliche Änderungen einstellen.

Noch ein weiteres darf nicht übersehen werden: das Problem der Wahlbeteiligung. Im Jahre 1962 entsprach die Wahlkreiseinteilung für Kongreßwahlen in New York State und in Louisiana beinahe genau dem equal population standard. Dennoch hatte eine Stimme aus Louisiana mehr als das achteinhalbfache Gewicht einer in New York State abgegebenen Stimme, da die Wahlbeteiligung in New York State bei 33,6 %, in Louisiana bei 3,8 % der Einwohnerzahl gelegen hatte[162]. Durchschnittlich wählt etwa ein Drittel der Wahlberechtigten nicht[163]. Neben den institutionellen Schranken, die teilweise eine ganz erhebliche Bedeutung haben[164], sind soziale und wirtschaftliche Faktoren von größtem Einfluß. Einschlägige Studien[165] zeigen, daß Frauen weniger wahlfreudig sind als Männer, junge Leute weniger als alte, arme weniger als reichere, Farbige weniger als Weiße, Städter weniger

---

[162] Silva, Ruth C., The Population Base for Apportionment of the New York Legislature, 32 Fordham L.Rev. 1 (1963) at 8 n. 34 mit Nachweisen.

[163] Scammon, Richard M., The Electoral Process, 27 Law and Contemp. Prob. 299 (1962) at 300.

[164] Disenfranchisement in den Südstaaten (de facto-Ausschluß der Neger von den Wahlen), das sich hauptsächlich zuungunsten der Republikaner auswirkt. Ferner die Wohnsitzanforderungen; dazu Schmidhauser, John R., Residency Requirements for Voting and the Tensions of a Mobile Society, 61 Mich.L.Rev. 823 (1963) at 829, der erwähnt, daß 1960 von 104 000 000 Wahlberechtigten 8 000 000 nicht wählen konnten, da sie den einzelstaatlich normierten Wohnsitzvoraussetzungen für die Wahlen nicht genügten und daß im Jahre 1962 vier Staaten zwei Jahre und 34 ein Jahr Wartezeit für Neuankömmlinge dekretiert hatten.

[165] Scammon, Richard M., supra.

als Landbevölkerung und Einwohner kleinerer Städte, also insgesamt Leute mit Sympathien für die Demokraten weniger als solche mit republikanischen Neigungen[166]. Stellt man wie der Supreme Court für ein faires apportionment auf die Gesamtbevölkerung ab, ist das also für die Demokraten günstiger. Wird dagegen auf die Zahl der Wähler abgestellt, hat dies für die Republikaner gewisse Vorteile. Dann fällt nämlich die relativ höhere Wahlbeteiligung der Landbevölkerung, der reicheren Schichten und der Vorstädter zugunsten der Republikaner nicht erst bei der Wahl, sondern schon bei der Wahlkreiseinteilung ins Gewicht. Im ersteren ist es demgegenüber gleichgültig, ob in einem republikanischen Wahlkreis 60 % wählen, in einem typischerweise zu den Demokraten tendierenden großstädtischen Wahlkreis dagegen nur 30 %. Die verschiedene Wahlbeteiligung auf Grund des unterschiedlichen sozio-ökonomischen Status darf aber auch dann nicht übersehen werden, wenn man wie der Supreme Court beim apportionment von der Gesamtbevölkerung ausgeht. Innerhalb der an Stimmengewicht gewinnenden städtischen und vorstädtischen Wahlkreise werden nämlich schon stimmenzahlmäßig Weiße mit höherem Einkommen, mit Grundbesitz etc. mehr Einfluß haben als Nichtweiße und Leute von niedrigeren Klassen. So kommt es dann auf die Zusammensetzung der einzelnen an Einfluß gewinnenden Wahlkreise an, ob die geringere Wahlbeteiligung der typischerweise den Demokraten zuneigenden Wahlberechtigten zur Folge hat, daß der Wahlkreis den zahlenmäßig typischerweise eigentlich unterlegenen Republikanern zufällt. Dies wird besonders in solchen Wahlkreisen der Fall sein, die an den Grenzgebieten zwischen Großstädten und Vorortsgebieten liegen. Daß sich hier ein fruchtbares Feld für Wahlkreisgeometrie auftut, liegt auf der Hand.

b) Ein zweiter Punkt, der näher erforscht werden müßte, bevor man Genaueres über die Auswirkungen eines fairen reapportionment auf die Parteien und auf die gesetzgeberischen Resultate aussagen kann, ist die Frage, welche *Folgen* ein Mehr an Stimmen für eine Partei (infolge Stimmengewichtszuwachses typischerweise für eine Partei stimmender, bisher unterrepräsentierter Kreise) *für die Sitzverteilung* im Parlament hat. Wenn auf Grund des reapportionment Wählern mit beispielsweise demokratischer Tendenz angesichts der bisherigen Unterrepräsentierung der Städte ein größerer Einfluß zufällt, so bedeutet das noch nicht, daß sich dieser größere Einfluß

---

166 Campbell, Angus, Converse, Philip E., Miller, Warren E., Stokes, Donald E., The American Voter (1960) at 110 et s.; auch Lamb, Karl A., Pierce, William J., White, John P., Apportionment and Representative Institutions, The Michigan Experience (1963) at 165 n. 8; Page, Thomas, Legislative Apportionment in Kansas (1952) at 90 et s.

proportional in einer höheren Anzahl von Sitzen der betreffenden Partei im Parlament niederschlägt. Hier spielt nämlich die geographische Konzentration der Parteienstärke und damit die bestehende Wahlkreisgrenzziehung eine große Rolle[167]. Die Tatsache allein, daß nunmehr in den USA ein faires apportionment gewährleistet ist, räumt den Nachteil nicht aus, der sich für eine Partei, z. B. für die Demokraten in Detroit, die dort verschiedentlich Wahlkreise mit Mehrheiten bis zu 80 und 85 % gewinnen[168], daraus ergibt, daß sich ihre Anhänger in allzugroßer, unnützer Mehrheit in gewissen Wahlkreisen konzentrieren. Dieses gewissermaßen schicksalhafte Handicap einer Partei kann freilich noch potenziert werden, wenn die Lage von der Gegenpartei durch Wahlkreisgeometrie ausgenützt wird, wie etwa in New York zuungunsten der Demokraten oder in California zuungunsten der Republikaner.

Verzerrend wirkt ferner das sog. cube law, nach dem eine Partei für jedes Prozent, das sie über 50 % der Stimmen hinaus gewinnt, einen ansteigend höheren Prozentsatz von Sitzen im Parlament erreicht[169]. Das bedeutet, daß eine Partei, die 53 % der Stimmen gewinnt, wahrscheinlich 59,2 % der Sitze erlangt[170].

Wie sich ein Stimmengewichtszuwachs für eine Partei auf die Sitzverteilung im Parlament auswirkt, könnte demnach nur in Fallstudien unter detaillierter Berücksichtigung der Verteilung der Parteienstärke und der Wahlkreisgrenzziehung ermittelt werden. Selbst wenn dies einmal ermittelt sein sollte, ist doch angesichts der wenig ausgeprägten Fraktionsdisziplin in den USA die Stärke einer Partei im Parlament nicht unbedingt proportional zu ihren Sitzen, bzw. steigt durch Sitze, die infolge eines fairen reapportionment neu erworben werden, die Stärke der Partei nicht unbedingt in demselben Maß. Bei Abstimmungen hat die Partei zwar nun einen potentiell größeren Anhängerkreis im Parlament[171]. Das gesetzgeberische Tun der Abgeordneten erschöpft sich aber keineswegs in Abstimmungen. Viel entscheidender sind oft der Einfluß eines Abgeordneten, seine Beziehungen, seine Tätigkeit in Ausschüssen etc. Besonders auch das seniority principle (Anciennitäts-

---

[167] Vgl. allgemein zur Frage der geographischen Verteilung und der Stärkegebiete von Parteien Schattschneider, E. E., Party Government (1942) at 71 et s.; für ein gutes Beispiel vgl. Lamb, Pierce and White, supra at 163.

[168] Lamb, Pierce and White, ibidem.

[169] March, James G., Party Legislative Representation as a Function of Election Results, 21 Pub.Op.Q. 251 (1957/58) at 521; auch de Grazia, Alfred, Essay on Apportionment and Representative Government (1963) at 127.

[170] De Grazia, Alfred, id. at 127; ferner Dahl, Robert A., A Preface to Democratic Theory (1956) at 148.

[171] Zur Frage, welche Faktoren die Abstimmung eines Abgeordneten beeinflussen, s. u. cc).

prinzip)[172, 173] macht sich dabei bemerkbar[174]. Von dem Anciennitätsprinzip abgesehen, wirkt sich das hohe Dienstalter eines Abgeordneten durch höhere Erfahrung und vor allem darin aus, daß dieser mehr Kontakte mit anderen Abgeordneten, Lobbyisten etc. angeknüpft haben wird. Wenn eine Partei typischerweise mehr solche Abgeordnete hat, dann ist das ein Vorteil, der dieser Partei über ihre Sitzstärke hinaus einen Vorsprung vor der anderen verschafft.

c) Als dritter Problemkreis im Zusammenhang mit der Frage nach der Auswirkung der Entscheidungen des Supreme Court auf die Parteien und auf die gesetzgeberischen Resultate wäre zu untersuchen, was einen Abgeordneten dazu bewegt, so abzustimmen, wie er tatsächlich *abstimmt*. Das Faktum allein, daß eine Partei infolge eines fairen apportionment eine bestimmte Anzahl von Sitzen hinzugewinnt, läßt in den Vereinigten Staaten anders als in England angesichts der erfahrungsgemäß hohen Häufigkeit von Abstimmungen gegen die eigene Partei nicht ohne weiteres darauf schließen, daß nun das Programm dieser Partei — sofern von einem solchen bei den Parteien der USA überhaupt so ohne weiteres gesprochen werden kann — eine entsprechend höhere Stimmenzahl für sich haben wird[175].

---

[172] Danach sind die Rangälteren vor den Rangjüngeren Anwärter auf die Ämter von Vorsitzenden bzw. von Mitgliedern der entscheidenderen und einflußreicheren Ausschüsse.

[173] Für den Senat muß allerdings im Auge behalten werden, daß sich hier die apportionment-Entscheidungen, wie oben IV A 1 a ausgeführt, ohnehin nur dann auswirken, wenn ein Einzelstaat die ihm zustehenden zwei Senatoren nicht unmittelbar vom Volk, sondern entweder über Wahlmänner oder unter Einschaltung eines county unit system wählen läßt.

[174] In den Vereinigten Staaten ist es eine allgemein bekannte Tatsache, daß die Abgeordneten mit dem höchsten Rang aus ländlichen Bezirken kommen, in denen ihre Wahl seit Jahren sicher ist und wo sie keiner wesentlichen Konkurrenz ausgesetzt sind. Das gilt freilich in gleicher Weise für Republikaner und Demokraten. Das reapportionment, wie es von den Entscheidungen des Supreme Court vorgeschrieben worden ist, dürfte demnach unter diesem Aspekt besonders von Einfluß auf die innerparteiliche Struktur der beiden Parteien sein, d. h. durch one person, one vote vergrößert sich die Anzahl von Abgeordneten, die mit den Problemen einer modernen Industriegesellschaft vertraut sind, die Zahl derer, die aus ländlichen Bezirken kommen und hohe Ränge haben, verringert sich.

[175] Die herkömmlichen Fragen in der politischen Theorie in ihrem Entweder-Oder: Soll der Abgeordnete an Weisungen gebunden sein oder soll er nach eigener freier Überzeugung handeln (vgl. Mill, John S., Representative Government, ch. XII [Oxford 1948] at 249; ferner die Literaturnachweise bei Luce, Robert, Legislative Principles [1930] at 492 et s.), soll der Abgeordnete seinen Wahlkreis repräsentieren oder soll er Vertreter des ganzen Volkes sein (vgl. Edmund Burke's Speech to the Electors of Bristol, in wesentlichen Teilen abgedruckt in Luce, Robert, id. at 439 et s.; ferner die Literaturangaben, id. at 505 et s.; vgl. ferner zu beiden Fragen Carpenter, William S., Democracy and Representation [1925]; Hogan, James, Election and Representation [1945], besonders at 106 et s., 157 et s.; Luce, Robert, Legislative Principles [1930] at 434 et s., 492 et s.), haben an Bedeu-

Wie ein Abgeordneter wählt, wird von verschiedenen Faktoren bestimmt, unter denen seine persönlichen Meinungen und Präferenzen, die Parteilinie, der Druck seitens seines Wahlkreises und der Druck von Lobbyisten herausragen.

Die persönlichen Meinungen und Präferenzen sind eine Sache der Person des Abgeordneten selbst. Bei einer Untersuchung möglicher Auswirkungen eines fairen reapportionment auf die gesetzgeberischen Resultate bleibt dies ein nicht zu klärender Unsicherheitsfaktor, da nicht feststeht, welche neuen Abgeordnete von den bisher unterrepräsentierten Bevölkerungsschichten gewählt werden.

Die Parteilinie ist ein sehr wichtiges Moment bei der Abstimmung der Abgeordneten. Zwar kommt ihr in den USA bei weitem nicht die Bedeutung zu wie z. B. in England oder in Deutschland. Sie ist aber dennoch, vielleicht in den Einzelstaaten mehr als im Bundesparlament, der wohl wichtigste Faktor unter allen anderen[176]. Untersuchungen zeigen, daß der Grad des Einflusses der Parteilinie in den Einzelstaaten verschieden groß ist. Als Ergebnis einer Untersuchung von Abstimmungen im Parlament von Connecticut von 1931 bis 1951 stellt Lockard[177] einen außerordentlich großen Einfluß der Parteizugehörigkeit fest. Dagegen kommt Keefe[178] auf Grund einer Untersuchung der Abstimmungen in Haus und Senat von Pennsylvania im Jahre 1951 zum Ergebnis, daß dort der größte Teil der Entscheidungen

---

tung eingebüßt. Diese Fragen werden zwar in den reapportionment-Urteilen von den überstimmten Richtern (z. B. Harlan, dissenting opinion, Reynolds v. Sims, 377 U.S. 533 [1964] at 623, 624 und Stewart, dissenting opinion, Lucas v. 44th General Assembly of the State of Colorado, 377 U.S. 713 [1964] at 749) angesprochen. Doch für die amerikanische politische Wissenschaft erscheint es heute viel interessanter, empirisch zu untersuchen, ob und inwieweit sich Abgeordnete tatsächlich dem Druck bestimmter Interessengruppen innerhalb ihrer Wahlkreise oft unter Vernachlässigung der Gesamtwählerschaft des Wahlkreises beugen. z. B. Wahlke, John C. and Eulau, Heinz, Legislative Behavior (1959) at 6; vgl. auch Eulau, Heinz, Wahlke, John C., Buchanan, William, Ferguson, Leroy C., The Role of the Representative — Some Empirical Observations on the Theory of Edmund Burke, 53 Am.Pol. Sci.Rev. 742 (1959). Zurück tritt auch die Frage nach Natur und Inhalt des Allgemeinwohls; zu dieser Frage des Allgemeinwohls Schubert, Glendon, The Public Interest, A Critique of the Theory of a Political Concept (1960).

[176] Turner, Julius, Party and Constituency: Pressures on Congress (1951) at 97; Froman, Lewis A., Inter-Party Constituency Differences and Congressional Voting Behavior, 57 Am.Pol.Sci.Rev. 57 (1963); vgl. ferner Truman, David B., The Congressional Party (1960); Jewell, Malcolm E., Party Voting in American State Legislatures, 49 Am.Pol.Sci.Rev. 773 (1955) at 791; auch Lockard, W. Duane, Legislative Politics in Connecticut, 48 Am.Pol.Sci. Rev. 166 (1954); Patterson, Samuel C., The Role of the Deviant in the State Legislative System: The Wisconsin Assembly, 14 Western Pol.Q. 460 (1961).

[177] Lockard, W. Duane, ibid.

[178] Keefe, William J., Parties, Partisanship, and Public Policy in the Pennsylvania Legislature, 48 Am.Pol.Sci. 450 (1954) at 463.

einstimmig getroffen wurde[179]. Nur bei einem geringen Prozentsatz der Abstimmungen (4,7 % im Senat, 10,7 % im Haus) standen sich die Parteien im wesentlichen konträr gegenüber. Bei diesen Abstimmungen nach Parteilinie standen hauptsächlich Steuern, Arbeitspolitik, Sozial- und Arbeitslosenversicherung, öffentliche Fürsorge, öffentlicher Wohnungsbau und reapportionment zur Diskussion.

Ein wichtiger Faktor für das Abstimmungsverhalten eines Abgeordneten ist der Einfluß des Wahlkreises (constituency pressures). Es wurde festgestellt, daß Abgeordnete aus Wahlkreisen, die mehr städtisch sind und einen größeren Prozentsatz an Nichtweißen und von Leuten mit niedrigerem SES[180] aufweisen, also in der Regel Demokraten aus den nördlicheren Staaten, viel liberaler stimmen als die Republikaner, aber auch als ihre Parteigenossen aus soziologisch anders strukturierten Wahlkreisen[181, 182]. Inwieweit diese Abhängigkeit des Abstimmungsverhaltens des Abgeordneten von den Charakteristika seines Wahlkreises aus dem persönlichen Vertrautsein mit der entsprechenden Denkweise und den in dem Wahlkreis besonders brennenden Problemen herrührt oder dem Bestreben des Abgeordneten entspringt, seine Wiederwahl in dem betreffenden Wahlkreis nicht dadurch zu gefährden, daß er seine Wähler vor den Kopf stößt, ist eine offene Frage. Zu letzterem Motiv ist freilich zu beachten, daß die Sicht des Abgeordneten von seinem Wahlkreis und den dort herrschenden Meinungen etwa zu einem bestimmten Gesetzentwurf und umgekehrt das Wissen der Wählerschaft von dem, was der Abgeordnete im Parlament tut und wie er abstimmt, sehr undeutlich sind. Hier kommt also eine große Anzahl von Unsicherheitsfaktoren

---

179 81,6 % aller Abstimmungen im Senat, 69,7 % aller Abstimmungen im Repräsentantenhaus.

180 Sozialer und wirtschaftlicher Status.

181 Froman, Lewis A., Inter-Party Constituency Differences and Congressional Voting Behavior, 57 Am.Pol.Sci.Rev. 57 (1963): Untersuchung von Abstimmungen im Repräsentantenhaus, 87th Congress, 1st session, 1961; in die gleiche Richtung weisen Untersuchungen von Dye, Thomas R., A Comparison of Constituency Influence in the Upper and Lower Chambers of a State Legislature, 14 Western Pol.Q. 473 (1961); Jewell, Malcolm E., Party Voting in American State Legislatures, 49 Am.Pol.Sci.Rev. 773 (1955); MacRae, Duncan, The Relation between Roll-Call Votes and Constituencies in the Massachusetts House of Representatives, 46 Am.Pol.Sci.Rev. 1046 (1952); Turner, Julius, Party and Constituency: Pressures on Congress (1951) at 91, für innerparteiliche Standortunterschiede, Stadt — Land etc.

182 Daß es sich dabei freilich nur um einen Faktor handelt, der nicht das gesamte Abstimmungsverhalten erklärt, ist selbstverständlich. Doch brauchen deshalb die Ergebnisse der genannten Untersuchungen nicht über Bord geworfen zu werden. Aber Flinn, Thomas A., Party Responsibility in the States: Some Causal Factors, 58 Am.Pol.Sci.Rev. 60 (1964), an Hand von Untersuchungen für Ohio. Vgl. auch Derge, David R., Metropolitan and Outstate Alignments in Illinois and Missouri Legislative Delegations, 52 Am.Pol.Sci.Rev. 1051 (1958).

in die Untersuchung[183]. Die beiden Momente — Partei und Wahlkreischarakteristika — sind freilich nicht isoliert zu sehen, sondern gehen ineinander über, da Wahlkreise mit bestimmten Charakteristika (etwa städtisch, rassisch gemischt, niedrigere soziale Klassen) typischerweise einer Partei (der demokratischen) zufallen[184].

Schließlich bestimmen sich Verhalten und Abstimmung des Abgeordneten auch nach Grad und Intensität der Einflüsse der Lobbyisten[185, 186]. Der Einfluß solcher Lobbyisten fällt am stärksten ins Gewicht, wenn der Abgeordnete aus einem sicheren Wahlkreis kommt und für seine Wiederwahl nicht allzu große Rücksicht auf die Gesamtwählerschaft nehmen muß[187].

Der Einfluß der genannten vier Faktoren — es gibt noch manche andere mehr[188] — ist weitgehend noch ungeklärt. Dasselbe gilt für das Verhältnis der Faktoren zueinander, und das Vorliegen mehrerer widerstreitender Einflüsse auf den Abgeordneten ist doch die Regel des politischen Alltags. Eines scheint sich aus den oben genannten Untersuchungen über den Einfluß der Wahlkreischarakteristika auf den Abgeordneten jedenfalls sicher zu ergeben: der Parteizusammenhalt bei Abgeordneten, die aus Wahlkreisen kommen, die typisch für ihre Partei sind, ist größer als bei denen, die von Wahlkreisen kommen, die atypisch sind. Letztere sind nämlich in viel höherem Maße widerstreitenden Einflüssen von Partei einerseits und Wahlkreis andererseits ausgesetzt[189].

---

[183] Dazu Lazarsfeld, Paul F., Political Behavior and Public opinion, at 185 in Berelson, Bernard R., The Behavioral Sciences Today (1963); Key, V. O., Politics, Parties, and Pressure Groups (5th ed. 1964) at 137, 481 et s., 491.

[184] s. o. aa); ferner Jewell, Malcolm E., Party Voting in American State Legislatures, 49 Am.Pol.Sci.Rev. 773 (1955) at 790; auch Lockard, W. Duane, Legislative Politics in Connecticut, 48 Am.Pol.Sci.Rev. 166 (1954) at 172.

[185] Vgl. z. B. Garceau, Oliver and Silverman, Corinne, A Pressure Group and the Pressured: A Case Report, 48 Am.Pol.Sci.Rev. 672 (1954); Schattschneider, E. E., Pressure Groups versus Political Parties, 259 Annals 17 (1948); Wahlke, Buchanan, Eulau, Ferguson, American State Legislators' Role Orientation toward Pressure Groups, 22 J. of Pol 203 (1960).

[186] Soweit es Lobbyisten aus dem eigenen Wahlkreis sind, handelt es sich um einflußreiche Wähler. Dies ist bereits unter dem Verhältnis von Abgeordnetenverhalten und Wahlkreischarakteristika behandelt.

[187] Dazu MacRae, Duncan, The Relation between Roll-Call Votes and Constituencies in the Massachusetts House of Representatives, 46 Am.Pol. Sci.Rev. 1046 (1952) at 1055.

[188] Vgl. z. B. Truman, David B., State Delegations and Voting Alignments, 50 Am.Pol.Sci.Rev. 1023 (1956); Silverman, Corinne, The Legislators' View of the Legislative Process, 18 Pub.Op.Q. 180 (1954/55).

[189] z. B. Dye, Thomas R., A Comparison of Constituency Influence in the Upper and Lower Chambers of a State Legislature, 14 Western Pol.Q. 473 (1961) at 478 in einer Untersuchung zu der Legislaturperiode 1957 im Repräsentantenhaus in Pennsylvania; Lazarsfeld, Paul F., Political Behavior and

Bei diesen Überlegungen muß es sein Bewenden haben. Es hat sich zeigen lassen, daß die Frage nach den Einwirkungen der Supreme Court-Entscheidungen auf die Parteien und die gesetzgeberischen Resultate ein ganzes Büschel diffiziler Vorfragen aufwirft, bei deren Beantwortung die politische Wissenschaft und ihre Hilfswissenschaften den Fragenden bisher noch weitgehend im Stich lassen. Mit Hilfe dessen, was an Wissen bereits zur Verfügung steht, konnte immerhin eine Anzahl von Perspektiven auf die Auswirkungen eines fairen reapportionment auf die Parteien eröffnet werden. Darüber hinaus ist die Erkenntnis der Komplexität des Problems mehr wert als eine vorschnelle, ungenaue oder eine formale, infolge zu großer Allgemeinheit nichtssagende Antwort.

III. Auswirkungen sonstiger Art
(Interessengruppen, Rasse, Religion, Gewerkschaften)

Bisher hat sich zeigen lassen, daß es schwierig ist, Auswirkungen der Entscheidungen des Supreme Court auf das Problem Stadt—Land und auf die Parteien in einer mehr als nur allgemeinen und deshalb wenig besagenden Form festzustellen. In noch größerem Maße gilt das, wenn man Auswirkungen auf die Interessengruppen, auf Rasse und Religion, auf die Gewerkschaften, auf den Einfluß politischer Anschauungen (konservativ — liberal) usw. in den Griff bekommen will. Während bei den Auswirkungen auf die Parteien wenigstens noch Ansätze für eine Untersuchung gefunden werden konnten, fehlt es hier selbst an solchen.

1. Die *Interessengruppen*[190] sind sich der in einem verzerrten apportionment zum Ausdruck kommenden Verschiebungen der politischen Kräfteverhältnisse weitgehend bewußt. Gerade Banken, Versicherungsgesellschaften und ähnliche Interessengruppen haben es verstanden, aus der bisherigen Überrepräsentierung der ländlichen Gebiete ihren Nutzen zu ziehen, und haben mit den ländlichen Gesetzgebern ein Arrangement getroffen[191]. Manchmal kommt das schon

---

Public Opinion, at 186 in Berelson, Bernard R., The Behavioral Sciences Today (1963); aber Flinn, Thomas A., Party Responsibility in the States: Some Causal Factors, 58 Am.Pol.Sci.Rev. 60 (1964); Derge, David R., Metropolitan and Outstate Alignments in Illinois and Missouri Legislative Delegations, 52 Am.Pol.Sci.Rev. 1051 (1958) at 1058.

[190] Generell zu den pressure groups in den USA Key, V. O., Politics, Parties, and Pressure Groups (5th ed. 1964) at 128 et s.; zu den pressure groups speziell im Hinblick auf die reapportionment-Probleme Jewell, Malcolm E., The Politics of reapportionment (1962) at 32 et s.; Baker, Gordon E., The Reapportionment Revolution (1966) at 48 et s.

[191] So für California McHenry, Dean E., Urban v. Rural in California, 35 Nat'l Munic.Rev. 350 (1946) at 353; auch Tyler, Gus, Court versus Legis-

in der Umgangssprache deutlich zum Ausdruck. So werden z. B. in Florida die sechs bedeutendsten Lobbyisten als „country horses“ bezeichnet[192], die herrschende Clique im Parlament und besonders Senat als „pork chop gang“[193]. Die Zusammenarbeit zwischen „big business“ und ländlich-dominierter Gesetzgebung, die oft den Republikanern zugute kommt, andererseits freilich gerade dadurch Gegenkräfte auf den Plan ruft und für die Republikaner auch Nachteile bringt[194], beruht zum Teil auf einer Affinität der Standpunkte, ausgeprägtem Konservativismus, zum Teil auf der Anerkennung der gegenseitigen Macht. Mitunter stützen sich die genannten Interessengruppen freilich auch auf einzelne, sorgfältig ausgesuchte Gesetzgeber, die zwar immer dem ländlichen Block angehören, sich aber infolge eines ziemlich sicheren Wahlkreises wenig um Parteidisziplin und dergleichen zu kümmern pflegen und etwaige Sanktionen ja auch nicht zu fürchten haben. Umgekehrt scheinen die Gewerkschaften und andere mehr liberale Gruppen sich eher auf die städtischen Gesetzgeber zu stützen[195], ohne freilich ihre Kontakte zur Gegengruppe durch Starrkeit in reapportionment-Fragen gefährden zu wollen[196]. Auch bei liberalen Gruppen scheint allerdings oft ein Aber gegen schlecht qualifizierte städtische Gesetzgeber zu bestehen[197]. Ähnlich wie bei den Stadt-Land-Problemen ist das Bild also durchaus nicht einheitlich.

Wenn man sich fragt, was die neuen Entscheidungen des Supreme Court an dieser Situation ändern werden, wird man differenzierte Antwort geben müssen. Einmal ist zu erwarten, daß die konservativen Geschäftskreise auch weiterhin die ihnen vertrauten Kontakte pflegen und sich einzelner, infolge der oben erwähnten Umstände leichter beeinflußbarer Gesetzgeber bedienen werden. Andererseits wird es auch für diese Kreise angesichts der immer größeren Zahl von Gesetzgebern aus städtischen und vorstädtischen Gebieten unentbehrlich,

---

lature (The Socio-Politics of Malapportionment), 27 Law and Contemp.Prob. 390 (1962) at 396; für Florida, Price at 81 in Jewell, Malcolm E., The Politics of Reapportionment (1962); für Florida auch Havard, William C. and Beth, Loren P., The Politics of Mis-Representation (1962) at 211 et s.; Lockard, Duane, New England State Politics (1959) at 182; Banfield, Edward C. and Wilson, James Q., City Politics (1963) at 71; Key, V. O., American State Politics: An Introduction (1956) at 82.

[192] Price at 89 in Jewell, Malcolm E., supra.

[193] Havard, William C. and Beth, Loren P., supra at 22.

[194] Instruktiv Lockard, Duane, supra at 182; ferner New York Times, Febr. 19, 1965, p. 20, col. 4 dazu, daß die Republikaner sich um ein neues Image zu bemühen beginnen.

[195] McHenry, Dean E., supra at 351 für California.

[196] Interessant Jewell, Malcolm E., The Politics of Reapportionment (1962) at 34.

[197] Für Maryland Jewell, Malcolm E., The Politics of Reapportionment (1962) at 34.

eine allzu einseitige Bindung zu ländlichen Gruppen zu lösen. Dies scheint in der Tat auch bereits der Fall zu sein. Dabei versprechen sich die betreffenden Interessengruppen Vorteile, wie größere Beihilfen für die Industrie, Ausdehnungsmöglichkeiten für das Filialbankensystem, Erweiterung der steuerfreien Kredite etc.[198]. Bei dieser Umorientierung wird es sich freilich um einen langsamen Prozeß handeln. Irgendwelche genauere Prognosen zu machen, ist mangels zur Verfügung stehenden, politikwissenschaftlich erfaßten Materials nicht möglich.

2. Daß das bisherige verzerrte System der Wahlkreiseinteilung auch Auswirkungen auf die *Rassen* hatte, wird in der Regel nicht angenommen. In der Befragung von Beobachtern aus allen Einzelstaaten der USA über Auswirkungen des bestehenden malapportionment, die durch die National Municipal League[199] durchgeführt worden ist, meinten nur die Beobachter in Arkansas, daß sich aus der bestehenden Situation Nachteile für die Neger ergeben. Die Hauptschuld schoben jedoch auch sie auf disenfranchisement[200] und auf die geringere Wahlbeteiligung der Neger. Im übrigen findet man die Behauptung, daß sich, wenn überhaupt, nur indirekt Wirkungen daraus ergeben, daß außer in den Südstaaten Neger wohl mehr in unterrepräsentierten städtischen Gebieten wohnen als in ländlichen[201]. In die gleiche Richtung gehen auch die Bemerkungen derjenigen, die allgemein Gegensätze zwischen Stadt—Land, Farbig—Weiß etc. als Faktor in der amerikanischen Geschichte und Politik hervorheben, ohne dies an der Wahlkreiseinteilung im einzelnen nachzuweisen[202].

Dennoch kommt man bei genauerer Untersuchung zum Ergebnis, daß das bisherige malapportionment auch Folgen hinsichtlich des Rassenproblems hatte. Diese bekommt jemand, der mit dem, was in den einzelnen Staaten gespielt wird, nicht eingehend vertraut ist, eben nur meist nicht zu Gesicht. Ein sehr gutes Beispiel bringt Rigler[203].

---

198 Hacker, Andrew, Reapportionment: Who Will Benefit? Challenge, Febr. 1963, at 5.

199 Boyd, William J. D., Compendium on Legislative Apportionment (2d ed. 1962).

200 Entzug des Stimmrechts de iure oder de facto.

201 De Grazia, Alfred, Essay on Apportionment and Representative Government (1963) at 112; auch Jewell, Malcolm E., The Politics of Reapportionment (1962) at 6; Havard, William C. and Beth, Loren P., The Politics of Mis-Representation (1962) at 31.

202 z. B. Pritchett, C. Herman, Equal Protection and the Urban Majority, 58 Am.Pol.Sci.Rev. 869 (1964) at 870: "The census of 1920 revealed that rural America, which from the beginning of the nation has dominated American politics and social values, had become a minority. Since that time white, Protestant, rural America has been on the defensive, seeking to maintain in race, religion and politics its former superiority."

203 Rigler, Douglas V., Senate Reapportionment — The Maryland Experience, 31 Geo.Wash.L.Rev. 812 (1963) at 821.

Im März 1963 sollte in Maryland ein Gesetz erlassen werden, welches gleiche Bedienung für alle Rassen in den Hotels und Restaurants des Staates vorsah (Equal Accomodations Bill). Die Durchsetzung der Vorschriften dieses Gesetzes sollte in einem zweiten Gesetz der State Interracial Commission übertragen werden. Das Gesetz wurde angenommen, aber nur für elf counties und für Baltimore, also für ein Gebiet, das die erheblich größere Zahl der Bevölkerung beherbergt. Auf die anderen zwölf counties, die alle ländlich waren, fand das Gesetz kraft der „senatorial courtesy" keine Anwendung[204]. Die unmittelbare Ursache für die Benachteiligung der Neger in den ländlichen counties war hier zwar nicht die Verzerrung der Wahlkreiseinteilung, sondern die senatorial courtesy. Doch zeigt das Beispiel, wie die Überrepräsentierung ländlicher, konservativer, negerfeindlicher Gebiete besonders im Süden[205] sich auch beim Rassenproblem bemerkbar machen kann[206].

Die Entscheidungen des Supreme Court werden insgesamt einen Abbau der durch malapportionment bedingten Diskriminierungen zur Folge haben[207]. Man wird allerdings darauf achten müssen, ob nicht die bisher herrschende Schicht versuchen wird, ihre Rassenvorurteile mittels anderer legaler Methoden durchzusetzen, etwa durch die election at large dergestalt, daß die Neger als Minderheit dann überhaupt keinen Vertreter ins Parlament schicken können, oder durch rücksichtslose Wahlkreisgeometrie[208]. Die geringe Wahlbeteiligung der Neger[209] wird vorerst freilich ein Handicap bleiben.

---

[204] Danach kann ein Senator beispielsweise verlangen, daß der Anwendungsbereich eines Staatsgesetzes sich nicht auf seine county erstrecken wird. Genauer zum seniority principle Fraenkel, Ernst, Das amerikanische Regierungssystem, 2. Aufl. 1962, S. 293.

[205] z. B. black belt.

[206] Vgl. für den Hintergrund Key, V. O., Southern Politics in State and Union (1950); Jewell, Malcolm E., The Politics of Reapportionment (1962) at 316, wo darauf hingewiesen wird, daß die Gesetzgeber in Tennessee wohl infolge einer Überrepräsentierung von West Tennessee und seiner ländlichen Gebiete eine Resolution angenommen haben, die die Supreme Court Entscheidungen zur Aufhebung der Rassentrennung in öffentlichen Schulen verurteilt hat, während etwa Nashville geradezu als Beispiel für konstruktive Schritte zum Abbau der Diskriminierung in den Schulen gelten kann.

[207] Pollak, Louis H., Judicial Power and „the Politics of the People", 72 Yale L.J. 81 (1962) at 87 n. 29 (im Anschluß an einen Bericht in der New York Times, Sept. 30, 1962, p. 74, col. 3), erwähnt zwei Beispiele dafür, daß in Georgia als Folge gerichtlichen Eingriffs in das county unit system bereits in den primaries Leute mit modernerer Einstellung gewählt wurden und der Sieg eines bekannten Vertreters der Rassentrennung, der sonst sicher gewesen wäre, verhindert wurde.

[208] Vgl. zu letzterem auch Wright v. Rockefeller, 376 U.S. 52 (1964) und die vorinstanzlichen Urteile.

[209] Scammon, Richard M., The Electoral Process, 27 Law and Contemp. Prob. 299 (1962) at 303 et s.

3. Ob sich Auswirkungen auf die *religiösen Minderheiten* ergeben, ist eine Frage, zu der überhaupt kein Material vorliegt. Zwar spricht Pritchett[210] davon, daß „white, Protestant, rural America"[211] sich bevölkerungsmäßig in die Minderheit gedrängt sehe, und Baker v. Carr habe einen Schritt dahin getan, den übermäßigen Einfluß dieser Bevölkerungsminderheit zu brechen. Doch selbst solche allgemeinen Bemerkungen finden sich wenig. Man kann sich freilich vorstellen, daß beispielsweise Maryland, wo sich in und um Baltimore Katholiken konzentrieren, die zu den vorwiegend protestantischen ländlichen Nachbarn besonders in kulturpolitischen und Fragen des Erziehungswesens[212] in starkem Interessengegensatz stehen[213], der Sitzgewinn der Städte und Vorstädte sich mittelbar auch zugunsten einer Religionsgemeinschaft bzw. in der Kultur- und Schulpolitik auswirken wird.

4. Die *Gewerkschaften* haben herkömmlicherweise ihre Karten auf die städtischen Gesetzgeber gesetzt und sahen sich einem Bündnis der Geschäftswelt (big business) und der ländlichen Gesetzgeber gegenüber, die infolge der Überrepräsentierung das Heft weitgehend in der Hand hatten[214]. Auswirkungen des malapportionment zuungunsten der labor-Kräfte werden immer wieder beklagt, allerdings fast nie anhand von Beispielen nachgewiesen[215]. Die Entscheidungen des Supreme Court werden sich aber mit großer Wahrscheinlichkeit mittelbar auch zugunsten der labor-Interessen auswirken, weil deren Schwerpunkt ja in den bisher unterrepräsentierten großen Städten liegt. Welche Veränderungen im einzelnen eintreten, ist schwer zu sagen. Es fehlt vollkommen an Untersuchungen und Material. Selbst innerhalb der Gewerkschaften war das ganze eine fremde Problematik, wie beispielsweise Zon[216] zugibt[217]. Das wurde erst langsam

---

210 Pritchett, C. Herman, supra at 870.

211 Die Republikaner suchen sich von der traditionellen Identifizierung hiermit allmählich freizumachen, vgl. New York Times, Febr. 19, 1965, p. 20, col. 4.

212 Etwa staatliche Zuschüsse an private Schulen, wobei beachtet werden muß, daß ein sehr hoher Prozentsatz aller von Religionsgemeinschaften getragenen Schulen katholisch ist.

213 Beispiel von Rigler, Douglas V., Senate Reapportionment — The Maryland Experience, 31 Geo.Wash.L.Rev. 812 (1963) at 818.

214 McHenry, Dean E., Urban v. Rural in California, 35 Nat'l Munic.Rev. 350 (1946) at 351 für California; Waler, David O., Reapportionment and Urban Representation, 195 Annals 11 (1938) at 16 et s.

215 z. B. Baker, Gordon E., Rural versus Urban Political Power (1955) at 25; Zon, M. Goddard, Labor in Politics, 27 Law and Contemp.Prob. 234 (1962) at 250; U.S. Advisory Commission on Intergovernmental Relations, A Commission Report, Apportionment of State Legislatures (Dec. 1962) at 28.

216 Zon, M. Goddard, id. at 251.

217 Zon arbeitete, als sie den Artikel schrieb, als Research Director im Committee on Political Education der AFL-CIO.

anders, als nach Baker v. Carr eine Flut von wissenschaftlichen und journalistischen Publikationen das Land überschwemmte.

5. Eines ist sicher: als Folge der Entscheidungen des Supreme Court werden neue Männer in die gesetzgebenden Körperschaften einziehen. Der Einfluß der moderner denkenden Kräfte wird sich erheblich verstärken. Der Herrschaft, die sich ländliche Elemente mittels einer rigoros gehandhabten apportionment-Politik bisher erhalten haben, ist eine wesentliche Voraussetzung entzogen. Damit werden in der Politik all die Tendenzen gefördert, die typischerweise mit dem politischen Verhalten und der politischen Philosophie derjenigen verbunden sind, die bisher unterrepräsentiert waren, also beispielsweise Aufgeschlossenheit gegenüber einer weiteren Nationalisierung der Politik, gegenüber wohlfahrtstaatlichen Ideen, gegenüber vermehrtem staatlichen Eingreifen etc.[218].

C. Auswirkungen auf den politischen Prozeß

Die Benachteiligung bestimmter Wählerkreise, der übermäßige Einfluß der ländlichen Gesetzgeber und die Verzerrungen bei den Parteien usw. sind nicht die einzigen Folgen von malapportionment. Die Entscheidungen des Supreme Court werden sich auch auf den politischen Prozeß selbst auswirken. Hierzu gibt es bis jetzt allerdings erst wenige Untersuchungen, und man muß seine Zuflucht zu oft flüchtigen Bemerkungen nehmen, die irgendwo in den Text gestreut sind, und aus denen man sich nur mühsam und mosaikartig ein Bild zusammensetzen kann[1].

---

[218] Vgl. z. B. Silva, Ruth C., Apportionment in New York, 30 Fordham L.Rev. 581 (1962) at 581 mit Literaturnachweisen; Tyler, Gus, Court versus Legislature (The Socio-Politics of Malapportionment), 27 Law and Contemp. Prob. 390 (1962) mit sehr vielen Zitaten und Literaturnachweisen zu den zugrunde liegenden Machtkonflikten und den ideologischen Verbrämungen; Walter, David O., Reapportionment and Urban Representation, 195 Annals 11 (1938) at 16; Page, Thomas, Legislative Apportionment in Kansas (1952) at 20; Grimes, Alan P., Equality in America (1964) at 123 et s.

[1] Am ergiebigsten Jewell, Malcolm E., Political Patterns in Reapportionment at 1 et s. in Jewell, Malcolm E., The Politics of Reapportionment (1962); Hinweise lassen sich auch den Fallstudien zum malapportionment entnehmen, z. B. Jewell, Malcolm E., id. at 49 et s. von verschiedenen Autoren; Lockard, Duane, New England State Politics (1959); Havard, William C. and Beth, Loren P., The Politics of Mis-Representation (1962) für Florida; Garfinkel, Herbert and Fein, L. J., Fair Representation: A Citizen's Guide to Legislative Apportionment in Michigan (1960); Lamb, Karl A., Pierce, William J., White, John P., Apportionment and Representative Institutions — The Michigan Experience (1963); Steiner, Gilbert Y. and Gove, Samuel K., Legislative Politics in Illinois (1960).

I. Eigeninteresse des Gesetzgebers an der Aufrechterhaltung der bestehenden Wahlkreise

Gesetzgeber sind ausgesprochen empfindlich gegenüber jeder auch geringfügigen Änderung der Grenzen ihrer Wahlkreise. Für das eigene Distrikt folgt dies aus dem nur allzu menschlichen politischen Selbsterhaltungstrieb, demgegenüber Argumente wie faire, bevölkerungsgleiche Repräsentation nichts auszurichten vermögen. Bezüglich der Wahlkreise von Kollegen und Mitgesetzgebern beruht das teils auf einem Gefühl der Solidarität, teils auf der Furcht, sich Feinde zu machen, die eigenen Gesetzesvorschläge zu gefährden, an Einfluß zu verlieren bzw. umgekehrt, sich durch Unterstützung der anderen Freunde zu machen und an Einfluß zu gewinnen. Das geht vielfach sogar soweit, daß selbst die Gesetzgeber, die aus unterrepräsentierten Gebieten kommen bzw. die einer Partei angehören, welche in dem betreffenden Staat nur zu gewinnen hätte, die Feindschaft der nun einmal im Amt sitzenden, ländlichen Gesetzgeber nicht riskieren wollen, sondern ihre Zustimmung zum Status quo geben[2]. Daß sie sich die Zustimmung freilich abkaufen lassen bzw. Entgegenkommen in anderen Fragen erwarten, liegt auf der Hand. Besonders einigermaßen sichere Distrikte werden im gegenseitigen Einverständnis kaum angetastet. Insgesamt ist also ein Abnehmen des Wettbewerbs zwischen den Parteien als Folge von malapportionment festzustellen. Das geht sogar soweit, daß eine Partei, die in der Minderheit ist, in bestimmten Wahlkreisen manchmal erst gar keine Kandidaten aufstellt, sei es als Teil einer Vereinbarung mit der Mehrheitspartei[3], sei es — wie das auch zuweilen der Fall ist — aus dem Gefühl heraus, daß die Wahl angesichts des nicht zu ändernden malapportionment ohnehin nicht zu gewinnen ist[4]. Zu harten Konflikten zwischen den Gesetzgebern kommt es in der Regel dann, wenn ein reapportionment nicht mehr vermeidbar ist und es darum geht, durch Wahlkreisgeometrie möglichst viel für die eigene Partei herauszuschlagen. Doch auch dann gilt die Regel, daß insgesamt möglichst wenige Wahlkreise angetastet werden sollen. Die für die Unterrepräsentierten geradezu hoffnungslose Lage[5] vor Baker v. Carr und die Rücksichtslosigkeit, mit der sich Einzelstaatsgesetzgeber jahrzehntelang über Gebote der Staatsverfassung hinwegsetzten wie z. B. in Tennessee, erklären sich aus diesem Selbsterhaltungstrieb der Gesetzgeber.

---

[2] Für New York Wells, David, Legislative Representation in New York State (1964) at 29.

[3] Jewell, Malcolm E., The State Legislature (1962) at 42.

[4] Graham, George A., Morality in American Politics (1952) at 96 et s., weist auf die damit zusammenhängende Korruption hin.

[5] s. o. Kap. 1, III.

Der Zusammenhalt der Gesetzgeber, wenn es an eine Änderung des Status quo im apportionment geht, zerfällt sehr schnell, wenn andere Probleme anstehen. Die städtischen Probleme beispielsweise reißen zwischen den Parteien und innerhalb der Parteien harte Fronten auf. Insbesondere die von ländlichen Wahlkreisen kommenden Gesetzgeber identifizieren sich oft stark mit den Interessen der lokalen politischen Organisation[6]. Angesichts der Tatsache, daß z. B. die Republikaner Stärkezentren in den überrepräsentierten ländlichen und in den am stärksten unterrepräsentierten vorstädtischen Wahlkreisen haben und daß beide Gebiete nicht nur bei der Sitzverteilung im Parlament, sondern meist auch in der Parteienhierarchie — oft dienen die Wahlkreise bzw. counties auch als Grundlage für die Parteiorganisation[7] — nicht das ihrer Bevölkerung entsprechende Gewicht haben, ergeben sich auch innerhalb der Parteien starke Spannungen[8]. Noch von einer anderen Seite her wird der innerparteiliche Zusammenhalt gelockert. Gesetzgeber, die aus sicheren ländlichen Wahlkreisen kommen, werden nämlich oft mit großem Erfolg von Interessengruppen umworben, die aus dem bestehenden malapportionment das Beste für sich herausholen wollen.

Die Supreme Court-Entscheidungen werden durch die Beseitigung des Grundübels einen normalisierenden Effekt haben.

II. Divided party control

Seit langem ist es eine der Sorgen der Beobachter des politischen Prozesses in den Einzelstaaten, daß eine Partei oft nicht, wie eigentlich zu erwarten, eine Mehrheit im Repräsentantenhaus und im Senat sowie das Amt des Governor erringen kann, sondern die Macht mit der anderen Partei in der Form teilen muß, daß eine Partei das Amt des Governor erringt, die andere die Mehrheit in einer und oft in beiden Häusern der gesetzgebenden Körperschaft (sog. *divided party control*). Nach Untersuchungen von Key und Silverman[9], die mit 32 Staaten arbeiteten[10], stand in jeder dritten Wahl, die in den unter-

[6] Page, Thomas, Legislative Apportionment in Kansas (1952) at 148, besonders hinsichtlich von Steuerinteressen; vgl. auch Baker, Gordon E., Rural versus Urban Political Power (1955) at 23.

[7] Baker, Gordon E., Rural versus Urban Political Power (1955) at 21.

[8] Vgl. z. B. für New York Wells, David, Legislative Representation in New York State (1964) at 29; ferner für Kentucky, Jewell, Malcolm E., Political Patterns in Apportionment, at 20 in Jewell, Malcolm E., The Politics of Reapportionment (1962).

[9] Key, V. O. and Silverman, Corinne, Party and Separation of Powers: A Panorama of Practice in the States, 5 Public Policy 382 (1954).

[10] 14 andere, besonders Südstaaten, sind ausgeschlossen worden, da sie praktisch ausschließlich von einer Partei beherrscht werden.

suchten Staaten zwischen 1930 und 1950 abgehalten worden ist, der Governor einem Parlament gegenüber, dessen eine oder beide Kammern von der anderen Partei kontrolliert wurden. Hiervon waren Governors der Demokratischen Partei weit häufiger betroffen als solche der Rupublikaner. Von je fünf Malen, in denen divided party control festzustellen war, erlitt nämlich viermal ein demokratischer Governor dieses Schicksal und nur einmal ein republikanischer[11].

Für die Erscheinung der divided party control werden verschiedene Faktoren verantwortlich gemacht. So mag es sein, daß die Wählerschaft manchmal bewußt zwischen dem Amt des Governor und dem eines Gesetzgebers differenziert und jeweils verschiedene Parteien wählt. In manchen Staaten wird die lokale Organisation der einen Partei vielleicht zu schwach sein, um in einer Mehrheit der Wahlkreise einen Gesetzgeber durchzubringen, während sie in einer Wahl auf Staatsebene, wie es die Governorwahl ist, angesichts ihrer Reserven in den großen Städten trotz der typischerweise geringeren Wahlbeteiligung der städtischen Bevölkerung durchkommt. Letzteres trifft besonders häufig für Demokraten zu. Auch die zeitliche Lage der Bundeswahlen im Verhältnis zu den Einzelstaatswahlen hat einen bestimmten Einfluß[12]. So hat etwa die republikanische Partei eine höhere Chance, den Governorposten zu erringen, obwohl auf Bundesebene die Demokraten vorne liegen, wenn sie die Wahl für das Amt des Governor möglichst von der für das Amt des Präsidenten trennt[13].

Ein wesentlicher, möglicherweise sogar der Hauptgrund für die divided party cortrol ist aber auch das malapportionment[14]. Dies ist sicher dann der Fall, wenn in einem Staat geradezu traditionell ein demokratischer Governor, der mit erheblicher Mehrheit gewählt worden ist, einer republikanischen Legislative gegenübersteht. Key und Silverman berichten von Fällen, in denen der Governor über 60 % der Stimmen erreichte und dennoch seine Partei nicht in beiden Häusern die Mehrheit erringen konnte[15]. Hier handelt es sich typischer-

---

[11] Supra at 392.

[12] Key and Silverman, id. at 396 et s.

[13] Zum Ganzen vgl. besonders die Untersuchungen von Key and Silverman, supra; Sindler, Allan P., Baker v. Carr: How to „Sear the Conscience" of Legislators, 72 Yale L.J. 23 (1962) at 26 et s.; Jewell, Malcolm E., The State Legislature (1962) at 24 et s.

[14] Garfinkel, Herbert and Fein, J., Fair Representation: A Citizen's Guide to Legislative Apportionment in Michigan (1960) at 1; Sindler, Allan P., supra at 27 et s.; siehe auch Lamb, Karl A., Pierce, William J., White, John P., Apportionment and Representative Institutions — The Michigan Experience at 279; Key and Silverman, supra at 401, 403; Jewell, Malcolm E., The Politics of Reapportionment (1962) at 6, 20; und die meisten, die die Erscheinung der divided party control nur streifen.

[15] Key and Silverman, supra at 388.

weise darum, daß die Demokraten in den Städten mehr und mehr Bevölkerungsreserven ansprechen, während im Parlament infolge malapportionment eine erhebliche Zahl von Sitzen den ländlichen, republikanischen Wahlkreisen vorbehalten ist. Einer der Beobachter bringt das auf folgende Formel: "The governor and the legislature are not elected by the same people — really[16]." Connecticut ist ein gutes Beispiel[17]. Da in diesem Staat beide Parteien sehr aktiv sind und in nahezu jedem Wahlkreis Kandidaten aufstellen, fallen nämlich die sonstigen für eine divided party control mitursächlichen Faktoren weitgehend weg. Im Jahre 1954 wurde ein demokratischer Governor mit einer Mehrheit von knapp 51 % gewählt. Während seiner Amtszeit stand er einer Legislative gegenüber, in der die Republikaner in den beiden Häusern eine Mehrheit von 184 zu 92 bzw. 49 zu 30 stellten. Als der Governor im Jahre 1958 seine Mehrheit auf 62 % erweitern konnte, war wenigstens das Repräsentantenhaus demokratisch, freilich mit einer Mehrheit von nur drei Stimmen, die schon 1960 schwand. Daß das malapportionment, das in Connecticut besonders im Repräsentantenhaus groß ist[18] und die Republikaner begünstigt, die Hauptursache für eine derartige Verzerrung ist, kann nicht bezweifelt werden. Ähnlich steht es in Massachusetts, wo von 17 Governorwahlen zwischen 1920 und 1952 die Demokraten sieben gewonnen haben, ohne dabei auch nur ein einziges Mal eine Mehrheit im Senat zu erreichen und nur zweimal bei gleichzeitiger Mehrheit im Repräsentantenhaus[19]. Ganz ähnlich ist die Lage in anderen Staaten, in denen sich eine in den Städten zusammengeballte, demokratische Masse einer überrepräsentierten, ländlichen, stark republikanischen Clique gegenübersieht[20]. Tyler und Wells[21] erwähnen, daß in New York State in den letzten 50 Jahren 25 Jahre lang divided party control bestanden hat, und berichten, daß Governor Alfred E. Smith gewöhnlich von der New York Legislative als „kraft Verfassung republikanisch" sprach[22].

---

[16] Tyler, Gus, Court versus Legislature (The Socio-Politics of Malapportionment), 27 Law and Contemp.Prob. 390 (1962) at 399; auch Havard, William C. and Beth, Loren P., The Politics of Mis-Representation (1962) at 195 für Florida: „radically different constituency".

[17] Jewell, Malcolm E., The State Legislature (1962) at 26; ferner Lockard, Duane, New England State Politics (1959) at 275.

[18] Apportionment-Basis sind die Städte ohne Rücksicht auf ihre Bevölkerungszahl.

[19] Key and Silverman, supra at 393.

[20] Jewell, Malcolm E., The State Legislature (1962) at 27, erwähnt dazu Illinois, Ohio, New Jersey.

[21] Jewell, Malcolm E., The Politics of Reapportionment (1962) at 240.

[22] Ein Durchbruch gelang den Demokraten aber im Jahr 1964/65.

Die Folgen von divided party control sind ausgesprochen negativ. Das Amt des Governor ist allerdings institutionell dazu angelegt, einen gewissen Gegenpol zu bilden, wenngleich die Stellung des Governor in den einzelnen Staaten verschieden stark ist (in manchen hat er ein Veto, in anderen nicht etc.). Es ist nur natürlich, daß der Governor, der in einer staatsweiten Wahl gewählt ist, im Hinblick auf seine Wählerschaft bei seiner Politik die Gewichte anders setzen wird als der Gesetzgeber, der eine auf einen einzigen Wahlkreis oft homogener Art[23] beschränkte Wählerschaft zur Wiederwahl überzeugen muß. Ein gewisses Maß an Reibung zwischen Governor und Legislative ist also unvermeidlich und auch durchaus unschädlich, ja vielleicht zum Ausbalancieren der verschiedenen Interessen staatsweiter und lokaler Art sogar wünschenswert. Dieses Maß an Reibung, das in der Natur der Ämter liegt, wird jedoch dramatisch potenziert, wenn die Ämter an verschiedene Parteien gehen und zu dem institutionellen Gegensatz der parteiliche und womöglich noch der gesamte Stadt-Land-Gegensatz tritt, wie das bei divided party control typisch ist[24].

In solchen Fällen kann es dazu kommen, daß nahezu unlösbare Konflikte entstehen, wie z. B. 1962 in Wisconsin anläßlich eines reapportionment[25] oder 1959 in Michigan ebenfalls anläßlich der reapportionment-Frage[26]. Ein düsteres Bild für New York zeichnen in diesem Zusammenhang Tyler und Wells[27]. Garfinkel und Fein[28] berichten, daß in Michigan, wo meist ein demokratischer Governor einer von den Republikanern kontrollierten Legislative gegenübersteht, beide, Demokraten und Republikaner, es extrem schwer haben, Gesetze (nicht nur reapportionment-Gesetze) durchzubringen. Manchmal droht geradezu Stillstand der Gesetzgebung. Selbst wenn eine Frage so wichtig ist, daß alle Beteiligten einsehen, daß sie gesetzlich behandelt werden muß, sind infolge von divided party control Feilschen und Kompromisse notwendig, die über das hinausgehen, was der Politik wesenseigen ist. Gerade der Governor und seine Partei, die in der Regel unter dem malapportionment besonders auffällig

---

[23] Besonders wenn er ländlich ist.

[24] So z. B. in Michigan, vgl. Lamb, Karl A., Pierce, William J., White, John P., Apportionment and Representative Institutions — The Michigan Experiences (1963) at 154 et s.

[25] Sindler, Allan P., Baker v. Carr: How to „Sear the Conscience" of Legislators, 72 Yale L.J. 23 (1962) at 24 n. 5.

[26] Lamb, Pierce, White, supra at 154.

[27] Jewell, Malcolm E., The Politics of Reapportionment (1962) at 221 et s., 240 et s.; auch Jewell, Malcolm E., The State Legislature (1962) at 30 et s.

[28] Garfinkel, Herbert and Fein, L. J., Fair Representation: A Citizen's Guide to Legislative Apportionment in Michigan (1960) at 1.

leidet, sind meist die Leidtragenden dieser Notwendigkeit, Kompromisse zu schließen. Der Governor ist auf die Legislative mehr angewiesen als diese auf ihn. Er braucht das Wohlwollen der Legislative, um seine Gesetzesvorschläge durchzubringen, welche die Verwaltungsform und oft die heikelsten Probleme des Staates (Städte, Slums, Rassenprobleme etc.) betreffen. Ohne Mitwirkung des Gesetzgebers ist seine Tätigkeit steril und seine Wiederwahl insoweit in Frage gestellt. Der Governor wird deshalb auch dann nachgeben und nachgeben müssen, wenn das angesichts des Standes der Probleme, besonders der städtischen, nicht mehr zu verantworten ist. Die ländlichen Gesetzgeber, die in erster Linie auf eine Wiederwahl innerhalb ihrer von derartigen Problemen oft nur wenig berührten Wahlkreise bedacht sind, kümmert das wenig. Divided party control führt damit häufig zu einem Nachlassen des Parteienwettstreits (von Opposition kann angesichts der geteilten Regierung nicht gesprochen werden), da andernfalls die Gefahr besteht, daß überhaupt nicht regiert werden kann. Damit verbunden ist ein Nachlassen des Verantwortungsbewußtseins. Ein klares Programm ist nicht durchführbar, da die andere Seite mitbestimmen kann. Grundsätzliche Reformen unterbleiben, oft ohne daß eine Partei bei den nächsten Wahlen entsprechende Reaktionen zu befürchten hat. Die Verantwortung kann ja leicht auf die jeweils andere Partei abgeschoben werden.

Divided party control ist unbestreitbar eine durch und durch unerfreuliche Erscheinung und wird auch von den verschiedensten Beobachtern als eines der größten Übel im politischen Prozeß der Einzelstaaten angesehen, das dringend der Reform bedürfe[29]. Die Entscheidungen des Supreme Court zum reapportionment werden einen günstigen Effekt dahingehend haben, daß eine der Hauptursachen für divided party control beseitigt wird. In welchem Ausmaß sich das Wegfallen dieser Ursache sichtbar auswirken wird, ist angesichts der erwähnten Vielzahl von Mitursachen für divided party control schwierig zu beantworten. Besonders darf auch nicht übersehen werden, daß den meisten von denen, die im malapportionment eine Haupt-

---

[29] Sindler, Allan P., supra at 27 et s.; note, Baker v. Carr and Legislative Apportionment: A Problem of Standards, 72 Yale L.J. 968 (1963) at 1013 n. 209; Key, V. O., American State Politics: An Introduction (1956) at 52 et s.; vgl. ferner Rigler, Douglas V., Senate Reapportionment — The Maryland Experience, 31 Geo.Wash.L.Rev. 812 (1963) at 834 et s.; Dixon, Robert G., Apportionment Standards and Judicial Power, 38 Notre Dame Law. 367 (1963) at 391; Lamb, Karl A., Pierce, William J., White, John P., Apportionment and Representative Institutions — The Michigan Experience (1963) at 329; Jewell, Malcolm E., The Politics of Reapportionment (1962) at 131; Tyler, Gus and Wells, David, at 221 et s., 240 in Jewell, Malcolm E., The Politics of Reapportionment (1962); Key, V. O. and Silverman, Corinne, Party and Separation of Powers: A Panorama of Practice in the States, 5 Public Policy 382 (1954) at 406.

ursache für divided party control sehen, die neueren Untersuchungen nicht bekannt gewesen zu sein scheinen, wonach sich angesichts der starken Unterrepräsentierung der Vorstädte durch ein faires apportionment kräfte- und sitzmäßig zwischen den Parteien gar nicht viel verschiebt.

III. Stellung des Governor

Das herkömmliche malapportionment hatte auch Wirkungen auf die politische Rolle des *Governor*. Zwar ist die Stärke des Governor in den einzelnen Staaten institutionell verschieden und hängt natürlich auch von der Individualität des einzelnen Amtsinhabers ab. Die Rolle, die der Governor im politischen Prozeß des Einzelstaates spielt, wird jedoch auch dadurch bestimmt, daß er infolge des malapportionment praktisch von anderen Wählern gewählt wird als die Gesetzgeber[30, 31]. Der Governor ist vielfach derjenige, der in den Vereinigten Staaten einer im wesentlichen ländlich beherrschten und oft auch ländlich denkenden Legislative die Reformvorschläge und Programme unterbreitet, die durch die Probleme einer immer mehr verstädternden Gesellschaft notwendig werden. Da der Governor infolge seiner Wahl auf der Ebene des gesamten Einzelstaates[32] für seine Wähler wirklich, d. h. ohne Stimmengewichtsverzerrung und Wahlkreisgeometrie, repräsentativ ist, besitzt er ein erhöhtes Prestige. Vielfach erscheint er als Retter der städtischen Massen, die ohne Aussicht auf faire Repräsentation bei der Legislative kein Verständnis für ihre Probleme zu finden vermögen. Ob er freilich tatsächlich die Rolle eines „Volkstribuns" zugunsten der unterrepräsentierten Gebiete spielt, wie das die Massen und viele Beobachter der Politik der Einzelstaaten anzunehmen scheinen, ist fraglich. Selbstverständlich ist der Governor angesichts der Wählerschaft, die ihn wählt, und der Probleme, mit denen er von Amts wegen zu tun hat, an einer fairen Repräsentation interessiert. Doch scheint der Governor es in den meisten Fällen auf einen Kampf um das reapportionment nicht ankommen zu lassen[33].

---

[30] Der Governor wird in aller Regel auf der Ebene des gesamten Einzelstaates gewählt. Die Städter haben also kraft ihrer Bevölkerungszahl das entscheidende Wort zu sagen. Die Gesetzgeber kommen dagegen infolge malapportionment der Wahlkreise zu einem großen Teil aus mehr ländlichen Gebieten.

[31] Tyler, Gus, Court versus Legislature (The Socio-Politics of Malapportionment), 27 Law and Contemp.Prob. 390 (1962) at 399; Havard, William C. and Beth, Loren P., The Politics of Mis-Representation (1962) at 195; note, Baker v. Carr and Legislative Apportionment: A Problem of Standards, 72 Yale L.J. 968 (1963) at 1015; vgl. auch für New York Wells, David, Legislative Representation in New York State (1964) at 29.

[32] Ohne Wahlkreise.

[33] Vgl. die Nachweise bei Jewell, Malcolm E., The Politics of Reapportionment (1962) at 30 et s.

Ihm sind in weitem Umfang die Hände gebunden[34]. Da die Gesetzgeber gegen jede Manipulation mit den Wahlkreisgrenzen besonders empfindlich sind[35], ist der Governor in aller Regel nicht bereit, sein Programm in einem Kampf um das reapportionment auf das Spiel zu setzen. Er zieht es vor, die Gesetzesentwürfe, die ihm zur Durchführung seiner Aufgaben als Chef der Exekutive und exponiertem Verantwortlichen für das Wohl des Einzelstaates notwendig erscheinen, durch die beiden Kammern zu bringen. Sehr oft aber hat er nicht einmal damit Erfolg, da er, selbst bei einem Vetorecht[36] gegen Gesetze der Legislative, nur wenig Trümpfe gegen das Parlament in der Hand hat. Dies alles gilt schon für den Fall, daß Governor und Mehrheit in der Legislative derselben Partei angehören, denn die Interessenkonflikte zwischen Stadt und Land etc. zeigen sich ja nicht zum geringsten Teil innerhalb der Parteien selbst. In ungleich größerem Maße gilt dies aber, wenn Governor und Mehrheit in einer oder beiden Kammern des Parlaments nicht derselben Partei angehören, also bei divided party control[37].

Es steht zu erwarten, daß die Entscheidungen des Supreme Court auch hier von gewissem Einfluß sein werden. Einmal wird der Governor von der heiklen Aufgabe (bzw. der entsprechenden Erwartung der unterrepräsentierten Bevölkerungsteile) befreit, auf ein faires reapportionment zu drängen und gleichzeitig sein Programm über die parlamentarischen Hürden zu bringen. Ferner wird seine Position insofern gestärkt, als die Entscheidungen des Supreme Court einen günstigen Einfluß auf das Abnehmen der divided party control haben werden. An der Konkurrenz, die zwischen dem Governor und den Oberbürgermeistern der großen Städte herrscht, wird sich dadurch freilich wenig ändern. Schließlich wird der Governor es künftig mit Gesetzgebern zu tun haben, die sich in größerem Maße als bisher aus den Städten bzw. vorstädtischen Bezirken rekrutieren und schon deshalb mit den Problemen, vor die der Governor gestellt ist, mehr

[34] Auch oben 2.

[35] s. o. 1.

[36] Das Veto kann zudem durch die Legislative oft ausgeräumt werden.

[37] Zum gesamten Komplex der Stellung des Governor in diesem Zusammenhang, vgl. note, supra, 72 Yale L.J. 968 (1963) at 1015; Jewell, Malcolm E., The Politics of Reapportionment (1962) at 30 et s., der insbesondere mit dem Begriff der Rolle arbeitet; Hagan, Charles B., The Bicameral Principle in State Legislatures, 11 J.Pub.L. 310 (1962) at 319; Tyler, Gus, supra at 398 et s.; Havard, William C. and Beth, Loren P., supra at 21 für Florida; dieselben, id. at 195 et s.; für Kentucky Jewell, Malcolm E., The Politics of Reapportionment (1962) at 115; ferner Jewell, Malcolm E., The State Legislature (1962) at 31, der darauf hinweist, daß die Republikaner angesichts ihrer wachsenden Stärke in den vorstädtischen Wahlbezirken sich nun mehr um das Government bemühen, wobei das sie sonst oft begünstigende malapportionment nun umgekehrt ein Handicap für sie ist.

vertraut sind. Reformen in dieser Richtung durchzusetzen, dürfte ihm demnach in der Zukunft weniger schwer fallen.

IV. Nationalisierung der Politik

Die Erscheinung einer immer stärkeren *Nationalisierung der Politik* — abnehmender Einfluß der Einzelstaaten, wachsender Einfluß des Präsidenten auch in Problemen, die traditionell Sache der Einzelstaaten sind[38, 39] — liegt zweifellos im Zuge der Zeit, beruht aber zu einem gewissen Grad auch auf dem Mangel an Resonanz, welche die Städter mit ihren nahezu unlösbaren Problemen bei den unrepräsentativen Einzelstaatslegislativen gefunden haben[40]. Ob sich die Entscheidungen des Supreme Court auch diesbezüglich auswirken, ist sehr fraglich. Der Trend zur Nationalisierung der Politik wird wahrscheinlich anhalten, auch wenn nunmehr eine seiner Ursachen weggefallen ist. Das liegt einmal daran, daß auch bei nunmehr fairem apportionment das Umdenken der Einzelstaatslegislativen in ihrem Verhältnis zu den Problemen einer modernen Industrie- und Massengesellschaft nur schrittweise vor sich gehen wird. Das liegt zum anderen an dem ungeheuren Finanzaufwand, den die Lösung derartiger Probleme erfordert und den die Einzelstaaten allein ohne Hilfe des Bundes einfach nicht aufbringen können.

V. Fortbestehen von Mißständen

Auch wenn man die genannten positiven Auswirkungen eines fairen reapportionment auf den politischen Prozeß begrüßt, muß man sich davor hüten, in den Fehler zu verfallen, dem ein Großteil der Öffentlichkeit und viele Beobachter nach Baker v. Carr erlegen sind, nämlich zu glauben, daß mit den Entscheidungen des Supreme Court alle Übelstände an der Wurzel getroffen seien und faires apportionment gewissermaßen ein Allheilmittel darstelle. Malapportionment hat zwar eine ganze Reihe höchst unerfreulicher Verzerrungen in seinem Gefolge gehabt. Das gilt insbesondere für die Großstadtprobleme, die Cliquenwirtschaft der Gesetzgebung, die divided party control, die Aushöhlung des Prestiges und die Einengung des Wirkungskreises der Einzelstaaten usw. Alle diese Probleme haben jedoch auch noch andere Ursachen. Außerdem gibt es *Übelstände*, die auch nach einem fairen

---

38 Man denke an die Hinwendung der Städte von den Staatshauptstädten weg nach Washington D.C., ferner an die grants-in-aid (Subventionen) etc.

39 Vgl. dazu am besten Lubell, Samuel, The Future of American Politics (1952) at 28 et s.

40 Genauer s. u. Kap. 4, D III.

apportionment bestehen *bleiben:* das seniority principle[41], die nahezu uneingeschränkte Macht der Ausschüsse, Gesetzesentwürfe zum Erliegen zu bringen[42], Filibuster[43], senatorial courtesy[44], Organisationsmangel etc.[45].

Besonders das seniority principle wird von denen, die die reapportionment-Entscheidungen des Supreme Court begrüßen, oft im gleichen Atemzug angegriffen. Das seniority principle, nach dem die Anciennität eines Gesetzgebers den Ausschlag dafür gibt, wer Vorsitzender der einflußreicheren Ausschüsse wird, kann in seiner vollen Tragweite nur verstanden werden, wenn man sich die ungeheure Machtfülle dieser Ausschüsse etwa des Rules Committee oder des Appropriation Committee vor Augen hält. Von einem solchen Ausschuß hängt es oft ab, ob ein Gesetzesentwurf überhaupt je (wieder) dem Parlament vorgelegt wird. Da nun die Abgeordneten mit der höchsten Anciennität von sicheren Distrikten kommen, also in der Regel von ländlichen, in denen die Parteikonkurrenz vielfach gering ist oder ganz fehlt[46], besteht die Gefahr, daß die Städte und Vorstädte künftig zwar proportional zu ihrer Bevölkerung Sitze im Parlament haben, daß die von ihnen gewählten Vertreter jedoch nicht den Einfluß erreichen werden, der ihnen rein zahlenmäßig zustehen müßte[47].

---

[41] Vgl. dazu aber auch oben Kap. 4, B II 3 b. Als Folge dieses fairen reapportionment wird sich zwar nichts an der Beibehaltung des seniority principle ändern. Doch führt ein solches reapportionment zu einer Umstrukturierung innerhalb der Parteien, und zwar zu einem Sitz- und möglicherweise sogar seniority-Gewinn der Städte. Vgl. auch weiter im Text oben.

[42] Die amerikanische Sprache gebraucht zu Recht das Wort „to kill".

[43] Wicker, Tom, New York Times, March 4, 1965, p. 13, col. 3 et s.

[44] Vgl. das Beispiel oben Kap. 4, B III.

[45] Zum ganzen Komplex der ehemalige Senator von New York Keating, Kenneth B., Address, Columbia College, New York, April 24, 1964 — Washington Post, April 25, 1964, section A, p. 2, col. 5; New York Times, April 25, p. 14, col. 2; ferner Clark, Joseph S., Congress: the Sapless Branch (1964); Bendiner, Robert, Obstacle Course on Capitol Hill (1964); Farrelly, D. G. and Hinderaker, J., Congressional Reapportionment and National Political Power, 17 Law and Contemp.Prob. 338 (1952) at 352; zu den Übelständen bei den Einzelstaatslegislativen, Strout, Richard L., Legislative Reform, The Christian Science Monitor, May 12, 1965, p. 9.

[46] Vgl. besonders 10 Cong.Q.Special Rep. 47 (1961) zur gegenseitigen Abhängigkeit von Anciennität und sicherem Wahlkreis; Schattschneider, E. E., Urbanization and Reapportionment, 72 Yale L.J. 7 (1962) at 11.

[47] Mitglieder der Legislative aus sicheren, d. h. in aller Regel ländlichen und konservativen Distrikten, haben schon ohne das seniority principle den großen Vorteil, länger Kontakte zu anderen Gesetzgebern und eventuell zu Interessengruppen zu haben und sich außerdem in den oft übermäßig komplizierten Geschäftsordnungen auszukennen. Beides sind die Faktoren, die Einfluß und Erfolg eines Gesetzgebers mit am stärksten beeinflussen. Hierzu Farrelly, D. G. and Hinderaker, J., supra at 352. Wenn das Anciennitätsprinzip noch dazukommt, wird der Einfluß derartiger Gesetzgeber vor den anderen übermäßig groß.

Schon bisher war es so, daß die herrschende Clique in der Gesetzgebung einen eisernen Griff auf die Ämter der Vorsitzenden und auf die wichtigeren Ausschüsse legte. In einer instruktiven Untersuchung[48] zur Situation in Florida weisen Havard und Beth an Hand von Statistiken nach, daß die Abgeordneten aus städtischen Wahlkreisen in aller Regel in sog. „dog house committees" abgeschoben wurden, d. h. in Ausschüsse, die politisch von geringer Bedeutung waren. Solange die vom malapportionment profitierenden Kreise die Möglichkeit haben, den Machtverlust, den sie nach den Entscheidungen des Supreme Court erleiden sollten, mittels des Anciennitätsprinzips bzw. freier Hand bei der Besetzung von Vorsitzendenstellen in allen wichtigen Ausschüssen wenigstens zum Teil zu neutralisieren, ist dem Leitbild einer fairen, stimmengewichtsgleichen Repräsentation, wie sie dem Supreme Court vorgeschwebt hat, nicht entsprochen. Eine Reform auf diesem Gebiet ist freilich nicht mehr Sache des Supreme Court, sondern müßte von den künftig in immer größerer Zahl in das Parlament einziehenden Vertretern der bisher unterrepräsentierten Gebiete durchgedrückt werden[49]. Ansätze, etwa in Richtung einer vorsichtigen Zurückdrängung des Filibuster, sind vorhanden. Was die Zukunft bringt, bleibt abzuwarten.

D. Auswirkungen auf das Verfassungssystem der USA

Die Frage nach den Auswirkungen der Supreme Court-Entscheidungen zum reapportionment auf das Verfassungssystem der Vereinigten Staaten läßt die Untersuchung von vier Problemkreisen notwendig erscheinen. Das Stichwort des Minderheitenschutzes (minority rights)[1] ist besonders von den Gegnern eines bevölkerungsgerechten apportionment immer wieder in die Diskussion geworfen worden. Die Strukturform des Bikameralismus[2] muß angesichts des

[48] Havard, William C. and Beth, Loren P., Committee Stacking and Political Power in Florida, 23 J. of Pol. 57 (1961); ähnlich auch Price at 89 et s. in Jewell, Malcolm E., The Politics of Reapportionment (1962).

[49] Allerdings muß für das seniority principle berücksichtigt werden, daß die Anciennität teilweise auch städtischen Gebieten zugute kommt, freilich in viel geringerem Maße als ländlichen, weil die städtische Wählerschaft in den USA in ihrem Wahlverhalten erfahrungsgemäß viel eher Schwankungen zwischen den beiden Parteien vollzieht als die ländliche. Eine eingehendere Untersuchung kann hier jedoch nicht angestellt werden. Im übrigen ist bei allen Reformplänen zum seniority principle zu beachten, daß auch jeder andere Modus, Ausschüsse zu besetzen, zu Ungerechtigkeiten führen kann.

[1] s. u. D I.

[2] s. u. D II.

vom Supreme Court aufgestellten Gebots, daß beide Kammern nach dem equal population principle zu wählen sind, neu überdacht werden. Anlaß einer hitzigen und z. T. bitteren Kontroverse ist die schwindende Bedeutung der Einzelstaaten (states' rights)[3], ein Trend, den verstärkt zu haben, den apportionment-Entscheidungen des Supreme Court häufig verübelt wird. Schließlich stellt sich die grundsätzliche Frage nach der Stellung des Supreme Court im Verfassungs- und politischen System der Vereinigten Staaten[4], ein Problem, das eng mit der political questions doctrine[5], dem Gewaltenteilungsprinzip[6] und der gerichtlichen Normenkontrolle zusammenhängt[7].

Alle diese Probleme sind komplex genug, um eigene Untersuchungen zu verdienen[8]. Im Rahmen der vorliegenden Arbeit kann es jedoch nur darauf ankommen, die genannten Probleme insoweit kurz zu beleuchten, als sie durch die reapportionment-Entscheidungen des Supreme Court berührt bzw. in der anschließenden Debatte in den USA aufgegriffen worden sind.

I. Minority rights[9]

Minderheitenschutz *(minority rights)* ist das Schlagwort, mit dem die Verfechter des Status quo beim apportionment häufig argumentieren. Die Supreme Court-Entscheidungen hätten nicht genügend beachtet, daß die ländlichen Gebiete angesichts der anhaltenden Bevölkerungsexplosion mit der Zeit mehr und mehr an relativer Bevölkerungszahl und damit an Einfluß verlieren. Die ländliche Minderheit — zur Mehrheit vermag sie nie zu werden — bedürfe einer bevorzugten Berücksichtigung beim apportionment, um vor Übergriffen der Mehrheit sicher zu sein. Dieses Argument kommt dem traditionellen amerikanischen Mißtrauen gegen Mehrheiten, die ihre Macht mißbrauchen könnten, geschickt entgegen und spricht die Schuldkomplexe an, die in der amerikanischen Öffentlichkeit angesichts der Negerfrage und anderer Minderheitenprobleme bestehen.

---

[3] s. u. D III.

[4] s. u. D VII.

[5] s. u. D IV.

[6] s. u. D V.

[7] s. u. D VI.

[8] Zu jedem dieser Probleme gibt es eine nahezu unübersehbare Literatur.

[9] Für Information über die Minderheiten in den USA besonders Marden, Charles F., Minorities in American Society (1952); ferner Mendelson, Wallace, Discrimination (1952) und Grimes, Alan P., Equality in America (1964). Zum Problem der Minderheiten in den USA auch Carstens, Karl, Grundgedanken der amerikanischen Verfassung und ihre Verwirklichung (1954), S. 194 ff.

Wie Minderheiten vor einer Tyrannis der Mehrheit geschützt werden können, ist eine grundsätzliche Frage, die jeder modernen Massendemokratie eigen ist. In den Vereinigten Staaten wird durch die Einschaltung von Wahlkreisen bei den meisten Wahlen der Prozentsatz der zur Bildung einer Mehrheit notwendigen Stimmen von etwas mehr als 50 % auf etwas mehr als 25 % herabgedrückt[10]. Dieses System kommt den lokalen Interessen entgegen, die bei Wahlen auf der Ebene des gesamten Einzelstaates keine Chancen hätten, einen Kandidaten durchzubringen.

Mehrere Umstände bewirken einen Schutz der Minderheiten vor der Mehrheit. Angesichts der Unzahl in einem Staat sich konfrontierender Interessen ist es nicht immer leicht, sich zu einer Gruppe zusammenzutun, die stark genug wäre, die anderen Interessen zu unterdrücken. In den Vereinigten Staaten rekrutieren beide Parteien ihre Anhänger aus den verschiedensten Kreisen und Interessengruppen. So hat etwa die Republikanische Partei ihre Stärkezentren in so verschiedenen und gegensätzlich strukturierten Gebieten wie den ländlichen und den vorstädtischen. Eine solche Partei kann es sich nicht leisten, Minderheiten zu unterdrücken[11]. Sie würde damit gleichzeitig diese Gruppen innerhalb der eigenen Partei negieren. Dies ist besonders deshalb so, weil die Parteien in den USA nicht disziplinierte und weltanschaulich und programmatisch festgefügte Gebilde sind. Man kann somit zu Recht von einem „soziologischen System der Gewaltenteilung" sprechen[12, 13].

Neben diesem soziologischen Gewaltenteilungssystem schreiben viele dem Zweikammernsystem — Vertretung des Gebiets oder sonstiger Interessen in der einen Kammer, Vertretung der Bevölkerung in der anderen — Bedeutung für den Schutz der Minderheiten zu. Eine Minderheit, die sich wenigstens in einer Kammer habe durchsetzen können, könne nämlich die andere Kammer zu Kompromissen zwin-

---

[10] Vgl. Israel, Jerold, Nonpopulation Factors Relevant to an Acceptable Standard of Apportionment, 38 Notre Dame Law. 499 (1963) at 511 mit Nachweisen.

[11] Schattschneider, E. E., Party Government (1942) at 85 et s.; Auerbach, Carl A., The Reapportionment Cases: One Person, One Vote — One Vote, One Value, 1964 Supr.Court Rev. 1 at 52; vgl. auch Madison, The Federalist Papers, n. 52 at 324, 325 (Rossiter ed. 1961).

[12] Auerbach, Carl A., id. at 53.

[13] Angesichts dieser Sachlage halten es denn auch die meisten nicht für richtig, die Interessengruppen dadurch in starre Formen pressen zu wollen, daß man sie im Sinne einer funktionalen Vertretung in die Repräsentationsgrundlage aufnimmt. Man befürchtet eine Verhärtung der Standpunkte und eine Verschärfung der bestehenden Gegensätze. Auerbach, Carl A., id. at 54 mit Nachweisen; Lipset, Seymour, Political Man (The Social Bases of Politics) (1960) at 31, 86 et s.

gen[14]. Auch die Gewaltenteilung spielt eine Rolle, da sie die staatliche Gewalt hemmt und die aus einer Konzentration dieser Gewalt bei einem Organ folgende, übergroße Machtfülle gegenüber Minderheiten verhindert[15]. Als wichtigster Garant der Minderheitsrechte wird im übrigen der Supreme Court angesehen[16].

Die Frage braucht in der vorliegenden Untersuchung nicht vertieft zu werden. Wenn sich nämlich eine Minderheit, etwa die ländliche, auf die Notwendigkeit eines Schutzes durch bevorzugte Stellung im apportionment berufen könnte, besteht kein Grund dafür, dasselbe nicht allen anderen Minderheiten, den rassischen, beruflichen oder sonstigen, zu gewähren[17]. Man müßte dann konsequent eine funktionale Repräsentation, also eine Repräsentation der Interessen, verlangen, was in den USA meist gerade abgelehnt wird. Minority rights sind demnach zwar ein fundamentales Problem bei jeder Herrschaft der Mehrheit. Die Frage hat aber nicht unmittelbar etwas mit apportionment zu tun. Die Berufung auf minority rights ist ein Scheinargument.

II. Zweikammernsystem

Oft wird behauptet, daß Reynolds v. Sims dem Zweikammernsystem die Existenzberechtigung genommen habe. Dem gilt es nachzugehen. Nahezu alle Staaten der USA haben ein Zweikammernsystem. Eine bekannte Ausnahme bildet Nebraska. Historisch gesehen kann das *Zweikammernsystem* in den USA hauptsächlich auf das Vorbild der beiden Kammern im britischen Parlament zurückgeführt werden. Das obere Haus, der Senat, der in der Regel nach Gebiet organisiert war, teilweise auch nach Höhe der gezahlten Steuern oder nach Städten, sollte das untere Haus hemmen (Ausprägung der Idee der checks and balances)[18]. Diese Idee trat in der Periode der Jacksonian democracy etwas zurück, erwachte aber freilich mit einer neuen Intention bald wieder, als abzusehen war, daß die herkömmliche Herrschaft der ländlichen Bürger der Überzahl der Städter werde weichen

[14] Aber genauer s. u. II.

[15] Madison, The Federalist Papers, n. 51 at 322 (Rossiter ed. 1961).

[16] s. u. VII.

[17] Im übrigen bestehen Minderheiten innerhalb der Minderheiten. Wenn die Wahlkreiseinteilung einer Minderheit, d. h. lokalen Mehrheit, zu einem Vertreter verhilft, bedeutet das nicht, daß die lokale Minderheit ebenfalls geschützt ist. Umgekehrt verhilft auch eine egalitäre Betrachtungsweise lokalen Minderheiten, z. B. den Negern im Süden, nicht immer zu einem wirksamen Schutz. Vgl. Dahl, Robert A., A Preface to Democratic Theory (1956) at 115.

[18] Dazu Hurst, James, The Growth of American Law (1950) at 44, ferner at 43—45 und 53—56.

müssen. Sehr instruktiv sind etwa die Äußerungen der verfassunggebenden Versammlung von 1894 für den Staat New York[19], als es darum ging, wenigstens eine Kammer der bisherigen Oberschicht zu erhalten und sie nicht wie schon das Repräsentantenhaus an die Städte bzw. an die eine Großstadt des Staates fallen zu lassen.

Wie sich während der Diskussion um die Supreme Court-Entscheidungen zum reapportionment ganz deutlich zeigte, gehen viele Verfechter des Status quo davon aus, daß ein System, wonach die eine Kammer auf Grund der Bevölkerung, die andere auf Grund von Gebiet oder nach sonstigen Kriterien gewählt wird, der in der Geschichte der USA schon immer gefürchteten Diktatur der Mehrheit Einhalt gebieten könne. Das Gefühl, eine nicht rein nach Zahlen zusammengesetzte Volksvertretung zu besitzen, sondern auch anderen Interessen ihren Platz eingeräumt zu haben, war ebenso echt wie der beruhigende Gedanke, daß ganz im Sinne der Idee der checks and balances die beiden in dieser Weise verschieden strukturierten Häuser sich schon „zusammenraufen" würden[20]. Das erklärt, warum zumindest die etwas später einsetzende, mehr reflektierte Reaktion besonders auf Reynolds v. Sims zum Teil sehr heftig war[21].

Die Entscheidung Reynolds v. Sims entzieht dieser traditionellen Rechtfertigung des Zweikammernsystems tatsächlich den Boden. Von nun an werden in den Einzelstaaten beide Kammern der Legislative von der gleichen Wählerschaft gewählt werden müssen. Der Supreme Court sieht die Problematik und weist zu seiner Rechtfertigung darauf hin, daß Unterschiede in der Amtsdauer der Abgeordneten, der Gesamtzahl der Abgeordneten in jeder Kammer, den Grenzen der Wahlkreise, der Anzahl der in einem Wahlkreis zu wählenden Kandidaten etc. gemacht werden können[22]. Dies ist freilich wenig überzeugend, da es sich dabei um formale Unterschiede handelt, die den für beide Kammern nunmehr gleichen Wählerkreis in seinem Wahlverhalten wohl kaum beeinflussen werden[23].

Eigentlicher Hintergrund und möglicherweise Rechtfertigung der Entscheidung hinsichtlich des Zweikammernsystems ist wohl etwas anderes. In der Literatur zum Zweikammernsystem findet man viele,

---

19 4 Revised Record of the Constitutional Convention of 1894 of the State of New York, at 1255.

20 Typisch z. B. Dixon, Robert G., Apportionment Standards and Judicial Power, 38 Notre Dame Law. 367 (1963) at 391.

21 s. o. Kap. 3, 1.

22 Reynolds v. Sims, 377 U.S. 533 (1964) at 576, 577.

23 Vgl. schon Durfee, Elizabeth, Apportionment of Representation in the Legislatures: A Study of State Constitutions, 43 Mich.L.Rev. 1091 (1945) at 1095.

die dem Bikameralismus zweifelnd gegenüberstehen[24]. Das herkömmliche Argument von der Gewaltenhemmung durch ein Zweikammernsystem ist angesichts der ohnehin bestehenden, durch divided party control potenzierten Schwierigkeiten, Governor, Repräsentantenhaus und Senat zu einem Gesetz zusammenzubekommen, stark diskreditiert. Zu einer Zeit wie heute, in der die Gesetzgeber mit den sich ihnen stellenden Aufgaben ohnehin nicht oder kaum Schritt halten können, sieht man im Zweikammernsystem vielfach eine unnötige Doppelarbeit. Die positiven Berichte über das Funktionieren der Einkammerlegislative beispielsweise in Nebraska tun ein übriges dazu[25]. Untersuchungen in Staaten der USA mit Einkammernsystem haben zudem ergeben, daß es für die Qualität der zustandegekommenen Gesetze keinen nachweisbaren Unterschied macht, ob eine oder zwei Kammern das Gesetz erlassen haben[26]. Die Anzeichen sprechen dafür, daß in der Praxis das Zweikammernsystem nicht die ihm in den USA traditionell zugeschriebene Funktion der Gewaltenhemmung im positiven Sinne eines Schutzes von schlechten oder gar oppressiven Gesetzen wahrnimmt.

Reynolds v. Sims ist ein weiterer Schritt in Richtung auf die theoretische Disqualifizierung des Zweikammernsystems. Das Zweikammernsystem ist freilich so eingebürgert, daß ein Wechsel zum Einkammersystem in einer größeren Anzahl von Staaten weder auf Grund der genannten politischen Untersuchungen noch als Folge der Supreme Court Urteile zum reapportionment zu erwarten ist. Wie beim reapportionment ist überdies auch das Interesse der Gesetzgeber, die ihre Posten verlieren würden bzw. bei Neuwahlen gegeneinander antreten müßten, neben der Tradition ein wichtiger politischer Faktor für die Beibehaltung des Zweikammernsystems.

Auf diesem Hintergrund verliert der an sich zutreffende Vorwurf, den die Befürworter des Status quo beim apportionment dem Supreme

---

24 Dazu und zu den Argumenten dafür und dagegen vgl. Snider, Clyde F., American State and Local Government (1950) at 160 et s.; Maddox, Rusell W. and Fuquay, Robert F., State and Local Government (1952) at 130 et s.; auch Hacker, Andrew, Congressional Districting: The Issue of Equal Representation (1963) at 34 et s.; Zeller, Belle, American State Legislatures (1954) at 58 et s.

25 z. B. Srb, Hugo F., The Unicameral Legislature — A Successful Innovation, 40 Neb.L.Rev. 626 (1961); Orfield, Lester B., The Unicameral Legislature in Nebraska, 34 Mich.L.Rev. 26 (1935).

26 Besonders Hagan, Charles B., The Bicameral Principle in State Legislatures, 11 J.Pub.L. 310 (1962); von Hagan zitiert und ausführlich besprochen, aber dem Verfasser unzugänglich: Caroll, The Unicameral Legislature of Vermont, in 3 Proceedings of the Vermont Historical Society 1—85 (1932); Shumate, Roger V., The Nebraska Unicameral Legislature, 5 Western Pol.Q. 504 (1952).

Court machen, er habe dem Zweikammernsystem seine Grundlage entzogen, sein Gewicht.

III. Föderalismus (states' rights)[27]

Einer der ernsthaftesten Vorwürfe, die gegen die Entscheidungen des Supreme Court in der reapportionment-Frage erhoben worden sind, kommt aus erlauchtem Munde. Frankfurter[28] bezeichnet die Entscheidung, Bundesgerichte über das apportionment der Einzelstaaten befinden zu lassen, als eine Reibungs- und Spannungsquelle ersten Ranges für das Verhältnis zwischen Bund und Einzelstaaten. Auch Harlan[29] ist der Meinung, daß die Entscheidungen des Supreme Court tief in das bundesstaatliche Gefüge schneiden und eine radikale Änderung im Verhältnis zwischen Einzelstaaten und Bund, genauer Bundesjudikative, zur Folge haben. Dieser Vorwurf wiederholte sich in den Stellungnahmen in Schrifttum und Öffentlichkeit und erklärt auch zu einem guten Teil das Bestreben der Einzelstaaten und im Kongreß, die Entscheidungen durch Verfassungsänderung rückgängig zu machen[30]. Die Vehemenz, mit der diese Vorwürfe vorgebracht worden sind, kann aus dem Faktum allein, daß nunmehr Gerichte des Bundes über das apportionment der Einzelstaaten zu befinden haben, nur zum Teil erklärt werden, auch wenn gerade die Einzelstaatsgesetzgeber jede Änderung in ihrem Wahlkreis als Eingriff in einen heiligen Bezirk auffassen. Die Heftigkeit der Reaktion wird erst dann voll verständlich, wenn man sich die Malaise und Komplexe der Einzelstaaten in ihrem Verhältnis zum Bund vor Augen führt und sich klar macht, daß der Supreme Court in den reapportionment-Entscheidungen nicht zum erstenmal in einen bisher den Einzelstaaten vorbehaltenen Bereich eingegriffen hat.

Die *Malaise der Einzelstaaten* ist ein viel erörtertes Problem. Washington ist im Laufe dieses Jahrhunderts immer mehr in den Blickpunkt des politischen Geschehens in den USA gerückt[31], und

---

[27] Vgl. einführend MacMahon, Arthur W., Federalism, Mature and Emergent (1962).

[28] Baker v. Carr, 369 U.S. 186, 266 (1962) at 324.

[29] Reynolds v. Sims, 377 U.S. 533, 589 (1964) at 624.

[30] z. B. de Grazia, Alfred, Essay on Apportionment and Representative Government (1963) at 160; auch Page, Thomas, Legislative Apportionment in Kansas (1952) at 153 et s. Zur Rolle des Supreme Court im föderalistischen System siehe Friedelbaum, Stanley H., The Warren Court and American Federalism — A Preliminary Appraisal, 28 U.Chi.L.Rev. 53 (1960); Heller, Francis H., The Supreme Court: Its Role in the Balance of the Federal System, 6 J.Pub.L. 319 (1957) und die Literatur unten zur Rolle des Supreme Court überhaupt.

[31] Nicht nur tatsächlich an Macht (Beamtenzahl, Steuervolumen), sondern auch in der Vorstellung des einzelnen Bürgers.

zwar gerade auch in Gebieten, die traditionell zu dem Aufgaben- und Einflußbereich der Einzelstaaten gehörten. Das hat viele Gründe. Einer davon ist die mangelnde Bereitschaft oder mangelnde Fähigkeit der ländlichen Gesetzgeber, mit den modernen Problemen insbesondere städtischer Art fertig zu werden[32].

Ein weiterer Grund besteht in folgendem. Viele Probleme, die sich aus einer modernen Massengesellschaft ergeben haben und oft zuerst an die Einzelstaaten herangetragen worden sind, waren derart komplex und kostspielig zu lösen, daß die Finanzen der Einzelstaaten überfordert wurden. Interessant ist etwa die Tafel im Kestnbaum-Report[33], in der die Steuereinkommen von Bund, Staaten und unterstaatlichen Körperschaften von 1929 bis 1953 in ihrem Anwachsen im Verhältnis zum Volkseinkommen aufgewiesen werden. Danach ergibt sich, daß im letzten Vierteljahrhundert das Steuereinkommen der drei genannten Steuerempfänger insgesamt von etwa 11 % auf über 27 % des Volkseinkommens gestiegen ist. Dabei ist das Steuereinkommen des Bundes von 4 % auf beinahe 21 % des Volkseinkommens gestiegen, während das Steuereinkommen der Einzelstaaten und der Gemeinden etc. etwa bei 7 % und darunter liegt. Nun werden freilich die Bundessteuern zu einem großen Teil von Verteidigungslasten verschlungen, und absolut gesehen ist auch der Anstieg des Steuereinkommens der Einzelstaaten und unterstaatlichen Körperschaften lokaler Art enorm[34]. Dennoch findet man immer häufiger die Erscheinung, daß der Bund eigene Steuergelder an die Länder bzw. direkt an Gebietskörperschaften oder Städte leitet, um besonders drängenden, auch den Bund interessierenden Problemen abzuhelfen (sog. grants-in-aid). Viele dieser Gelder gehen an Programme, die mit den städtischen Problemen zu tun haben. So wurden z. B. im Jahre 1961 bei der Neufassung des National Housing Act Mittel unter anderem für die Entwicklung des Massenverkehrs, für die Anlegung von Grünflächen und Erholungsparks, für Städteplanung und -erneuerung, für die Sanierung von Slums etc. freigestellt[35]. Der Gesamtbetrag dieser grants-in-aid ist

---

[32] Vgl. Lewis, Anthony, Legislative Apportionment and the Federal Courts, 71 Harv.L.Rev. 1057 (1958) at 1063; Sindler, Allan P., Baker v. Carr: How to „Sear the Conscience" of Legislators, 72 Yale L.J. 23 (1962) at 26; Graves, W. Brooke, American Intergovernmental Relations (1964) at 564 et s.; Williams, G. Mennen, Federal-State Relations, 17 Pub.Admin.Rev. 225 (1957) at 226; Fordham, Jefferson B., The States in the Federal System — Vital Role or Limbo? 49 Va.L.Rev. 666 (1963) at 674; Kennedy, John F., New York Times, May 18, 1958, section 6, p. 12, col. 1.

[33] U.S. Commission on Intergovernmental Relations, A Report to the President for Transmittal to the Congress (June 1955) at 95.

[34] Id. at 96.

[35] Weitere Nachweise bei Graves, W. Brooke, American Intergovernmental Relations (1964) at 567.

sprunghaft angestiegen[36]. Der Prozentsatz der grants-in-aid machte im Jahre 1913 noch 0,6 % der gesamten Steuereinkünfte der Staaten aus, 1932 schon 3,2 %, 1942 8,5 % und 1952 10,3 %[37, 38]. Die Einzelstaaten fühlen sich dabei in einer zwiespältigen Situation. Einerseits können sie ohne diese Gelder nicht mehr auskommen. Andererseits nehmen sie die Auflagen des Bundes hinsichtlich der Verwendung der Gelder — solche können nach amerikanischem Verfassungsrecht in sehr breitem Umfang gemacht werden[39] — nur ungern in Kauf, fühlen sich als Kostgänger des Bundes und stoßen sich besonders daran, daß ein beachtlicher Teil der Gelder in direktem Draht von Washington an innerstaatliche Gebietskörperschaften geht[40].

Ein nicht zu unterschätzender Faktor für die Malaise der Einzelstaaten ist ferner, daß der Supreme Court immer mehr Teile der Bill of Rights, die im Gegensatz zum 14. amendment nur den Bund und nicht die Einzelstaaten binden sollte[41], auch auf letztere ausgedehnt hat. Dabei haben besonders die Entscheidungen zur Aufhebung der Rassentrennung in öffentlichen Schulen[42] heftige Ressentiments gegen den Supreme Court geweckt, der insoweit nicht mehr so sehr als Gericht, sondern als Bundesgewalt angesehen wird, die sich unbefugt in Ländersachen einmische. Sehr aufschlußreich ist in diesem Zusammenhang die ungemein scharfe Kritik, die auf der Konferenz der Chief Justices in Chicago im Jahre 1958[43] am Supreme Court geübt worden ist[44].

Unter diesen Umständen ist es zu verstehen, daß viele, denen der Föderalismus und starke Einzelstaaten am Herzen liegen, die reapportionment-Entscheidungen als weiteren unerwünschten Schritt

---

36 Id. at 571.

37 1957 etwas weniger, nämlich 10,1 %.

38 Zu den grants-in-aid allgemein, Graves, W. Brooke, suprat at 447 et s.; Kestnbaum-Report, supra at 118 et s.; Dixon, Robert G., Reapportionment in the Supreme Court and Congress: Constitutional Struggle for Fair Representation, 63 Mich.L.Rev. 209 (1964) at 233 n. 41.

39 Für eine kurze Information vgl. Fränkel, Ernst, Das amerikanische Regierungssystem, 2. Aufl. 1962, S. 115 f.

40 Dazu ausführlich Graves, W. Brooke, supra at 655, 856 et s.

41 Die abweichende Meinung einer Gesamtübernahme der Bill of Rights in die Freiheitsgarantie des 14. amendment, wie es etwa Black zusammen mit Douglas, Murphy und Rutledge in Adamson v. California, 332 U.S. 89 (1947), dissenting opinion, vertritt, hat sich nicht durchsetzen können.

42 Das 15. amendment gehört freilich nicht eigentlich zur Bill of Rights.

43 Report of the Committee on Federal-State Relationships as Affected by Judicial Decisions, Chicago (August 1958), especially at 28.

44 Auch Sixteenth General Assembly of the States, Committee on Federal-State Relations of the National Legislative Conference, Statement of Principles, 36 State Gov't 10 (1963) at 10: „strong bias on the federal side" und „in conflicts over federal and State power, the Court is necessarily an agency of one of the parties in interest".

nun sogar hinsichtlich der Frage der Zusammensetzung der einzelstaatlichen Legislativen mit all den schwer überschaubaren Konsequenzen, die das mit sich bringt, ansehen. Und es handelt sich ja tatsächlich auch um eine Lösung, die den Einzelstaaten in ihrer großen Mehrzahl von einem Bundesgericht aufoktroyiert worden ist, weil eine Lösung aus eigener Kraft von diesen nicht erwartet werden konnte.

Nun ist es aber ein offenes Geheimnis, daß bei den Einzelstaaten vieles im argen liegt. Elihu Root wies darauf schon im Jahre 1906 hin[45]: "(I)t is useless for the advocates of states' rights to inveigh against the supremacy of the constitutional laws of the United States or against the extension of national authority in the fields of necessary control where the states themselves fail in the performance of their duty. ... (T)he people will have the control they need, either from the states or from the national government[46]." Von Adlai Stevenson wird der Satz berichtet: "States' rights would not be an issue if there were not so many states' wrongs[47]."

Daraus schließen zu wollen, daß die Einzelstaaten und ihre gesetzgebenden Körperschaften sterbende Institutionen seien, wie das vereinzelt getan wird[48], ist freilich nicht richtig. Vielmehr zeigen sich Tendenzen in Richtung eines sich wandelnden Verhältnisses zwischen Einzelstaaten und Bund. Dabei zeichnen sich Möglichkeiten ab, in finanziellem und organisatorischem Zusammenwirken im Sinne eines „cooperative federalism" die Probleme gemeinsam und erfolgreicher anzugehen[49].

Die Bedeutung der Entscheidungen des Supreme Court in der reapportionment-Frage für das Problem der states' rights wird auf diesem Hintergrund transparent. Die Entscheidungen berühren die Einzelstaaten nicht nur in dem spezifischen Punkt der Umorganisierung ihrer Wahlkreise. Sie eröffnen vielmehr die Perspektive, daß schon chronisch gewordene Probleme der Einzelstaaten endlich angegangen

---

45 Address before the Pennsylvania Society, Sept. 1906, zitiert in Kestnbaum-Report, supra at 56.

46 Siehe ferner Kestnbaum-Report, supra at 36 et s.; Monroe, James O., To Preserve the U.S.: A Brief for the Negative on Three Current Plans to Amend the Constitution, 8 St.Louis U.L.J. 533 (1964) at 548; Fordham, Jefferson B., The States in the Federal System — Vital Role or Limbo? 49 Va.L.Rev. 666 (1963) at 674; Graves, W. Brooke, suprat at 813.

47 Williams, G. Mennen, Federal-State Relations, 17 Pub.Admin.Rev. 225 (1957).

48 Hacker, Andrew, New York Times, July 22, 1962, section 6, p. 15; statt dessen mit Reformvorschlägen Odegard, Peter H., Freedom and Federalism, 51 Nat'l Civic Rev. 598 (1962) at 603.

49 Vgl. Monroe, James O., supra at 548; ausführlich Graves, W. Brooke, supra at 817 et s., 897 et s.; Muskie, Edmund S., S. and C of Federalism, 53 Nat'l Civic Rev. 235 (1964); Williams, G. Mennen, supra at 226.

werden und daß sich das Ansehen der Einzelstaaten wieder hebt. Werden die städtischen und andere typische Probleme der modernen Industrie- und Massengesellschaft von einem Parlament mit einer größeren Anzahl von Abgeordneten bearbeitet, die mit den Fragen schon von ihrem Wahlkreis her vertraut sind, so steht zu erwarten, daß noch weit über die bisher feststellbaren Ansätze hinaus eine bessere Zusammenarbeit zwischen dem finanzstarken Bund und den weniger finanzstarken Staaten bei der Bewältigung der Probleme herbeigeführt werden kann (Weiterentwicklung des cooperative federalism). Ein Parteigänger des Föderalismus müßte die Entscheidungen des Supreme Court zum reapportionment also eher begrüßen als kritisieren.

IV. Die political questions doctrine[50]

Der theoretische Ansatzpunkt für die gesamten Probleme, die sich im Gefolge von Baker v. Carr auftaten, war die *political questions doctrine*. Es mag erstaunen, daß dieser Punkt erst hier und relativ kurz behandelt wird. Das liegt jedoch daran, daß die Ausführungen des Supreme Court in Baker v. Carr zu dieser Frage zwar den Hauptteil des Urteils bilden und den Damm im Recht des reapportionment geöffnet haben, aber doch bei weitem nicht von der unmittelbaren politischen Bedeutung sind, die das reapportionment selber und die Probleme im Anschluß daran erreicht haben.

Das Wissen darum, daß es gewisse Fragen gibt, die zu entscheiden die Gerichte in Machtkämpfe verwickeln und in ihrer Unabhängigkeit gefährden würden, ist im common law schon alt. Pound erwähnt, daß die political questions doctrine schon 1460 im Fall The Duke of York's Claim to the Crown[51] zum Ausdruck gekommen und gewissermaßen begründet worden sei[52]. Dort hatte der Herzog von York im Krieg der beiden Rosen zwischen dem House of Lancaster und dem House of York, in dem um die Nachfolge Richards II. gekämpft wurde, die Richter von England zur Entscheidung angerufen. Diese weigerten

---

50 Dazu erschöpfender und besser als alles, was dem Autor aus der amerikanischen Literatur bekannt ist, Scharpf, Fritz Wilhelm, Grenzen der richterlichen Verantwortung (1965), der auf S. 276 ff. auch zur Wahlkreiseinteilung Stellung nimmt und die Entscheidung Baker v. Carr aus der Perspektive der political questions docrtine beleuchtet. Mit Ausnahme von Gray v. Sanders konnte Scharpf jedoch die späteren Urteile des Supreme Court zur Wahlkreiseinteilung leider nur noch kursorisch in Fußnoten berühren.

51 5. Rot.Parl. 375 (1460).

52 Pound, Roscoe, Judicial Review: Its Role in Intergovernmental Relations, 50 Geo.L.J. 653 (1962) at 659.

sich, eine solche Entscheidung zu treffen[53]. Der Parallelfall im amerikanischen Recht ist Luther v. Borden[54], in dem die sog. Garantieklausel[55], wonach die Vereinigten Staaten jedem Einzelstaat der Union eine republikanische Regierungsform gewährleisten, zur politischen Frage[56] erklärt worden ist. Der Supreme Court lehnte es ab, im Fall der gescheiterten Dorrschen Revolution in Rhode Island auch nur inzident nachzuprüfen, ob das alte, wiederhergestellte Regime ein republikanisches im Sinne der Garantieklausel sei. Darüber zu befinden, stehe allein dem Kongreß zu.

In der Folge kam es zu einer stattlichen Anzahl von Entscheidungen[57], die zu einer einheitlichen Doktrin zu verschmelzen immer schwieriger wurde. Bald war völlig unklar, was denn eigentlich unter diese Doktrin falle. Schließlich wurden mehrere locker zusammenhängende Fallgruppen gebildet, ohne daß man sich freilich über das theoretische Fundament der gesamten Doktrin hätte einigen können. So blieb es bei der Aufstellung von Kriterien wie machtorientierte Fragen, Mangel an Anhaltspunkten und Maßstäben für die Entscheidung, Gefährdung der Sicherheit politischer Arrangements, Notwendigkeit einer einheitlichen staatlichen Äußerung, Endgültigkeit einer Entscheidung einer der drei Gewalten usw.

Die verschiedenen Meinungen hier näher wiederzugeben[58], ist nicht sinnvoll. Denn in Baker v. Carr hat der Supreme Court in geradezu monographischer Präzision nahezu dreißig Seiten auf diese Frage

---

[53] "(T)hey durst not enter into ... consideration thereof."

[54] 7 How. 1 (1849).

[55] U.S. Const. art. IV § 4.

[56] Schon Marshall in Marbury v. Madison, 1 Cr. 137 (1803) at 170: „Fragen, die ihrer Natur nach politisch oder durch Verfassung und Gesetze der Exekutive zugewiesen sind, können vor diesem Gerichtshof nicht gestellt werden."

[57] Vgl. die Nachweise in Baker v. Carr, 369 U.S. 186 (1962) at 209 et s.; ferner Post, Charles G., The Supreme Court and Political Questions (1936).

[58] Field, Oliver P., The Doctrine of Political Questions in the Federal Courts, 8 Minn.L.Rev. 485 (1924); Finkelstein, Maurice, Judicial Self-Limitation, 37 Harv.L.Rev. 338 (1924); Finkelstein, Maurice, Further Notes on Judicial Self-Limitation, 39 Harv.L.Rev. 220 (1925); Jaffe, Louis L., Standing to Secure Judicial Review: Public Actions, 74 Harv.L.Rev. 1265 (1961) at 1302 et s.; Post, Charles G., The Supreme Court and Political Questions (1936); Weston, Melville F., Political Questions, 38 Harv.L.Rev. 296 (1925); McCloskey, Robert G., The Supreme Court 1961 Term — Foreword: The Reapportionment Case, 76 Harv.L.Rev. 54 (1962); Frank at 36 et s. in Cahn, Edmond, Supreme Court and Supreme Law (1954); Hart, Henry M. and Wechsler, Herbert, The Federal Courts and the Federal System (1953) at 192 et s.; ferner Bickel, Alexander M., The Least Dangerous Branch (1962) und speziell im Hinblick auf Baker v. Carr Shapiro, Law and Politics in the Supreme Court (1964) at 174 et s. Vgl. im übrigen Scharpf, Fritz Wilhelm, Grenzen der richterlichen Verantwortung (1965).

verwandt und die Lehre kraft seiner Autorität mehr oder weniger abschließend niedergelegt. Indirekt zeigt sich das besonders darin, daß unter den zahlreichen Kommentaren zu Baker v. Carr nur ganz wenige und dann meistens nur mit wenigen Worten das Problem der political questions doctrine erörtern.

In seinem Urteil zerlegt das Gericht den Begriff der political questions, wie das in der Literatur vorgezeichnet ist, zunächst in verschiedene Fallgruppen: auswärtige Beziehungen, Dauer von Feindseligkeiten und kriegerische Verwicklungen, Gültigkeit der Verabschiedung von Gesetzen, Status der Indianerstämme in den USA[59], schließlich Fälle der Garantieklausel[60]. Bei jeder Fallgruppe stellt das Gericht in knappen Zeilen den Kernpunkt der Entscheidung des Gerichts, nicht einzugreifen, dar[61]. Endlich faßt der Supreme Court seine Meinung dahingehend zusammen, daß die ganze Doktrin im wesentlichen eine Ausprägung des Gewaltenteilungsprinzips sei[62, 63]. Die in Rechtsprechung und Theorie herausgestellten Kriterien — eindeutige Übertragung einer Aufgabe an eine Gewalt schon durch die Verfassung, Mangel an Maßstäben, Unmöglichkeit einer Entscheidung, ohne von einem richterlichen Fiat auszugehen, unvermeidlicher Konflikt mit den beiden anderen Gewalten, Notwendigkeit einer endgültigen Entscheidung, wie sie durch die politische Gewalt getroffen worden ist, Notwendigkeit eines einheitlichen Staatswillens nach außen[64] — werden übernommen, teilweise neu formuliert, aber nur als Anzeichen dafür gewertet, daß ein Gewaltenteilungsproblem vorliegt, bei dem sich die Gerichte weiser Zurückhaltung befleißigen sollten. Die gesamte Theorie wird also auf einheitlichen Boden gestellt, ohne daß die herausgearbeiteten Begriffe unnütz gemacht würden. Das führt zu einer erheblichen Straffung der Lehre[65].

Zur Anwendung der gewonnenen theoretischen Ergebnisse auf den Fall des apportionment wird dann ausgeführt, daß kein Konflikt des Gerichts mit ebenbürtigen Gewalten vorliege, da ein Bundesgericht auf einer anderen Stufe als die Einzelstaatslegislative stehe. Auch fehlen nach Ansicht des Gerichts keineswegs die Maßstäbe für eine Nachprüfung des apportionment. Diese sind vielmehr unter der

[59] Baker v. Carr, supra at 209 et s.

[60] Id. at 218 et s.

[61] Aber Douglas, id. at 241 n. 1.

[62] Baker v. Carr, id. at 217.

[63] In der Literatur ist das in dieser Deutlichkeit noch nicht zum Ausdruck gekommen.

[64] Baker v. Carr, supra at 217.

[65] Das wird meist begrüßt, McCloskey, Robert G., supra at 59, 64; auch Douglas in Baker v. Carr, supra at 246 n. 3.

Gleichbehandlungsklausel des 14. amendment längst entwickelt. Auch die übrigen Kriterien für eine Verletzung des Gewaltenteilungsprinzips sieht das Gericht als nicht gegeben an[66]. Die Subsumtion gipfelt in der Feststellung, daß eine Diskriminierung, auch wenn sie die Verteilung politischer Macht innerhalb eines Staates betreffe, überhaupt keine Politik oder politische Entscheidung darstelle, sondern schlicht Willkür sei[67].

Daß das Ergebnis dieser Subsumtion zweifelhaft sein kann, bedarf keiner Frage und hat sich auch in der Reaktion auf die Entscheidung gezeigt. In der Regel wird eingewandt, es fehle an Maßstäben, und in der Tat ist die Aufgabe, vor der das Gericht steht, wenn die Legislative nicht handelt, eine politische: Vornahme des apportionment. Im übrigen erscheint dem Verfasser ein Einwand sehr beachtlich zu sein, der freilich kaum auftaucht[68]. Die Frage eines Gewaltenkonflikts entfällt schon deshalb, so tut es der Supreme Court in einem Satz ab, weil einzelstaatliches Handeln etwa durch die Legislative nicht auf einer Ebene mit dem Handeln eines Bundesorgans, hier Bundesgerichts, stehe. Damit wird aber in ziemlich formaler Weise bemäntelt, daß das Gericht eben eine Bestimmung der Verfassung in einer Richtung auslegt und an diese Auslegung die Einzelstaaten bindet. Wenn diese Auslegung sich aufdrängen würde, hätte auch niemand etwas einzuwenden gehabt. Doch scheint die äußerst sorgfältig begründete dissenting opinion von Frankfurter zu zeigen, daß diese Auslegung zweifelhaft ist, ja daß es sich eigentlich um ein juristisches Fiat in der Form einer Auslegung handelt. Ganz deutlich wird das in Wesberry v. Sanders[69], wo aus Artikel I § 2 der Verfassung in einer anzweifelbaren, geschichtlichen Interpretation[70] dasselbe Gebot herausgelesen wird, das in Baker v. Carr dem 14. amendment entnommen worden ist. Von politischen Fragen ist da keine Rede mehr, ebensowenig von Gewaltenteilung[71, 72].

---

[66] Supra at 226.

[67] Id. at 226.

[68] Das liegt daran, daß sich die Kommentatoren nicht genau mit der Art der Argumentation, sondern in aller Regel nur mit dem ins Auge springenden Ergebnis auseinandersetzen. Wie der Supreme Court, McKay, Robert B., Political Thicket and Crazy Quilts: Reapportionment and Equal Protection, 61 Mich.L.Rev. 645 (1963) at 656; aber interessant McCloskey, Robert G., supra at 62, 64.

[69] 376 U.S. 1 (1964).

[70] Harlan, dissenting opinion, id. at 20 et s.

[71] Vgl. schon die Kritik von Finkelstein, Maurice, Further Notes on Judicial Self-Limitation, 39 Harv.L.Rev. 220 (1925) at 237: "While courts speak of separation of powers, they act upon principles of utility"; auch Post, Charles G., The Supreme Court and Political Questions (1936) at 130: „Expediency".

Angesichts dieser Erkenntnis ist es im Rahmen der vorliegenden Untersuchung nicht sinnvoll, das Problem der politischen Fragen theoretisch weiter zu vertiefen. Interessanter ist es, nach einem kurzen Eingehen auf weitere Möglichkeiten, der Entscheidung eines Falles aus dem Weg zu gehen, einen Blick auf die Gewaltenteilungslehre zu werfen. Von dort führt der Weg zu einer kurzen Betrachtung der richterlichen Normenkontrolle. Schließlich wird nichts anderes übrig bleiben, als einige grundsätzliche Überlegungen zur Stellung des Supreme Court in den USA anzustellen.

V. Weitere Möglichkeiten seitens des Gerichts, der Entscheidung eines Falles aus dem Weg zu gehen

Die political questions doctrine ist nicht die einzige Möglichkeit für die Gerichte, der Entscheidung einer Frage aus dem Weg zu gehen. Das muß bei der Beurteilung von Baker v. Carr und der Frage des Eingreifens der Gerichte im Auge behalten werden. Einige wenige Bemerkungen dazu müssen freilich genügen[73].

Der Supreme Court hat seit seinem Bestehen einen großen Teil der vor ihn gebrachten, unbestreitbar in seine Zuständigkeit fallenden verfassungsrechtlichen Fragen unbeantwortet gelassen. Brandeis führt sieben verschiedene Wege dazu auf[74, 75]. Erstens hat der Supreme Court es strikt abgelehnt, verfassungsrechtliche Fragen in einem nichtstreitigen Verfahren zu entscheiden. Ein Prozeß, der in Wahrheit eine gutachterliche Tätigkeit des Supreme Court verdecken würde, kann

[72] Der Komplex der politischen Fragen läßt sich mit einer Aussage von Finkelstein, Maurice, Judicial Self-Limitation, 37 Harv.L.Rev. 338 (1924) at 363/364, übernommen und zitiert auch von Pound, Roscoe, Judicial Review: Its Role in Intergovernmental Relations, 50 Geo.L.J. 653 (1962) at 659, charakterisieren: "The line between judicial and legislative functions in government cannot be drawn with exact precision. But certainly to each department ought to be given a sphere of activity for which it is best fitted both by its history and traditions and by the nature of its organizations ... Consequently, it seems well to point out that in the standard of 'political questions' the courts have an instrument adjustable with the flux of time and conditions and malleable to the affairs of men."

[73] Ausführlich z. B. Bickel, Alexander M., The Least Dangerous Branch (1962). Ferner Scharpf, Fritz Wilhelm, Grenzen der richterlichen Verantwortung (1965), S. 352 ff.

[74] Brandeis, concurring opinion, Ashwander v. Tennessee Valley Authority, 297 U.S. 288 (1936) at 482.

[75] Einem kontinentaleuropäischen Juristen wird diese Zusammenstellung merkwürdig, ja zusammengewürfelt vorkommen. Viele der genannten Möglichkeiten wird er wie selbstverständlich anderswo einordnen, ohne auch nur daran zu denken, sie mit der Frage der political questions in Zusammenhang zu bringen. Das liegt zum Teil an der Andersartigkeit des common law, zum Teil an der besonderen Stellung des Supreme Court und zum Teil einfach an verschiedener Geschichte und Tradition.

nicht stattfinden[76]. Zweitens: die Entscheidung über die verfassungsrechtliche Frage muß unumgänglich sein. Drittens: der Supreme Court faßt das holding bzw. die Regel, die er ausspricht, nicht weiter als unbedingt nötig. Viertens: der Gerichtshof nimmt jede Möglichkeit wahr, den Fall auf einer anderen Grundlage als einer verfassungsrechtlichen zu entscheiden. Fünftens: jemand, der ein Gesetz nachprüfen lassen will, muß zeigen, inwiefern er durch das Gesetz betroffen und verletzt wird[77]. Sechstens: das Gericht wird ein Gesetz dann nicht auf seine Verfassungswidrigkeit untersuchen, wenn derjenige, der es anficht, sich seiner schon zu seinem Vorteil bedient hat[78]. Siebtens: der Gerichtshof befolgt den Grundsatz verfassungskonformer Auslegung von Gesetzen[79].

Neben diesen von Brandeis angeführten Möglichkeiten gibt es noch andere, die es dem Supreme Court ebenfalls erlauben, eine Entscheidung von sich zu schieben. Da ist etwa die Doktrin des forum non conveniens[80]. Da ist ferner der Ermessenspielraum, wenn es darum geht, ein feststellendes Urteil[81] auszusprechen[82]. Daß der Supreme Court im Rahmen seiner appellate jurisdiction[83] völlig frei ist, einen Fall zur Revision zuzulassen oder nicht (certiorari), ist ohnehin jedem mit dem amerikanischen Recht Vertrauten selbstverständlich.

Umgekehrt gibt es Fälle, in denen der Supreme Court offenkundig politisch brisante Fragen nicht unbeantwortet gelassen hat, obwohl er dies hätte tun können. Bekannte Beispiele sind die Urteile aus der Roosevelt-Zeit in den dreißiger Jahren, wo das Gericht seine eigenen Anschauungen in die Verfassung hineingelegt und eigene wirtschafts- und sozialpolitische Entscheidungen zu treffen versucht hat. Ein andere Beispiel aus jüngster Zeit ist Youngstown Sheet and Tube Co. v. Sawyer[84] Der Präsident hatte während des Koreakrieges im Jahre 1952 einen Teil der Stahlindustrie vorübergehend in staatliche Regie genommen, um angesichts der drohenden Streiks die für den Krieg unentbehrliche Stahlproduktion auf jeden Fall

[76] z. B. Chicago and Grand Trunk Ry. Co. v. Wellmann, 143 U.S. 399 (1891).

[77] Sehr interessant dazu Massachusetts v. Mellon, 262 U.S. 447 (1922).

[78] Besonders bei Wahlgesetzen, nach denen schon einmal gewählt worden ist, ohne daß sich der Kläger gewehrt hätte.

[79] Crowell v. Benson, 285 U.S. 22 (1931) at 62.

[80] Vgl. genauer Gulf Oil Corporation v. Gilbert, 330 U.S. 501 (1947).

[81] Declaratory relief.

[82] Siehe die Falluntersuchungen bei Bickel, Alexander M., The Least Dangerous Branch (1962), ch. 4, The Passive Virtues, at 111 et s.; ferner auch Roche, John P., Judicial Self-Restraint, 49 Am.Pol.Sci.Rev. 762 (1955) at 765.

[83] Revisionszuständigkeit.

[84] 343 U.S. 579 (1952).

aufrechterhalten zu können. Er hatte dabei gehandelt, ohne den Kongreß zu befragen bzw. seine Zustimmung zu erhalten. In einer knappen Entscheidung[85] hielt das Gericht dieses Vorgehen trotz der kriegswirtschaftlichen Notstandslage für unzulässig.

Nach den dargestellten Umständen erscheint die Formel von Chief Justice Marshall in Cohens v. Virginia[86] schillernd: "It is most true that this court will not take jurisdiction if it should not: but it is equally true that it must take jurisdiction, if it should. The judiciary cannot, as the legislature may, avoid a measure, because it approaches the confines of the constitution." Das ist zwar im Grundsatz richtig. Die Grenzen sind jedoch schwer zu ziehen. Wie gezeigt, gibt es viele Möglichkeiten, den Grundsatz nach der einen oder der anderen Richtung hin zu durchbrechen. Die Doktrin von den politischen Fragen ist nur eine von vielen. Die Erkenntnis, daß es weitgehend in der Hand des Supreme Court liegt, politisch brisante Fragen anzugehen oder offenzulassen, daß der Supreme Court die reapportionment-Probleme also von sich hätte schieben können, führt zur Frage nach der Stellung des Supreme Court zu den anderen Gewalten.

VI. Das Gewaltenteilungsprinzip

Der Supreme Court hat die Lehre von den politischen Fragen in Baker v. Carr auf das Prinzip der Gewaltenteilung zurückgeführt. Umgekehrt sind gerade im Anschluß an Baker v. Carr Bedenken dahingehend geäußert worden, daß der Supreme Court, wenn er in einer solch spektakulären und weitreichenden Frage wie dem apportionment in die Verteilung politischer Macht eingreife, über das hinausgehe, was der dritten Gewalt zustehe[87].

Die *Gewaltenteilungslehre*[88] hat in den Vereinigten Staaten drei Stufen der Entwicklung durchlaufen. Ursprünglich ziemlich flexibel verstanden, wurde sie während des 19. Jahrhunderts mehr starr aufgefaßt, und man glaubte den drei Gewalten fest abgegrenzte Tätigkeitsbereiche zuschreiben zu können. In neuerer Zeit freilich hat sich mehr und mehr die Ansicht durchgesetzt, daß eine reinliche Scheidung der Gewalten und ihrer Funktionen eben doch nicht möglich und

---

85 Mehrere der Richter schrieben eine scharfe dissenting opinion.

86 19 U.S. (6 Wheat.) 264 (1821) at 404.

87 z. B. Harlan, dissenting opinion, Wesberry v. Sanders, 376 U.S. 1, 20 (1964) at 48.

88 Gute Information bei Vanderbilt, Arthur T., The Doctrine of Separation of Powers and Its Present-Day Significance (1953); see also Sharp, Malcolm P., The Classical American Doctrine of the „Separation of Powers", 2 U.Chi.L.Rev. 385 (1935).

auch nicht unbedingt wünschenswert ist[89]. Man sieht wieder mehr auf den Zweck der Gewaltenteilung, die Machtkonzentration in der Hand einer Gewalt zu verhindern, ein Zweck, der durch gelegentliche Überschneidung nicht in Frage gestellt wird[90]. Von dieser Anschauung aus war es beispielsweise möglich, daß sich Verwaltungsgerichte als Zweige der Exekutive bildeten, daß der Kongreß durch seine Ausschüsse großangelegte Untersuchungen und Ermittlungen anstellte[91] etc. Diese moderne Auffassung greift auf das zurück, was schon Madison im Federalist[92] über die Gewaltenteilungslehre Montesquieus gesagt hat: "(H)e did not mean that these departments ought to have no partial agency in, or no control over, the acts of each other...", vielmehr "where the whole power of one department is exercised by the same hands which possess the whole power of another department, the fundamental principles of a free constitution are subverted." Bei einem solchen Verständnis ist die Gewaltenteilung nur dazu da, grobe Machtkonzentrationen bei einer Gewalt zu verhindern, ohne gegen einzelne Überschneidungen ein besonders wirksames Mittel in den Händen der Rechtsprechung sein zu können[93]. Die Praxis der Gerichte bestätigt das[94].

Wenn man die reapportionment-Entscheidungen unter diesem Aspekt betrachtet, verliert Gewaltenteilung als Argument für oder gegen die

---

[89] Eine genauere Darstellung der Entwicklung findet sich bei Sutherland, J. G., Statutes and Statutory Construction, vol. 1 (1943) § 206.

[90] Deutlich Parker v. Riley, 18 Cal. 2d 83 at 87, 111 P. 2d 873 at 877 (1941).

[91] Bloßstellung durch das Untersuchungsergebnis wirkte oft sozial vernichtend und einschneidender als Gerichtsurteile.

[92] N. 47 at 302 et s. (Rossiter ed. 1961).

[93] Heute sieht man in Abwendung von einer formal aufgefaßten Gewaltenteilung den Minderheitenschutz wieder mehr dadurch gewährleistet, daß die beiden großen Parteien als Sammelbecken aller möglichen Interessen es sich nicht leisten können, gegen irgendeine Gruppe der Opposition willkürlich vorzugehen, ohne gleichzeitig entsprechende Gruppen in den eigenen Reihen zu negieren. In diesem Zusammenhang kann man von einem „social system of checks and balances", das eine monolithische Mehrheit schon gar nicht erst aufkommen lasse, sprechen (Kap. 4, D I). Bis zu welchem Grad das richtig ist und wo die Simplifizierung anfängt, ist freilich offen. Man denke nur an die Kommunistenjagd in der McCarthy-Ära oder an das Schicksal, das die amerikanischen Staatsbürger japanischer Herkunft im Zweiten Weltkrieg traf. Der Gedanke selber ist, auch wenn er heute mehr mit sozialen Analysen untermauert wird, nicht neu. Schon Madison, The Federalist Papers, n. 51 at 325 (Rossiter ed. 1961), war der Meinung: "In the extended republic of the United States, and among the great variety of interests, parties, and sects which it embraces, a coalition of a majority of the whole society could seldom take place on any other principles than those of justice and the general good ..."

[94] Finkelstein, Maurice, Further Notes on Judicial Self-Limitation, 39 Harv.L.Rev. 220 (1925) at 237; ebenso Roche, John P., Judicial Self-Restraint, 49 Am.Pol.Sci.Rev. 762 (1955) at 767 et s.

Entscheidungen die Überzeugungskraft[95]. Es geht viel allgemeiner[96] um die Stellung des Supreme Court im Verfassungs- und politischen System der USA, um die Funktion der Gerichte gegenüber anderen Gewalten bei der Normenkontrolle und um ihre Schützerfunktion bei den Grundrechten.

VII. Richterliche Normenkontrolle[97]

Die Entscheidungen des Supreme Court, die apportionments von Bund und Staaten auf ihre Vereinbarkeit mit der Verfassung der Vereinigten Staaten zu untersuchen, bedeutete und bedeutet richterliche Kontrolle der bestehenden apportionment-Normen, seien sie

---

[95] Abgesehen davon kann man mit Recht der Auffassung sein, daß angesichts des Eigeninteresses des nicht repräsentativen Gesetzgebers und des andernfalls auf unabsehbare Zeit fortdauernden Mißstandes des malapportionment das Eingreifen einer anderen Gewalt nicht nur nicht gegen die Gewaltenteilung verstößt, sondern gerade im Sinne der Gewaltenteilung die Legislative daran hindert, Macht unkontrollierte bei sich zu monopolisieren. So schon John Locke, Two Treatises of Civil Government, An Essay Concerning the True Original Extent and End of Civil Government, § 158 (Dent. ed. 1924).

[96] Damit soll nicht verkannt werden, daß beides ineinander übergeht.

[97] Zu Kap. 4, D VII und VIII seien aus der nahezu unübersehbaren Literatur folgende Bücher herausgegriffen:
Abraham, Henry J., Freedom and the Court (1967); Cahn, Edmond, Supreme Court and Supreme Law (1954); Commager, Henry S., Majority Rule and Minority Rights (1943); Corwin, Edward S., The Doctrine of Judicial Review (1914, reprint 1963); Corwin, Edward S., Court over Constitution (1938); Crosskey, William W., Politics and the Constitution (1953); Curtis, Charles P., Lions under the Throne (1947); Frankfurter, Felix, Law and Politics (1939); Freund, Paul A., On Understanding the Supreme Court (1949); Freund, Paul A., The Supreme Court of the United States — Its Business, Purposes, and Performances (1961); Haines, Charles G., The American Doctrine of Judicial Supremacy (2d ed. 1932); Hale, Robert L., Freedom through Law (1952); Holcombe, Arthur N., Our more perfect Union (1950) at 284 et s.; Hughes, Charles E., The Supreme Court of the United States (1928); Hyneman, Charles S., The Supreme Court on Trial (1964); Jackson, Robert H., The Supreme Court in the American System of Government (1955); Jackson, Robert H., The Struggle for Judicial Supremacy (1949); Mason, Alpheus T., The Supreme Court, Palladium of Freedom (1962); Mason, Alpheus T., The Supreme Court: Vehicle of Revealed Truth or Power Group 1930—1937 (1953); Mason, Alpheus T. and Beaney, William M., The Supreme Court in a Free Society (1959); McCloskey, Robert G., The American Supreme Court (1960); McLaughlin, Andrew C., The Courts, the Constitution and Parties (1912); McWhinney, Edward, Judicial Review in the English-Speaking World (1956); Mendelson, Wallace, Justices Black and Frankfurter: Conflict in the Court (1961); Mendelson, Wallace, Capitalism, Democracy and the Supreme Court (1960); Mendelson, Wallace, The Constitution and the Supreme Court (1959); Murphy, Walter F., Congress and the Court (1962); Pritchett, C. Herman and Weston, Alan F., The Third Branch of Government (1963); Pritchett, C. Herman, Congress versus the Supreme Court 1957—1960 (1961); Ribble, F. D. G., Judicial Review and the Maintenance of the Federal

einzel- oder bundesstaatlicher Art[98]. Nachdem die Untersuchung der political questions doctrine und der Lehre von der Gewaltenteilung zu einem vollen Verständnis des Einschreitens des Supreme Court in der reapportionment-Frage nicht geführt hat, scheint es angebracht, sich um ein solches Verständnis durch einige Überlegungen zur *richterlichen Normenkontrolle* zu bemühen. Hier ist freilich bemerkenswert, daß in den USA die Diskussion über apportionment und über richterliche Normenkontrolle — nach Ansicht des Verfassers zu Unrecht — ohne jede gegenseitige Bezugnahme und Querverbindung geführt wird.

Seit jeher hat es in den Vereinigten Staaten Stimmen gegeben, die Marshall's Marbury v. Madison als Usurpation geißelten, die dem Willen der Väter der Verfassung zuwiderlaufe[99, 100]. In den mehr als eineinhalb Jahrhunderten seit 1803 hat sich die Normenkontrolle jedoch zu einem derart selbstverständlichen Bestandteil des amerikanischen Verfassungsrechts entwickelt, daß jedes Infragestellen nur noch im

System, in Jones, Chief Justice John Marshall, A Reappraisal (1956); Roche, John P., Courts and Rights (1961); Rodell, Fred, Nine Men (1955); Rostow, Eugene V., The Sovereign Prerogative, The Supreme Court and the Quest for the Law (1962); Schmidhauser, John R., The Supreme Court as Final Arbiter in Federal-State Relations 1789—1957 (1958); Sutherland, Arthur E., Constitutionalism in America (1965); Warren, Charles, The Supreme Court in United States History (1937 rev. ed.); Warren, Charles, Congress, the Constitution and the Supreme Court (1925); Westin, Alan P., The Supreme Court: Views from Inside (1961); Westin, Alan F., An Autobiography of the Supreme Court (1963); Wolf, Ernst, Verfassungsgerichtsbarkeit und Verfassungstreue in den Vereinigten Staaten (1961); Wright, Benjamin F., The Growth of American Constitutional Law (1942).

98 Freilich gab es auch Fälle, in denen einzelstaatliche verfassungsmäßige apportionment-Normen nicht befolgt wurden und so der Supreme Court nicht ein Gesetz, sondern einen bestehenden Zustand für verfassungswidrig erklären mußte.

99 Zu den Argumenten, die für und gegen eine solche Normenkontrolle vorgebracht werden, Bickel, Alexander M., The Least Dangerous Branch (1962) at 2 et s.; Hand, Learned, Bill of Rights (1958) at 5 et s.; Wechsler, Herbert, Toward Neutral Principles of Constitutional Law, 73 Harv.L.Rev. 1 (1959) at 2 et s.

100 Zur Frage, ob die Normenkontrolle von den Vätern der Verfassung beabsichtigt war oder nachträglich von Marshall in die Verfassung hineininterpretiert worden ist, erklärte beispielsweise Professor Felix Frankfurter, der spätere Supreme Court Justice, im Jahre 1924: "Lack of historical scholarship, combined with fierce prepossessions, can alone account for the persistence of this talk" (37 Harv.L.Rev. 1002 [1924] at 1003 n. 4). Vgl. auch Farrand, Max, The Records of the Federal Convention (1911); Farrand, Max, The Framing of the Constitution (1913). Aber Haines, Charles G., The Role of the Supreme Court in American Government and Politics 1789—1835 (1944) passim, especially at 223 et s., 256; neuerdings besonders Crosskey, William W., Politics and the Constitution, 2 vols., (1953), especially vol. 2 at 976 et s., 1046, dessen Methode aber z. T. heftig angegriffen, ja als unwissenschaftlich bezeichnet worden ist; vgl. mit Nachweisen Hart, Henry M., Professor Crosskey and Judicial Review, 67 Harv.L.Rev. 1456 (1954). Vgl. zu der Frage auch Hand, Learned, The Bill of Rights (1958) at 27 et s., 29.

Sinne einer theoretischen Rechtfertigung bzw. einer Untersuchung darüber, wie die Normenkontrolle ausgeübt werden muß, sinnvoll ist.

Das Kernproblem bei der richterlichen Normenkontrolle und bei der Stellungnahme zum richterlichen bzw. richterlich überwachten apportionment ist, wie die Richter bei einer Normenkontrolle ihre eigenen Werturteile an Stelle der von den demokratisch legitimierten Volksvertretern angestellten Wertungen setzen können, ohne zur dritten Kammer zu werden[101]. Diese Gretchenfrage, die noch zu Beginn des Jahrhunderts einigermaßen optimistisch etwa von Thayer[102] in dem Sinne beantwortet wurde, daß ein Gesetz nur dann vom Gericht für verfassungswidrig erklärt werden könne, wenn der Gesetzgeber nicht nur einen Fehler, sondern einen ganz offenkundigen, jegliche Zweifel ausschließenden Fehler gemacht habe[103], stellt diejenigen, die sich heute mit ihr befassen, vor immer schwierigere Probleme.

Solange man noch der Ansicht war, daß man das Recht gewissermaßen „finden" könne, also in einem wissenschaftlichen Prozeß existente Normen nur noch aufzudecken brauche, wie das in den USA bis zu Holmes und Cohen die allgemeine Meinung war, schien es verhältnismäßig einfach, zwischen richterlicher und legislativer Funktion zu unterscheiden. Bei der richterlichen Normenkontrolle stellte sich dann zwar das Problem, daß eine Entscheidung des vom Volk gewählten Parlaments für nichtig erklärt wurde, aber dies doch nur auf Grund eines höheren, aus der Verfassung selbst folgenden Auftrags[104]. Zu Anfang dieses Jahrhunderts mit dem Siegeszug des sog. legal realism[105] begann man jedoch einzusehen, daß der Richter nicht nur der Mund der Gesetze ist, sondern daß auch der Richter echte Entscheidungen zu treffen hat. Holmes hat das in einem berühmten Essay[106] in klassisch gewordenen Worten formuliert: "The language of judicial decision is mainly the language of logic. And the logical

---

[101] Dieses Problem hat die Normenkontrolle natürlich schon immer aufgeworfen. Das Problem wurde aber gerade in diesem Jahrhundert brennend, als in den dreißiger Jahren die in vielen, Gesetze für verfassungswidrig erklärenden Urteile zum Ausdruck kommenden Wertungen der damaligen Supreme Court Justices denen des Präsidenten und der fortschrittlicheren Kräfte entgegenstanden.

[102] Thayer, James B., The Origin and Scope of the American Doctrine of Constitutional Law, 7 Harv.L.Rev. 129 (1893) at 144.

[103] Zur Auseinandersetzung mit dieser Theorie z. B. Black, Charles L., The People and the Court (1960) at 193 et s.

[104] Vgl. z. B. Hamilton, The Federalist Papers, n. 78 at 467 et s. (Rossiter ed. 1961).

[105] Rechtsphilosophische Schule, besonders in den USA und in Skandinavien.

[106] Holmes, Oliver W., The Path of the Law, in Collected Legal Papers (1920) at 181.

method and form flatter that longing for certainty and repose which is in every human mind. But certainty generally is illusion, and repose is not the destiny of man. Behind the logical form lies a judgment as to the relative worth and importance of competing legislative grounds, often an inarticulate and unconscious judgment, it is true, and yet the very root and nerve of the whole proceeding. You can give any conclusion a logical form[107, 108]." Heute nach der Entmythologisierung der Funktion des Richters durch den legal realism breitet sich eine bunte Landkarte von Meinungen zu der fundamentalen Frage des Verhältnisses von Richter und Gesetzgeber aus[109].

Eine *historizierende* Richtung ist der Ansicht, daß der Richter mit Hilfe rein geschichtlicher Interpretation einigermaßen sichere Maßstäbe bei der Auslegung der Verfassung zur Verfügung hat[110]. Diese Meinung ist mit Recht die einer Minderheit geblieben. Die Verfassung ist kein totes Dokument, sondern lebt und entwickelt sich[111]. Neue Probleme entstehen mit der Entwicklung der Gesellschaft. Auch sie müssen an Hand der Verfassung gelöst werden. Eine rein subjektive Auslegungsmethode läßt zudem den Richter in vielen Fällen im Stich[112], wie die harten Meinungsunterschiede der Richter in den reapportionment-Entscheidungen zur Genüge dartun.

---

107 Ferner Cohen, Felix S., The Legal Conscience — Selected Papers of Felix S. Cohen (L.K.Cohen ed. 1960).

108 Roche, John P., Courts and Rights (1961) at 47, zitiert ein Wort von Chief Justice Hughes: "The Constitution is what the Judges say it is."

109 Die Anregung zur Beschäftigung mit diesem Problem verdankt der Verfasser besonders Wechsler, Herbert, Toward Neutral Principles of Constitutional Law, 73 Harv.L.Rev. 1 (1959) at 11; ferner Bickel, Alexander M., The Least Dangerous Branch (1962) at 75 et s.

110 z. B. Justice Sutherland, dissenting opinion, Home Building and Loan Association v. Blaisdell, 290 U.S. 398 (1934) at 453: "As nearly as possible we should place ourselves in the condition of those who framed and adopted it."

111 Chief Justice Hughes in Home Building and Loan Association v. Blaisdell, 290 U.S. 398 (1934) at 442/443:

"If by the statement that what the Constitution meant at the time of adoption it means today, it is intended to say that the great clauses of the Constitution must be confined to the interpretation which the framers, with the condition and outlook of their time, would have placed upon them, the statement carries its own refutation. It was to guard against such a narrow conception that Chief Justice Marshall uttered the memorable warning (in McCulloch v. Maryland, 4 Wheat 316 [1819] at 407) "We must never forget that it is a Constitution we are expounding." Holmes in Missouri v. Holand, 252 U.S. 416 (1920) at 433:

"The Case before us must be considered in the light of our whole experience and not merely in that what was said a hundred years ago." Ferner Stone in United States v. Classic, 313 U.S. 299 (1951) at 317; Frankfurter in Wolf v. Colorado, 338 U.S. 25 (1949) at 27.

112 Trotz der Verhandlungsniederschriften der verfassunggebenden Versammlung der USA, Farrand, Max, The Records of the Federal Convention (1911); Farrand, Max, The Framing of the Constitution (1913).

Eine andere Meinung hat *Black* wiederholt vertreten[113]. Seiner Ansicht nach sind für alle, die nur sehen wollen, in der Bill of Rights die Wertentscheidungen objektiv bereits gefallen. Deshalb bleibt beispielsweise die Redefreiheit auch dann garantiert, wenn sie Gefahren für das Regierungssystem oder für die Ehre anderer mit sich bringt. Von dieser Warte aus wird verständlich, daß es für den Richter, der sich vor einer solchen eindeutigen Wertentscheidung der Verfassung sieht, nur noch eines gibt, ohne Zurückhaltung die Wertentscheidungen der Verfassung realisieren zu helfen. Ein guter Teil der Richterpersönlichkeit Blacks leuchtet aus dieser Ansicht. Für viele ist jedoch diese Meinung nicht nachvollziehbar. Das zeigt sich deutlich bei der Frage, ob die equal protection clause des 14. amendment auch die Stimmengewichtsgleichheit garantiert[114] oder ob „by the people" in Art. I § 2 der Verfassung bedeutet, daß jedermann aus dem Volk eine Stimme mit gleichem Gewicht haben muß[115].

Während der Historismus eines Sutherland und der Literalismus eines Black gewissermaßen das Rad der Geschichte vor den legal realism zurückdrehen und die eine Seite im Spektrum der Meinungen darstellen, können *Neorealismus* und Behaviorismus als die andere Seite angesehen werden. Hier wird radikal auf die spezifische Wertvorstellung des einzelnen Richters, der er Geltung verschafft und auch verschaffen soll, abgestellt[116]. Judge Arnold z. B.[117] meint, daß es eine Illusion sei, ein Gericht finden zu wollen, das aus Männern bestehe, die nicht tiefsitzende Urteile bzw. Vorurteile zu den eigentlichen Problemen ihrer Zeit haben. Vor seiner Ernennung zum Supreme Court Justice hat jeder profilierte Mann Erfahrungen gesammelt, sich Meinungen gebildet und in aller Regel in den großen Kontroversen öffentlich Partei ergriffen. Zu glauben, daß die gemeinsame Fall-

---

113 Black, dissenting in Braden v. U.S., 365 U.S. 431 (1961) at 444/445; derselbe, dissenting in Wilkinson v. U.S., 365 U.S. 399 (1961) at 422; derselbe, The Bill of Rights, First James Madison Lecture at New York University School of Law, Febr. 17, 1960, abgedruckt in 35 N.Y.U.L.Rev. 865 (1960).

114 Black, dissenting in Colegrove v. Green, 328 U.S. 549 (1946) at 566 et s.

115 Vgl. auch Jackson, concurring in McCollum v. Board of Education, 333 U.S. 203 (1948) at 237/238.

116 In diesem Zusammenhang vgl. besonders Fuller, Lon L., Reason and Fiat in Case Law, 59 Harv.L.Rev. 376 (1946); auch Wechsler, Herbert, Toward Neutral Principles of Constitutional Law, 73 Harv.L.Rev. 1 (1959) at 11; McCloskey, Robert G., The Supreme Court 1961 Term — Foreword: The Reapportionment Case, 76 Harv.L.Rev. 54 (1962) at 67. Dazu, daß es aber auch Realisten gibt, die einen zurückhaltenden Gebrauch der rechtssetzenden Macht des Richters, insbesondere der Normenkontrolle, empfehlen, Holmes, Oliver W., Law in Science and Science in Law, in Collected Legal Papers (1920) at 239.

117 Arnold, Thurman, Professor Hart's Theology, 73 Harv.L.Rev. 1298 (1959) at 1313.

beratung der Supreme Court-Richter die Meinung eines von ihnen ändern könne, verrät nach Arnolds Ansicht eine Unkenntnis elementarster Psychologie. Daß der Supreme Court dennoch seine Aufgabe erfüllt, liegt danach einzig daran, daß die verschiedenen Mitglieder des Gerichts konträre Persönlichkeiten sind, verschiedene Erfahrungen haben, widerstreitende Ideen vertreten. Für die Ausübung der Normenkontrolle stellt sich dann nur noch die Frage, ob die Verfassungswidrigkeitserklärung eines Gesetzes politisch klug ist, d. h. ob der Supreme Court stark genug ist, eine solche Entscheidung im konkreten Fall durchzusetzen oder ob er riskiert, durch eine Niederlage sein Prestige zu untergraben[118]. Vom Boden dieser Anschauung aus wäre es sinnlos, die reapportionment-Entscheidungen des Supreme Court als Anmaßung des Gerichtes zu tadeln. Die im Kollegium stärkeren Anschauungen und Wertungen haben sich durchgesetzt. Interessant ist nur noch, ob der Betrachter eine Entscheidung, die seiner Wertung bzw. seinen Interessen zuwiderläuft, im Rahmen neuer Richterbestallungen oder im legislativen Prozeß zu Fall bringen kann. Diese neorealistische Ansicht wird in der sog. *behavioristischen* Schule zur vollen Konsequenz geführt[119]. Wenn der Richter seine Wertanschauungen rückhaltlos zur Geltung bringt, ist es überhaupt nur noch interessant, die Lebens- und Persönlichkeitsportraits und die Schriften, Urteile und Äußerungen derjenigen Richter zu studieren, die einen Fall entscheiden. Alles andere ist akademisch und bleibt unrealistisch[120, 121]. Bemerkenswert ist, daß der Behaviorist Professor Rodell von der Yale University Law School zu einer Zeit, als Baker v. Carr noch anhängig und die Frage, wie der Supreme Court entscheiden würde, noch völlig offen war, auf Grund der in den bisherigen Entscheidungen zum Ausdruck gekommenen Wertvorstellungen der Supreme Court Justices nicht allein das Endergebnis, sondern von acht Meinungen sieben richtig voraussagen konnte[122].

---

[118] Man denke an die Dred Scott Entscheidung.

[119] z. B. Rodell, Fred, For Every Justice, Judicial Deference Is a Sometime Thing, 50 Geo.L.J. 700 (1962). Ferner ausführlich Schubert, Glendon, Judicial Policy-Making (1966) at 158 et s. sowie Reich, Norbert, Sociological Jurisprudence and Legal Realism im Rechtsdenken Amerikas (1967).

[120] Schon Holmes, Oliver W., The Path of the Law (1897), in Collected Legal Papers (1920) at 173: "The prophecies of what the courts will do in fact, and nothing more pretentious, are what I mean by the law."

[121] Rodell, Fred, supra at 700: "... briefly and unsubtly, any study of any aspect of constitutional law which leans primarily on the rightness or wrongness or in-between-ness of conflicting political and jurisprudential concepts pretty much apart from the men who mouth those concepts is almost wholly worthless for purposes of analysis or prediction or anything else except perhaps argumentation in an atmosphere of academic unreality."

[122] Rodell irrte sich nur in Clark, Whittacker nahm an der Entscheidung nicht teil.

Zwischen den extremen Minderheitsmeinungen der Historisten und Literalisten einerseits und der Neorealisten und Behavioristen andererseits steht die große Mehrzahl. Daß die eigenen Wertanschauungen des Richters seine Entscheidungen in mehr oder weniger hohem Grad beeinflussen, ist anerkannt[123]. Darüber aber, wie sich richterliche Normenkontrolle und gesetzgeberische Wertung unterscheiden, ist man sich uneins.

In einer inzwischen schon berühmt gewordenen Vorlesung in Harvard im Jahre 1958[124] hat Judge *Learned Hand* bekannt, daß er nicht sehe, wie eine solche Unterscheidung getroffen werden könne[125]. Das Gericht kann zwar ein Eingreifen ablehnen, wenn nicht über jeden Zweifel erhaben feststeht, daß ein Gesetz fehlerhaft ist, doch "that does not disguise the fact that their choice is an authentic exercise of the same process that produced the statute itself". Hand folgert daraus, daß das Gericht sich entweder bei der Ausübung der richterlichen Normenkontrolle äußerster Zurückhaltung[126] befleißigen oder, wenn es schon als dritte Kammer tätig sei, dies auch offen zugestehen müsse, und weiter, daß die Richter nie daran verzweifeln dürften, trotz ihrer persönlichen Wertanschauungen und Erfahrungen soweit als irgend möglich objektiv zu sein[127].

Im folgenden Jahr wurde an der gleichen Stelle[128] eine thematisch ähnliche Vorlesung gehalten, diesmal von Professor *Wechsler* von der Columbia University. In seinen Ausführungen, die, veröffentlicht, zu einer lebhaften Diskussion führten[129], glaubt Wechsler die Lösung des

---

[123] z. B. Hand, Learned, The Bill of Rights (1958) at 71; Frankfurter, Felix, The Process of Judging in the Supreme Court (1954) in Westin, Alan F., The Supreme Court: Views from Inside (1961) at 42; Frankfurter, Felix, id. in Westin, Alan F., An Autobiography of the Supreme Court (1963) at 274.

[124] The Bill of Rights, The Oliver Wendell Holmes Lectures (1958).

[125] Id. at 39: "I do not see how a court can invalidate them (die Gesetze, der Verfasser) without putting itself in the same position and declaring whether the legislator's substitute is what the court would have coined to meet the occasion." Id. at 55: "I cannot frame any definition that will explain when the Court will assume the role of a third legislative chamber and when it will limit its authority to keeping Congress and the states within their accredited authority."

[126] Auch Holmes, Oliver W., Law in Science and Science in Law, in Collected Legal Papers (1920) at 239.

[127] Hand, Learned, supra at 15, 67 et s., 71; auch McCloskey, Robert G., The Supreme Court 1961 Term — Foreword: The Reapportionment Case, 76 Harv.L.Rev. 54 (1962) at 67.

[128] Oliver Wendell Holmes Lecture at Harvard Law School, 1959, abgedruckt in 73 Harv.L.Rev. 1 (1959).

[129] Die Nachweise hierzu werden möglichst vollständig gegeben, weil im Rahmen dieser Diskussion die Stellung des Supreme Court nach allen Richtungen hin durchleuchtet wird. Pollak, Louis H., Constitutional Adjudication: Relative and Absolute Neutrality, 11 J.Pub.L. 48 (1962); Pollak,

Problems darin zu finden, daß der Richter im Gegensatz zum Gesetzgeber strenge Neutralität wahren müsse. Wechsler übersieht nicht, daß das Gericht sich besonders bei der Normenkontrolle mitunter vor Situationen gestellt sieht, in denen es zwischen mehreren Werten wählen muß. Wechsler ist aber der Ansicht, daß eine höhere Art von Neutralität auch bei der Wahl zwischen konkurrierenden Werten möglich ist. Die Gerichte handeln bei einer solchen Wahl anders als der Gesetzgeber eben nicht als reine Machtträger, sondern stützen ihre Entscheidungen auf Gründe, die in ihrer Allgemeinheit und Neutralität das unmittelbar erreichte Ergebnis des Einzelfalls transzendieren. Ein Urteil ist allein nach den Gründen, die es tragen, und nicht nach dem Ergebnis, zu dem es kommt, zu beurteilen[130]. Zum Schluß wendet Wechsler seine These auf die Entscheidungen des Supreme Court zur Aufhebung der Rassentrennung in öffentlichen Schulen an (Brown v. Board of Education, 1954) und glaubt feststellen zu können, daß sie der von ihm geforderten Neutralität entsprechen. In Wahrheit kommt er dabei jedoch in große Schwierigkeiten. Ähnlich schwierig wäre es, bei der reapportionment-Frage von dem Ergebnis und den willkommenen Folgen absehen zu wollen und bei der Wahl zwischen den kollidierenden Interessen lediglich mit allgemeinen und neutralen Erwägungen zu arbeiten. Das Ergebnis kann in einem solchen Fall einfach nicht außer acht bleiben, und die Kritik, die diese Lehre von den „neutral principles" hervorgerufen hat, geht denn auch dahin, daß doch gerade die Überbetonung von Logik und Prinzipien seit Holmes als überwunden gelten müsse[131].

Zwischen Hand und Wechsler stehen diejenigen, die einerseits beides, den Einfluß von Erfahrungen und Wertanschauungen auf die

---

Louis H., Racial Discrimination and Judicial Integrity: A Reply to Professor Wechsler, 108 U.Pa.L.Rev. 1 (1959); Henkin, Louis, Some Reflections on Current Constitutional Controversy, 109 U.Pa.L.Rev. 637 (1961) at 652 et s.; Miller, Arthur S. and Howell, Ronald F., The Myth of Neutrality in Constitutional Adjudication, 27 U.Chi.L.Rev. 661 (1960); Mueller, Addison and Schwartz, Murray L., The Principle of Neutral Principles, 7 U.C.L.A.L.Rev. 571 (1960); Rostow, Eugene V., American Legal Realism and the Sense of the Profession, 34 Rocky Mt.L.Rev. 123 (1962) at 136 et s.; Griswold, Erwin N., The Supreme Court 1959 Term — Foreword: Of Times and Attitudes — Professor Hart and Judge Arnold, 74 Harv.L.Rev. 81 (1960) at 94; Wright, Benjamin F., The Supreme Court Cannot Be Neutral, 40 Texas L.Rev. 599 (1962); Bickel, Alexander M., The Supreme Court 1960 Term — Foreword: The Passive Virtues, 75 Harv.L.Rev. 40 (1961); ferner Hart, Henry M., The Supreme Court 1958 Term — Foreword: The Time Chart of the Justices, 73 Harv.L.Rev. 84 (1959) at 99; Arnold, Thurman, Professor Hart's Theology, 73 Harv.L.Rev. 1298 (1959). Einen kurzen Abriß der Diskussion gibt auch Scharpf, Fritz Wilhelm, Grenzen der richterlichen Verantwortung (1965), S. 381 ff.

130 Vgl. auch, ohne daß er von Wechsler zitiert wird, Chief Justice Taney in the Passenger Cases, 7 How. (48 U.S.) 283 (1849) at 470.

131 z. B. Rostow, Eugene V., The Sovereign Prerogative (1962) at 28.

Entscheidung des Richters und die richterliche Verpflichtung zu größtmöglicher Objektivität bejahen, andererseits volle Rechtfertigung richterlicher Normenkontrolle darin finden, daß die Richter besser als jeder andere dazu geeignet sind, Werte aufrechtzuerhalten[132]. Die Ausbildung des Richters, der Prozeß seines Denkens, seine Bindung an Präjudizien und nicht zuletzt seine Unabhängigkeit sind eine Gewähr dafür und unterscheiden ihn vom Gesetzgeber. Daß dazu freilich noch Persönlichkeit und Bescheidenheit kommen müssen, ist eine Aufgabe für den einzelnen Richter[133].

Diese Fragen zu vertiefen[134], wäre sehr interessant und lohnend, würde aber den Rahmen der Untersuchung sprengen. Eines freilich hat sich deutlich gezeigt und verdient hervorgehoben zu werden. Erst auf dem Hintergrund der Normenkontrolle und der widerstreitenden Auffassungen vom Wesen der Rechtsetzung und der Funktion des Richters dabei gewinnt das, was der Supreme Court in seinen apportionment-Entscheidungen getan hat, seine volle Bedeutung. Bejahung und Ablehnung der vom Supreme Court getroffenen Entscheidungen ergeben sich oft bereits zwingend aus der jeweiligen Stellungnahme zu diesen grundsätzlichen Fragen.

Die Untersuchung ist damit an einem Punkt angelangt, an dem die Frage, die zunächst eng im Zusammenhang mit dem Problem der political questions doctrine auftrat, dann zu einer Stellungnahme zum Gewaltenteilungsprinzip drängte und schließlich ein Eingehen auf die richterlichen Normenkontrolle forderte und durch eine Untersuchung der verschiedenen Auffassungen von der Funktion des Richters bei Rechtsprechung und Rechtsetzung schon erheblich erhellt worden ist, sich in ihrer ganzen Weite und Grundsätzlichkeit stellt: Was ist Stellung und Funktion des Supreme Court in der amerikanischen

---

[132] Black, Charles L., The People and the Court (1960) at 172 et s.; Bickel, Alexander M., The Least Dangerous Branch (1962) at 26; ferner Griswold, Erwin N., supra at 94.

[133] Frankfurter hat diese Meinung einmal folgendermaßen formuliert (Chief Justices I Have known, in Elman, Of Law and Men [1956] at 138): "What is essential for the discharge of functions that are almost too much, I think, for any nine mortal men, but have to be discharged by nine fallible creatures, is that you get men who bring to their task, first and foremost, humility and an understanding of the range of the problems and of their own inadequacy in dealing with them, disinterestedness, and allegiance to nothing except the effort, amid tangled words and limited insights, to find the path, through precedent, through policy, through history, to the best judgment that fallible creatures can reach in that most difficult of all tasks: the achievement of justice between man and man, between man and state, through reason called law."

[134] Vgl. allgemein, besonders zum Realismus, Friedman, W., Legal Theory (3d ed. 1953).

Demokratie? Entsprechen die reapportionment-Urteile dieser Stellung des Supreme Court?

VIII. Stellung und Funktion des Supreme Court in der amerikanischen Demokratie[135, 136]

Im Rahmen der vorliegenden Untersuchung kann es nicht darum gehen, die nahezu unübersehbare Literatur zu Stellung und Funktion des Supreme Court in der amerikanischen Demokratie um eine weitere Schrift zu vermehren. Nur drei Punkte, die im Zusammenhang mit den reapportionment-Entscheidungen besonders wichtig sind, sollen aus der Gesamtproblematik herausgegriffen werden. Der rote Faden in der Diskussion um Baker v. Carr waren die Mutmaßungen, inwieweit diese Entscheidung die Stellung des Supreme Court erschüttern würde (unten 1). Dies führt zu der Frage, worauf sich Macht und Autorität des Supreme Court gründen (unten 2). Schließlich wird die Diskussion darüber, wie die Macht des Supreme Court ausgeübt werden sollte (judicial self-restraint bzw. judicial activism), kurz aufgerollt und auf die reapportionment-Entscheidungen projiziert werden müssen (unten 3).

1. Als die Supreme Court Justices die Entscheidung in Baker v. Carr zu fällen hatten, war für sie wohl eine der heikelsten Fragen die, ob das Gericht sich mit dem der Klage stattgebenden Spruch politisch gegen Kongreß und Einzelstaatslegislativen werde durchsetzen können. Besonders Frankfurter hatte die Befürchtung geäußert, das *Gericht* nehme mit einer solchen Entscheidung ein zu *großes Risiko* auf sich, es gefährde sich selber als Institution[137].

"The judiciary, on the contrary, has no influence over either the sword or the purse; no direction either of the strength or of the wealth of the society, and can take no active resolution whatever. It may truly be said to have neither FORCE nor WILL but merely judgment; and must ultimately depend upon the aid of the executive arm even for the efficacy of its judgments." Dieses Wort Hamiltons[138]

---

[135] Siehe die oben unter Kap. 4, D VII zur richterlichen Normenkontrolle angeführte Literatur.

[136] In den USA kommen jährlich mehr als 10 000 000 Fälle vor die Gerichte. Davon erreichen etwa 2 500 den Supreme Court. Der Supreme Court entscheidet mit Begründung (also die per curiam Urteile nicht gerechnet) nur etwa 150. Daß es sich dabei dann um die brisantesten handelt, ist nicht erstaunlich.

[137] Baker v. Carr, 369 U.S. 186 (1962) at 270, dissenting opinion; andererseits Clark, concurring opinion, id. at 260.

[138] The Federalist Papers, n. 78 at 465 (Rossiter ed. 1961).

mag heute hinsichtlich des Rechtsprechens Anlaß zu Zweifeln geben[139]. Für die Durchsetzung des Urteilsspruchs aber bleibt die Abhängigkeit der Judikative von der Exekutive unbestreitbar. Ein Gericht steht und fällt mit der Durchsetzbarkeit seiner Urteile. Was die Richter in Baker v. Carr zu befürchten hatten, war freilich nicht die Gefährdung ihrer persönlichen Stellung[140]. Von der Möglichkeit einer Richterabsetzung (impeachment) wird, auch wenn die Ansichten des Richters extrem sind, seit Jeffersons vergeblichem Versuch, sich auf diese Weise eines politischen Todfeindes, des Supreme Court Justice Samuel Chase, zu entledigen[141], kein Gebrauch mehr gemacht. Ein court-packingplan[142] ist seit den vergeblichen Versuchen Roosevelts, der doch sonst eine große Parteimehrheit hinter sich hatte, keine politische Möglichkeit mehr, wenn auch nicht übersehen werden darf, daß vor 1869 die Zahl der Richter z. T. aus parteipolitischen Erwägungen mehrere Male geändert worden ist. Die eigentliche Gefahr war vielmehr, daß die Entscheidungen des Supreme Court zum reapportionment durch eine Verfassungsänderung materiell zunichte gemacht würden oder, was folgenschwerer gewesen wäre, daß die Jurisdiktionsgewalt des Supreme Court beschnitten würde oder, am schlimmsten, daß die Entscheidungen schlechthin nicht durchsetzbar sein würden.

Dafür, daß eine Entscheidung des Supreme Court, die der Mehrheit im Kongreß nicht genehm ist, durch amendment zu Fall gebracht wird, gibt es Präzedenzfälle: amendment XI (Chisholm v. Georgia)[143] und amendment XVI (Pollock v. Farmers' Loan and Trust Co.)[144]. Der Gefahr, daß dieser Vorgang sich erneut, diesmal bei den reapportionment-Entscheidungen, wiederholen würde, ist der Supreme Court, wie oben gezeigt, nur knapp entronnen[145].

Bedenklicher als ein solches amendment wäre es gewesen, wenn sich der Vorschlag durchgesetzt hätte, mit einfacher Mehrheit die Jurisdiktionsgewalt des Supreme Court (appellate jurisdiction) zu beschneiden und die Entscheidungen auf diese Weise zur Wirkungslosigkeit zu verurteilen. Zwar gibt es auch hierfür einen Präzedenzfall[146]. Doch konnten sich derartige Vorschläge im Streit um die re-

---

[139] s. o. Kap. 4, D VII.

[140] Die Haßtiraden in der Presse und in der persönlichen Post der Richter waren freilich erschreckend.

[141] Vgl. Roche, John P., Courts and Rights (1961) at 20.

[142] Erhöhung der Zahl der Richter, um durch die Besetzung der zusätzlichen neuen Richterstellen mit geeigneten Leuten Einfluß auf die Mehrheitsverhältnisse im Gericht zu nehmen.

[143] 2 Dall. 419 (1793).

[144] 157 U.S. 429 (1895).

[145] New York Times, Aug. 5, 1965, p. 1, col. 1; dazu oben Kap. 3, 4 b.

[146] Ex parte McCardle, 74 U.S. (7 Wall.) 506 (1869).

apportionment-Entscheidungen glücklicherweise nicht durchsetzen[147]. Meinungsverschiedenheiten zwischen Kongreß und Supreme Court über fundamentale verfassungsrechtliche Fragen sollten nicht durch die Hintertür der Beschneidung der Jurisdiktionsgewalt, also auf formalem Weg und mit einfacher Mehrheit, gelöst werden. Daß hier freilich der schwächste Punkt der Stellung des Supreme Court ist, darf nicht übersehen werden.

Am gefährlichsten für die Autorität des Supreme Court wäre es gewesen, wenn die reapportionment-Entscheidungen ohne amendment und ohne Beschneidung der Jurisdiktionsgewalt am passiven Widerstand der Exekutive und der Einzelstaatslegislativen gescheitert wären. Auch eine solche Reaktion mußte von den Richtern in Baker v. Carr in Betracht gezogen werden. Ein knappes Jahrzehnt zuvor waren die Entscheidungen des Supreme Court zur Aufhebung der Rassentrennung in öffentlichen Schulen auf einen Widerstand gestoßen, der die Nation in zwei Lager spaltete, Einsatz von Bundestruppen nötig machte und mit geänderter Taktik bis heute anhält. Bei Baker v. Carr mußte der Supreme Court nicht wie 1954 nur den Widerstand der Südstaaten und einiger anderer in Betracht ziehen, sondern konnte sich ausrechnen, daß er sich mit einer Intervention in apportionment-Fragen und besonders mit der umwälzenden Statuierung des equal population standard zahllose Feinde im Kongreß und in der überwiegenden Mehrzahl aller Einzelstaaten machen würde. Wäre ein Widerstand der Art, wie er in den Südstaaten gegen Brown v. Board of Education geleistet wurde, auf breiterer Ebene gegen Baker v. Carr und Reynolds v. Sims erfolgt, wäre den Vereinigten Staaten eine ernsthafte Verfassungskrise nicht erspart geblieben[148].

---

147 s. o. Kap. 3, 4 b.

148 An Versuchen, die Macht des Supreme Court zu beschränken oder, was freilich etwas anderes ist, den Prinzipien einer Entscheidung (nicht der Entscheidung des konkreten Falls selber) die Gefolgschaft zu versagen, hat es im Laufe der Geschichte des Supreme Court nicht gefehlt. Dazu Freund, Paul A., Storm over the American Supreme Court, 21 Modern L.Rev. 345 (1958) at 346 et s.; Freund, Paul A., The Supreme Court under Attack, U.Pitt.L.Rev. 1 (1963); Warren, Charles, The Supreme Court in United States History (rev. ed. 1926). Lincoln sagte in seiner First Inaugural Address (Abraham Lincoln's Speeches and Letters 1832—1865 [Angel ed 1957] 154 et s., at 159) zur zweiten Form des Widerstands: "I do not forget the position assumed by some that constitutional questions are to be decided by the Supreme Court; nor do I deny that such decisions must be binding in any case, upon the parties to a suit, as to the object of that suit, while they are also entitled to a very high respect and consideration, in all parallel cases by all other departments of the Government. And while it is obviously possible that such decision may erroneous in any given case, still the evil effect following it, being limited to that particular case, with the chance that it may be overruled, and never become a precedent for other cases, can better be borne than the evils of a different practice. At the same

2. Diesen Gefahren ist der Supreme Court nur knapp entgangen. Das gibt Anlaß zur Frage, worin eigentlich die Macht des Supreme Court besteht.

Letztlich wirken wohl drei Faktoren zusammen. Dem Supreme Court wird vom Volk Respekt in einem Maße entgegengebracht, wie man sich das beispielsweise in Deutschland gar nicht vorstellen kann. Die Verfassung ist Symbol der Nation, der Supreme Court hat daran teil[149]. Ausschlaggebend ist ferner, daß die beiden großen Parteien nicht geschlossen sind, keine ideologischen Verpflichtungen haben. Auf Bundesebene agieren sie, wie das einmal formuliert worden ist, nur als lockere Kartelle zur Besetzung von Ämtern und kommen mit einem Minimum an Fraktionsdisziplin aus[150]. Bedingung und Grenze der Macht des Supreme Court ist schließlich, daß die Entscheidungen dieses Gerichts, gerade wenn sie tief ins Politische reichen, auf einen breiten Konsensus treffen[151]. Das gilt in doppelter Weise: einmal hinsichtlich des Spruchs im konkreten Fall, darüber hinaus grundsätzlicher hinsichtlich des Berufs des Supreme Court zu derartig umstrittenen politischen Entscheidungen.

Von den genannten drei Faktoren, auf die sich die Macht des Supreme Court in den Vereinigten Staaten gründet, erfordert im

---

time, the candid citizen must confess that if the policy of the government, upon vital questions, affecting the whole people, is to be irrevocably fixed by decisions of the Supreme Court, the instant they are made, in ordinary litigation between parties, in personal actions, the people will have ceased to be their own rulers, having, to that extent, practically resigned their government, into the hands of that eminent tribunal." Der Supreme Court hat sich freilich energisch gerade auch gegen einen Widerstand gegen die tragenden Prinzipien einer Entscheidung verwahrt. In Cooper v. Aaron, 358 U.S. 1 (1958) at 18, hat das gesamte Kollegium, nicht nur wie üblich ein Richter als Sprecher der Mehrheit, dies emphatisch zum Ausdruck gebracht: "It is, emphatically, the province and duty of the judicial department, to say what the law is." "No state legislator, executive or judicial officer can war against the Constitution without violating his undertaking (i. e. Eid, der Verfasser) to support it."

149 Dazu Learner, Max, Constitution and Court as Symbols, 46 Yale L.J. 1290 (1937).

150 Dazu z. B. Roche, John P., Courts and Rights (1961) at 46; Roche, John P., Judicial Self-Restraint, 49 Am.Pol.Sci.Rev. 762 (1955) at 771: „No cohesive majority, such as normally exists in Britain, would permit a politically irresponsible judiciary to usurp decision-making functions, but for complex social and institutional reasons, there are few issues in the United States on which cohesive majorities exist." Vgl. auch Mendelson, Wallace, The Politics of Judicial Supremacy, 4 J.L. and Econ. 175 (1961); Mendelson, Wallace, Judicial Review and Party Politics, 12 Vand.L.Rev. 447 (1959).

151 Frankfurter in Sweezy v. State of New Hampshire, 354 U.S. 234, 255 (1957) at 267: A judgment „must rest on fundamental presuppositions rooted in history to which widespread acceptance may fairly be attributed"; ferner Beth, Loren P., The Supreme Court and the Future of Judicial Review, 76 Pol.Sci.Q. 11 (1961) at 22.

Rahmen der reapportionment-Entscheidungen die Notwendigkeit eines *Konsensus* noch einige Betrachtungen.

Breiter Konsensus über das Eingreifen des Supreme Court in der konkreten Frage des malapportionment war glücklicherweise gegeben. Alle, selbst die nicht repräsentativen Gesetzgeber, waren sich bewußt, daß das malapportionment, wie es bis zu Baker v. Carr die politische Bühne in den USA beherrschte, ein Übelstand war. Kritik wurde zunächst nur am Eingreifen des Supreme Court in solche diffizilen politischen Probleme geübt. Echte Ressentiments bildeten sich im Laufe der Zeit, als im Anschluß an Baker v. Carr die Bundesgerichte in den einzelnen Staaten die Legislativen „herumkommandierten", ihnen Fristen setzten, gerade erst vom Parlament verabschiedete Novellen und Verfassungsänderungen als Halbheiten einfach strichen und schließlich die Arbeit selber in die Hand zu nehmen drohten. Besonders als auch noch Reynolds v. Sims den bisher üblichen Kompromiß in der zweiten Kammer der Legislative verwarf, war die Reaktion heftig. Aber selbst in diesem Stadium konnte man noch immer von einem breiten Konsensus in der Öffentlichkeit darüber sprechen, daß ein schon fast Tradition gewordener Übelstand zu Recht beseitigt worden war. Das mag unter anderem daran liegen, daß inzwischen auch die Republikanische Partei erkannt hatte, daß sie ebenfalls durch reapportionment zu gewinnen hatte, ferner daran, daß unter dem Druck richterlicher Entscheidungen in vielen Staaten das reapportionment nach den neuen Grundsätzen sehr schnell vollzogen war und binnen kurzem ein fait accompli darstellte.

Die Notwendigkeit eines Konsensus grundsätzlicherer Art hinsichtlich des Berufs des Supreme Court zu derartig weittragenden Entscheidungen wird bei den reapportionment-Urteilen besonders deutlich. "The Court's authority — possessed neither of the purse nor the sword — ultimately rests on sustained public confidence in its moral sanction", hat Frankfurter einmal gesagt[152]. Das ist unbestreitbar[153]. Und doch liegt gerade hier ein Problem, das sich immer mehr in den Vordergrund drängt. Das Unbehagen, das man in den Vereinigten Staaten über das kühne Vorpreschen des Obersten Gerichts empfindet, kommt einmal von theoretischer Seite, wenn behauptet wird, daß Rechtsetzung durch den Supreme Court ein Fiat sei, eine Parteinahme für eines der streitenden Interessen aus persönlichen Präferenzen[154]. Ob sich die Mehrzahl der Amerikaner mit der Vorstellung abfinden könnte, der Supreme Court sei nicht mehr als eine dritte Kammer

---

[152] Baker v. Carr, 369 U.S. 186 (1962) at 267, dissenting opinion.

[153] Dazu auch Beth, Loren P., supra at 22 et s.

[154] s. o. Kap. 4, D VII.

im gesetzgeberischen Prozeß, ist mehr als zweifelhaft[155]. Das Unbehagen zeigt sich aber auch in der Stellungnahme derer, welche die Entwicklung in der Rechtsprechung des Supreme Court in den letzten zehn bis fünfzehn Jahren kritisch betrachten. Auch wenn ein großer Teil der Entscheidungen, etwa diejenigen, die sich für die civil rights im Strafprozeß einsetzen, Billigung gefunden hat, empfinden doch viele Beunruhigung darüber, in jeder Sitzungsperiode des Supreme Court damit rechnen zu müssen, daß, wie dem Verfasser gegenüber wiederholt geäußert worden ist, „eine neue Bombe platze" und von einem Tag auf den anderen herkömmliche Rechtslagen in Dutzenden von Einzelstaaten weggefegt werden. Stellung und Aufgaben des Supreme Court standen selten so im Zentrum öffentlicher Diskussion, wie das heute der Fall ist[156]. Die reapportionment-Entscheidungen sind wohl bis an den Rand dessen gegangen, was sich der Supreme Court leisten kann, ohne seine Autorität auf das Spiel zu setzen. Daß das Wagnis dieser Entscheidungen entgegen der Erwartung etwa von Frankfurter gut ausgegangen ist, lag an einem breiten Konsensus hinsichtlich der konkreten Ergebnisse. Das Bestehen eines solchen Konsensus ist, wie sich gezeigt hat, sehr schwer vorauszusagen. Sollte der Supreme Court in näherer Zukunft eine Entscheidung gegen einen solchen Konsensus treffen, besteht die dringende Gefahr, daß sich all das, was sich an Unbehagen gegen ein zu weitgehendes Eingreifen des Supreme Court in die Politik und den politischen Prozeß angesammelt hat, mit der Folge einer ernsten Verfassungskrise entladen wird.

3. In der Diskussion, die in der amerikanischen Öffentlichkeit und Fachliteratur besonders auch im Anschluß an die reapportionment-Entscheidungen über den Supreme Court geführt wurde und wird, findet man immer wieder das Begriffspaar *„judicial self-restraint"* und *„judicial activism"*[157]. Diese Begriffe werden vielfach als Schlagworte gebraucht[158]. In ihrer Verwendung spiegeln sich jedoch bewußte oder unbewußte grundsätzlichere Stellungnahmen.

---

155 Unter vielen McCloskey, Robert G., The Supreme Court 1961 Term — Foreword: The Reapportionment Case, 76 Harv.L.Rev. 54 (1962) at 67: "If the public should ever become convinced that the Supreme Court is merely another legislative, that judicial review is only a euphemism for an additional layer in the legislative process, the Court's future as a constitutional tribunal would be cast in grave doubt." Ferner Hand, Learned, The Bill of Rights (1958) at 71 et s.

156 Daß freilich Kritik am Supreme Court, auch scharfe Kritik, traditionell ist, wurde schon gesagt, vgl. Freund, Paul A., Storm over the American Supreme Court, 21 Modern L.Rev. 345 (1958) at 346 et s. mit Nachweisen aus der Geschichte des Supreme Court.

157 Die ähnliche Unterscheidung zwischen „liberal" und „konservativ" dürfte weniger nützlich sein, da die Begriffe zu farblos sind.

158 Als solche kritisiert von Justice Goldberg, New York Times, Nov. 8, 1964, section 6, p. 30, 80.

"The only check upon our own exercise of power is our own sense of self-restraint", sagt Stone in United States v. Butler[159]. Diese Haltung zeugt von dem Verantwortungsbewußtsein eines Richters, der sich seiner königlichen Stellung bewußt ist, eine politisch motivierte Richterabsetzung nicht zu fürchten hat und seine Aufgabe, an der Lösung der entscheidenden Fragen seiner Zeit mitzuwirken[160], ernst nimmt. Für eine solche Haltung gibt es drei Hauptgründe.

Da ist einmal das Gefühl des Richters, das besonders bei der Normenkontrolle und einem Kontrastieren der Meinungen des Gerichts und des Gesetzgebers wach wird, selbst nicht in der Weise demokratisch legitimiert zu sein, wie das der Gesetzgeber ist. Der Richter scheut sich, über den Kopf der Mehrheit hinweg seine eigene Auffassung zum law of the land zu machen[161]. Daß die Unterscheidung zwischen dem, was der Richter bei der Normenkontrolle und dem, was der Gesetzgeber bei der Rechtsetzung tut, schon theoretisch mehr und mehr fragwürdig wird[162], spielt dabei eine nicht unerhebliche Rolle.

Ein weiteres Motiv für judicial self-restraint ist die Einsicht in die Gefahr, die der Autorität des Gerichts droht, wenn der Supreme Court sich über die politische Realität hinwegsetzt und in politisch brisanten Fragen gegen einen Konsensus entscheidet. Das ist bereits oben im Zusammenhang mit den reapportionment-Entscheidungen deutlich geworden[163]. Die dissenting opinion von Frankfurter und Harlan in Baker v. Carr[164] und von Harlan in Wesberry v. Sanders[165] und in Reynolds v. Sims[166] zeugen eindrucksvoll von dem Bewußtsein um die Verantwortung des Supreme Court Justice für die Zukunft einer unabhängigen und respektierten Judikative[167].

---

159 297 U.S. (1936) at 79, dissenting opinion.

160 Man denke an das bekannte Wort von Tocqueville: "Scarcely any political question arises in the United States that is not resolved, sooner or later, into a judicial question."

161 Vgl. z. B. Frankfurter, dissenting in Baker v. Carr, 369 U.S. 186 (1962) at 296; Jackson, Robert H., The Struggle for Judicial Supremacy (1949) at 315 et s., 321.

162 s. o. Kap. 4, D VII.

163 s. o. Kap. 4, D VIII 1, 2.

164 369 U.S. 186 (1962) at 266 et s. and at 330 et s.

165 376 U.S. 1 (1964) at 20 et s.

166 377 U.S. 533 (1964) at 589 et s.

167 Harlan schloß seine dissenting opinion in Baker v. Carr, supra at 340, mit folgenden Worten: "Those who consider that continuing national respect for the Court's authority depends in large measure upon its wise exercise of self-restraint and discipline in constitutional adjudication, will view the decision with deep concern."

Entscheidend ist schließlich — ganz unabhängig von einer eventuellen Gefährdung der Autorität des Gerichts —, daß ein Eingreifen des Supreme Court in politisch brisanten Fragen wie bei den reapportionment-Entscheidungen, den politischen Prozeß und das staatsbürgerliche Verantwortungsgefühl lähmen könnte. Der Supreme Court wäre mit der Aufgabe überfordert, allen in einer demokratischen Gesellschaft bestehenden Übelständen abzuhelfen. Besserung muß vom Volk selbst bzw. von seinen Vertretern kommen[168]. Hinter diesem Bekenntnis zur politischen Mündigkeit des Staatsbürgers in einer Demokratie steht freilich vielfach ein tiefes Mißtrauen gegenüber dem seit Roosevelt und dem New Deal nicht mehr aufzuhaltenden Trend zum Wohlfahrtsstaat.

Auf diesem Hintergrund wird ein Wort verständlich, daß Brandeis einmal gesagt hat: "The most important thing we do is not doing[169]."

Die Meinung derer, die sich zum judicial self-restraint bekennen, ist jedoch bei der augenblicklichen Zusammensetzung des Supreme Court zur Minderheitsmeinung geworden. Dies ist gerade in den reapportionment-Entscheidungen deutlich zutage getreten und auch von der öffentlichen Meinung und der Fachliteratur stark empfunden worden[170]. Seit Colegrove v. Green hat sich nicht nur eine andere

---

168 Harlan, dissenting in Baker v. Carr, supra at 339: "Those observers of the Court who see it primarily as the last refuge for the correction of all inequality or injustice, no matter what its nature or source, will no doubt applaud this decision and its break with the past"; Frankfurter, Colegrove v. Green, 328 U.S. 549 (1946) at 556: "The Constitution has left the performance of many duties in our governmental scheme to depend on the fidelity of the executive and legislative action and, ultimately, on the vigilance of the people in exercising their political rights"; Frankfurter, dissenting in Baker v. Carr, supra at 270: "In a democratic society like ours, relief must come through an aroused popular conscience that sears the conscience of the people's representatives"; Harlan, dissenting in Wesberry v. Sanders, supra at 48: "What is done today saps the political process. The promise of judicial intervention in matters of this sort cannot but encourage popular inertia in efforts for political reform through the political process, with the inevitable result that the process is itself weakened"; ferner Harlan, Address at the American Bar Center, Aug. 13, 1963, abgedruckt in 49 A.B.A.J. 943 (1963).

169 Zu den „passive virtues" genauer Bickel, Alexander M., The Least Dangerous Branch (1962) at 21, 111 et s.; Hand, Learned, The Bill of Rights (1958) at 15; aber Wechsler, Herbert, Toward Neutral Principles of Constitutional Law, 73 Harv.L.Rev. 1 (1959) at 6.

170 z. B. Emerson, Thomas J., Malapportionment and Judicial Power, 72 Yale L.J. 64 (1962) at 79, der von einer massive repudiation „of the school of thought of which Mr. Justice Frankfurter has been the intellectual and spiritual leader" spricht. Frankfurter und Black werden in diesem Zusammenhang oft als feindliche Brüder im Supreme Court gegenübergestellt. So Mendelson, Wallace, Justices Black and Frankfurter: Conflict in the Court (1961); Lewis, Anthony, Gideon's Trumpet (1964) at 82 et s., und zahlreiche Presseartikel.

Mehrheit zur Frage des reapportionment gebildet[171]. Die ganze Haltung des Supreme Court ist eine andere geworden[172, 173, 174].

Das Gericht engagiert sich, wie es sich seit seinem Engagement in wirtschaftlichen und sozialen Fragen in den dreißiger Jahren nicht mehr engagiert hat[175]. Die Richtung des Engagements ist die Verteidigung der Freiheit und Gleichheit der Person[176]. Das kommt in den vielen Nachkriegsentscheidungen zum Ausdruck, welche die Einzelstaaten an immer größere Teile der Bill of Rights gebunden (z. B. Mapp v. Ohio, Gideon v. Wainwright) und den Umfang der Freiheits- und Gleichheitsrechte mehr und mehr ausgedehnt haben (Brown v. Board of Education, Schulgebetsfälle, reapportionment-Entschei-

---

171 Die Supreme Court Entscheidungen zum reapportionment sind nur ein letzter Schritt in einer langen Entwicklung eines Abbaus von Beschränkungen des Wahlrechts (Eigentum, Geschlecht, Rasse, indirekte Wahl der Senatoren). Darauf weist besonders McKay, Robert B., Political Thicket and Crazy Quilts: Reapportionment and Equal Protection, 61 Mich.L.Rev. 645 (1963) at 681 et s., hin.

172 Das zeigt sich auch daran, daß der „lonely dissenter" der früheren Jahre, Black, die Genugtuung hat, viele seiner früheren dissents heute als law of the land anerkannt zu finden, z. B. beim reapportionment: Colegrove v. Green (1946) — Baker v. Carr (1962).

173 Freilich wird dieser Standortwechsel nicht offen zugegeben. Statt die früheren Entscheidungen ausdrücklich für überholt zu erklären (overruling), zieht es der Supreme Court in Baker v. Carr vor, Unterschiede gegenüber den früheren Fällen zu suchen, um so die präjudizielle Wirkung zu umgehen (distinguishing). Das wird ihm vielfach als unaufrichtig verübelt, z. B. Lucas, Jo Deshua, Legislative Apportionment and Representative Government; the Meaning of Baker v. Carr, 61 Mich.L.Rev. 711 (1963) at 803: "tortured the precedents beyond recognition"; andererseits auch Emerson, Thomas J., Malapportionment and Judicial Power, 72 Yale L.J. 64 (1962) at 79; zum Problem des overruling allgemein Reed, Stanley, Stare Decisis and Constitutional Law, 35 Pa.B.A.Q. 131 (1938).

174 Der Supreme Court hat im Laufe seiner Geschichte ungefähr hundertmal eine frühere Entscheidung ausdrücklich preisgegeben (overruling). Dazu Brandeis in Burnett v. Coronado Oil and Gas Co., 285 U.S. 393 (1932) at 405/406: "(I)n most matters it is more important that the applicable rule of law be settled than that it be settled right." "But in cases involving the Federal Constitution, where correction through legislative action is practically impossible, this Court has often overruled its earlier decisions. The Court bows to the lessons of experience and the force of better reasoning."

175 Siehe, dies anprangernd, Stewart, dissenting in Lucas v. 44th General Assembly of the State of Colorado, 377 U.S. 713 (1964) at 747; aber Goldberg, Arthur J., New York Times, Nov. 8, 1964, section 6, p. 30, 78: "The temper of the modern world demands that judges, like men in all walks of public and private life, avoid escapism and frankly confront even the most controversial and troublesome justiciable problems."

176 In der Rechtsprechungsperiode 1935/36 wurden 160 Entscheidungen (ohne per curiam Urteile) gefällt. Nur zwei betrafen das Gebiet der civil rights and liberties. Während der Rechtsprechungsperiode 1960/61 ergingen 120 Entscheidungen mit Begründung. Davon betrafen 54 das Gebiet der civil rights and liberties. Vgl. Mason, Alpheus T., The Supreme Court, Palladium of Freedom (1962) at 175.

dungen, Ausdehnung der Rechte des Strafverfolgten bis an die Grenze des Möglichen). Zu Recht hat sich dabei die Meinung durchgesetzt, daß das Gericht seine Autorität auch dadurch schwächen kann, daß es Unrecht zwar sieht, aber sich für unzuständig erklärt, einzugreifen[177, 178]. Gerade in dem Fall des reapportionment, in dem alle anderen Möglichkeiten des politischen Prozesses keine Abhilfe zu bringen imstande waren, wäre eine Verweisung der durch das malapportionment Benachteiligten auf die Rolle der Demokratie im allgemeinen und ihre staatsbürgerliche Gesinnung im besonderen beißende Ironie gewesen[179].

Die Freiheit des Individuums von staatlicher Gewalt zu schützen und die Minderheiten vor Übergriffen der Mehrheit zu bewahren wie umgekehrt eine Majorisierung der Mehrheit durch die Minderheiten zu verhindern, erscheint demnach im Lichte der neueren Supreme Court-Rechtsprechung als die Aufgabe, die dem Supreme Court in der heutigen Zeit obliegt. Der Supreme Court hat danach die Funktion eines Schiedsrichters, der über den korrekten Ablauf des politischen Prozesses wacht[180].

Über diese schon weit von judicial self-restraint entfernte Haltung des Supreme Court in seiner augenblicklichen Besetzung gehen diejenigen hinaus, die den Supreme Court nicht nur zum Verteidiger der Individual- und Minderheitsrechte machen wollen, sondern ihm

177 Einer der angesehensten Verfechter dieser Meinung ist Vanderbilt, Arthur T., The Doctrine of the Separation of Powers and Its Present-Day Significance (1953) at 97 et s., 139, 140; Rostow, Eugene V., The Sovereign Prerogative (1962) at 178 = 66 Harv.L.Rev. 193 (1952) at 213; Lewis, Anthony, The Changing Role of the Supreme Court of the USA, 34 N.Y.S.B.J. 416 (1962) at 424.

178 Ein Beispielsfall für eine solche Entwicklung ist der Autoritätsverlust der Einzelstaaten im Zusammenhang mit den Problemen, die die Verstädterung der Vereinigten Staaten aufgeworfen hat.

179 Vgl. auch Lewis, Anthony, Gideon's Trumpet (1964) at 215 et s., der zu dem Fall von Gideon v. Wainwright berichtet, daß man allgemein schon vorher stillschweigend einräumte, daß das Recht auf einen Pflichtverteidiger jedermann zustehen müsse, daß aber dennoch die Reformen ausblieben: "They all know it in their hearts. But regardless of their personal or professional convictions, they won't move until this great institution tells them to", sagte einer der Beobachter.

180 Unter vielen Mason, Alpheus T., The Supreme Court, Palladium of Freedom (1962) at 177 et s.; Jackson, Robert H., The Struggle for Judicial Supremacy (1949) at 311; Tyler, Gus, Court versus Legislature (The Socio-Politics of Malapportionment), 27 Law and Contemp.Prob. 390 (1962) at 407; auch schon Cardozo, Benjamin N., The Nature of the Judicial Process (1921) at 92 et s.; Friedelbaum, Stanley H., The Warren Court and American Federalism — A Preliminary Appraisal, 28 U.Chi.L.Rev. 53 (1960) at 87; vgl. dazu ferner Sabine, George H., The Two Democratic Traditions, 61 Philosophical Rev. 451 (1952) und Hamilton, The Federalist Papers, n. 78 at 469 (Rossiter ed. 1961).

generell eine Mitwirkungsfunktion in der Politik und die Stellung als Instrument sozialen Wandels beimessen. Diese Ansicht wird besonders von denen verfochten, die vom Boden des judicial realism für eine ergebnisorientierte Jurisprudenz eintreten[181]. Zu dieser Ansicht kommen aber auch diejenigen, die den Einfluß der soziologischen Realitäten auf das Recht betonen. So glaubt etwa Tyler[182] feststellen zu können, daß Baker v. Carr das Zeichen dafür sei, daß die zahlen- und einflußmäßig immer mehr angewachsene städtische Bevölkerung, nachdem sie erst das Präsidentenamt „gewonnen", zunächst den Senat und nun auch den Supreme Court „gestürmt" habe[183].

Ob die Entwicklung wirklich dahin geht, daß der Supreme Court zum Partner des Kongresses und zum Mitgestalter der Politik wird, ist noch nicht abzusehen. Die Periode des Umbruchs dauert noch an. Fest steht, daß die Geschichte des Supreme Court ein einziges Beispiel für den ungeheuren, auch politischen Einfluß dieses obersten Gerichtshofes ist[184]. Feststeht ferner, daß es die Aufgabe des Supreme Court in einer Demokratie ist, Hüter von Werten zu sein, die ohne seine schützende Hand im Getriebe der Gesetzgebung und im Alltag der Exekutive unter dem Druck allmächtiger Interessengruppen aller Art allzu leicht preisgegeben werden. Rostow hat dazu das viel zitierte Wort geprägt[185]: "(T)he Supreme Court is, among other things, an educational body, and the Justices are inevitably teachers in a vital national seminar." Damit löst sich das Unbehagen, daß die demokratisch nicht legitimierten Richter des Supreme Court in einer Demokratie eigentlich nicht einen derartigen Einfluß haben dürften[186].

---

[181] Miller, Arthur S. and Howell, Ronald F., The Myth of Neutrality in Constitutional Adjudication, 27 U.Chi.L.Rev. 661 (1960) passim, especially at 678 et s.; auch Rostow, Eugene V., The Sovereign Prerogative (1962) at 28.

[182] Tyler, Gus, supra at 404.

[183] Tyler, Gus, id. at 404, spricht von „sociodynamic pressures, generated by industrialization and urbanization".

[184] z. B. Theodore Roosevelt, Speech at a dinner of the Bar in honor of Judge Harlan in 1902, zitiert in Warren, Charles, The Supreme Court in United States History (1937) vol. 1, at 1:

"In not one serious study of American political life will it be possible to omit the immense part played by the Supreme Court in the creation, not merely modification, of the great politics, through and by means of which the country has moved into her present position ... The Judges of the Supreme Court of the land must be not only great jurists, they must be great constructive statesmen, and the truth of what I say is illustrated by every study of American statesmanship."

[185] The Sovereign Prerogative (1962) at 167, auch in 66 Harv.L.Rev. 193 (1952) at 208; Lewis, Anthony, New York Times, June 17, 1962, section 6, p. 7, spricht in diesem Zusammenhang vom Supreme Court als „instrument of national moral values".

[186] "(T)he work of the Court can have, and when wisely exercised does have, the effect not of inhibiting but of releasing and encouraging the

Nun darf man freilich nicht, wie das häufig in der Presse geschieht, in unkritische Schwärmerei verfallen und den Supreme Court als ehernes, ewiges Bollwerk für Individualrechte und Minderheitenschutz verherrlichen. Es gilt die Beschränkungen zu sehen. In einer Untersuchung von Dahl[187] sind alle Entscheidungen, die ein Gesetz für verfassungswidrig erklärt haben, statistisch ausgewertet worden. Dabei zeigte sich, daß der Supreme Court auf die Dauer immer der politischen Mehrheit folgt. Nach der bisherigen Geschichte des Supreme Court wird im Durchschnitt alle 22 Monate ein neuer Richter bestellt. Der Präsident ernennt also durchschnittlich zwei neue Richter in jeder Amtsperiode. Angesichts der häufigen Meinungsverschiedenheiten innerhalb des Gerichts selbst wird eine stabile Mehrheit im Kongreß schon während der ersten Amtsperiode ihres Präsidenten, mit größter Wahrscheinlichkeit aber jedenfalls während der zweiten ihren Willen auch gegenüber bzw. im Supreme Court durchsetzen. Roosevelt hat diesbezüglich außergewöhnlich lange warten müssen. Aber zu Ende seiner zweiten Amtsperiode hatte er fünf neue Richter ernannt. Auf die Dauer hat also der Supreme Court die Funktion, die grundlegenden politischen Entscheidungen einer stabilen Mehrheit zu legalisieren. Das kann u. U. zu Lasten individueller Rechte und Freiheiten gehen. Die Geschichte beweist, daß der Supreme Court wiederholt das Establishment einer privilegierten Schicht auf Kosten einer mehr oder weniger unterdrückten Schicht geschützt bzw. zu schützen versucht hat. Nur in Zeiten, in denen es an einer stabilen politischen Mehrheit fehlt und sich Minderheiten ad hoc zusammenschließen, kann der Supreme Court — freilich selbst dann unter großem Risiko für seine Stellung — eigene Politik treiben. Wenn diese Politik auf einen weitgestreuten Konsensus trifft, wenn also die Ansichten, die der Supreme Court ausspricht, zwar nicht stark genug gewesen sind, sich in Gesetzen niederzuschlagen, aber doch genügend Einfluß haben, eine Maßregelung des Supreme Court zu verhindern, hat der Supreme Court wieder einmal die Weichen in der Geschichte der Nation gestellt[188].

---

dominant democratic forces of American life. The historical reason for this paradox is that American life in all its aspects is an attempt to express and to fulfill a far-reaching moral code", so Rostow, Eugene V., supra at 170. Ferner Bickel, Alexander M., The Least Dangerous Branch (1962) at 29 et s., der auf die legitimierende Funktion der richterlichen Normenkontrolle hinweist (bei geprüften und nicht für verfassungswidrig erklärten Gesetzen); Black, Charles L., The People and the Court (1960) at 172 et s.; Frankfurter in Bartkus v. Illinois, 359 U.S. 121 (1959) at 128: "The Anglo-American system of law is based not upon transcendental revelation but upon the conscience of society ascertained as best it may be by a tribunal disciplined for the task and environed by the best safeguards for disinterestedness and detachment."

187 Dahl, Robert A., Decision-making in a Democracy: the Supreme Court as a National Policy-Maker, 6 J.Pub.L. 279 (1957).

Der gegenwärtige Supreme Court hinkt nun freilich nicht hinter einer liberalen Mehrheit her, wie das nach den genannten Untersuchungen von Dahl typisch erscheinen könnte. Das mag an zwei von Dahl, der geschichtlich argumentiert, nicht berücksichtigten Tatsachen liegen, die spezifisch für das 20. Jahrhundert sind. Der Supreme Court hat in den dreißiger Jahren vergeblich versucht, das Rad der Geschichte aufzuhalten. Er hat dabei seine Autorität geschwächt und ist Gefahr gelaufen, sich breite Kreise des Volkes zu entfremden. Dieses Trauma wirkt nach, und so ist die fortschrittliche Haltung des Supreme Court die Reaktion auf die Bedürfnisse, die sich mit den Problemen einer verstädternden Industrie- und Massengesellschaft regen, auf die Impulse, die von einer Mehrheit im Kongreß und vom Präsidenten ausgehen und auf die Erkenntnis, daß sich die Vereinigten Staaten unabänderlich auf dem Weg zum Sozial- und Wohlfahrtsstaat befinden.

Ein weiterer Faktor ist, daß der politische Prozeß innerhalb der Vereinigten Staaten heute nicht mehr isoliert von der Weltöffentlichkeit abläuft. Der zweite Weltkrieg, die Diktaturen, gegen die die Vereinigten Staaten gekämpft und noch zu kämpfen haben, beschämende Tatsachen innerhalb des eigenen Landes, die plötzlich auf internationaler Bühne kritisiert werden und den Stolz der Amerikaner auf ihr System herausfordern (man denke an die Umsiedlungspolitik, die während des amerikanisch-japanischen Krieges gegenüber Amerikanern japanischer Abstammung betrieben wurde, oder an die Rassenexzesse in den Südstaaten), das Erwachen der Minderheiten, die man bisher als lethargisch unterschätzt hatte (man denke an die Neger, aber auch an die lange Zeit auf dem Status einer Minderheit gehaltenen Städte mit ihren Problemen) usw. lassen die Frage nach dem Recht des Individuums und der Minderheiten brennend aktuell erscheinen. Der Supreme Court hat in seiner Rechtsprechung des letzten Jahrzehnts das Fazit aus dieser soziologischen Situation gezogen. Soweit er dabei selbständig Politik gemacht hat (Rassenfrage, Schulgebetsentscheidungen, reapportionment), ist er auf einem gefährlichen Pfad geschritten. Bisher ist er jedoch jedesmal wenigstens soweit auf einen latenten Konsensus gestoßen, daß Kritik und Opposition nicht stark genug waren, seine politischen Entscheidungen zu Fall zu bringen. Am größten war die Gefahr 1954 bei der Rassengleichheitspolitik, am geringsten bei der schrittweisen Ausdehnung der Bill of Rights auf die Einzelstaaten — die Nationalisierung der Politik war

---

[188] Wie Dahl auch McCloskey, Robert G., The American Supreme Court (1960) at 224, 228 et s.; Frank in Cahn, Edmond, Supreme Court and Supreme Law (1954) at 129; ferner Jackson, Robert H., The Struggle for Judicial Supremacy (1954) at 311 et s., 315; Latham, Earl, The Supreme Court as a Political Institution, 31 Minn.L.Rev. 205 (1947) at 207.

dafür schon zu weit fortgeschritten — und bei der Erweiterung der Freiheitsrechte des Individuums. Hinsichtlich der reapportionment-Entscheidungen war die Lage insofern eine besondere, als das Gericht zwar eine Politik in ausgesprochenem Gegensatz zu den Parlamenten von Bund und Staaten getrieben hat, die Parlamentarier jedoch in dem Streit nicht den Status einer stabilen Mehrheit des Volkes, sondern einer Interessengruppe (der amtierenden Parlamentarier) und demnach einer Minderheit hatten. Dazu kam, daß die Parlamentarier unter sich nach den verschiedensten Richtungen (Parteien, Stadt—Land, konservativ—liberal) gespalten waren und daß selbst diejenigen, die von dem Übelstand des malapportionment profitierten, im Unterschied etwa zu vielen Verfechtern der Rassentrennung, ein schlechtes Gewissen hatten. Bei diesen Gegebenheiten verhalf der Konsensus der unterrepräsentierten Schichten der Politik des Supreme Court, wenn auch nur nach schweren Rückzugsgefechten der Gegner, zum Sieg.

Die Würfel in der reapportionment-Frage scheinen endgültig gefallen zu sein. Die Auswirkungen über das hinaus, was in dieser Untersuchung gesagt worden ist, bleiben abzuwarten.

Literaturverzeichnis

Nur die Literatur wird aufgeführt, die der Verfasser selbst für die Untersuchung ausgewertet hat. Wenn eines der unten zitierten Werke dem Verfasser nicht im Original zugänglich war, wird das eigens erwähnt.

A. Bücher, Kommissionsgutachten, Textsammlungen

Abraham, Henry J.: Freedom and the Court, 1967, Oxford University Press.

Allen, Sir C. Kemp: Law in the Making, 7th ed., 1964, Clarendon Press.

Baker, Gordon E.: Rural versus Urban Political Power, 1955, Doubleday & Co.

— The Reapportionment Revolution, 1966, Random House.

— State Constitutions — Reapportionment, 1960, National Muncipal League.

— The Politics of Reapportionment in Washington State, 1960, Holt, Rinehart and Winston, Inc.

Banfield, Edward C. *and Grodzins,* Morton: Government and Housing in Metropolitan Areas, 1958, McGraw-Hill Book Co., Inc.

— *and Wilson,* James Q.: City Politics, 1963, Harvard University Press.

Bendiner, Robert: Obstacle Course on Capitol Hill, 1964, McGraw-Hill Book Co., Inc. (dem Verfasser nicht zugänglich).

Bennet, Walter H.: American Theories of Federalism, 1964, University of Alabama Press.

Berelson, Bernard R., *Lazarsfeld,* Paul F., *McPhee,* William N.: Voting A Study of Opinion Formation in a Presidential Campaign (1948), 1954, University of Chicago Press.

Berelson, Bernard R., ed.: The Behavioral Sciences Today, 1963, Basic Books, Inc.

Bickel, Alexander M.: The Least Dangerous Branch. The Supreme Court at the Bar of Politics, 1962, Bobbs-Merrill Co.

Birch, A. H.: Representative and Responsible Government, An Essay on the British Constitution, 1964, George Allen and Unwin Ltd.

Black, Charles L.: The People and the Court, Judicial Review in a Democracy, 1960, Macmillan Co.

Boyd, William J. D.: Patterns of Apportionment, 1962, National Municipal League.

— Compendium on Legislative Apportionment, 2d ed., 1962, National Municipal League.

Brogan, D. W.: Politics in America, 1954, Harper and Brothers.

Buchanan, James M. *and Tullock,* Gordon: The Calculus of Consent (Logical Foundation of Constitutional Democracy), 1962, University of Michigan Press.

Burdick, Eugene *and Brodbeck*, Arthur J., eds.: American Voting Behavior, 1959, The Free Press of Glencoe.

Burns, James M.: The Deadlock of Democracy, Four-Party Politics in America, 1964, Prentice-Hall, Inc.

— *and Peltason*, Jack W.: Government by the People, 1963, 5th ed., Prentice-Hall, Inc.

Cahn, Edmond, ed.: Supreme Court and Supreme Law, 1954, Indiana University Press.

Caldwell, Lynton K.: The Government and Administration of New York, 1954, Thomas Y. Crowell Co.

Campbell, Angus, *Converse*, Philip E., *Miller*, Warren E., *Stokes*, Donald E.: The American Voter, 1960, John Wiley and Sons, Inc.

Cardozo, Benjamin N.: The Nature of the Judicial Process, 1921, Yale University Press.

Carpenter, William S.: Democracy and Representation, 1925, Princeton University Press.

Carstens, Karl: Grundgedanken der amerikanischen Verfassung und ihre Verwirklichung, 1964, Duncker & Humblot.

Chief Justices: Conference, Report of the Committee on Federal-State Relationships as Affected by Judicial Decisions, August 1958, Chicago.

Clark, Joseph, S.: Congress: the Sapless Branch, 1964, Harper and Row.

Commager, Henry S.: Majority Rule and Minority Rights, 1943, Oxford University Press.

U.S. Commission on Civil Rights: Report 1959—1963, U.S. Government Printing Office.

U.S. Commission on Intergovernmental Relations: A Report to the President for Transmittal to the Congress (June 1955), sog. Kestnbaum-Report, U.S. Government Printing Office.

U.S. Advisory Commission on Intergovernmental Relations: A Commission Report, Apportionment of State Legislatures (Dec. 1962), U.S. Government Printing Office.

— Factors Affecting Voter Reactions to Governmental Reorganization in Metropolitan Areas, An Information Report (May 1962), U.S. Government Printing Office.

— To Improve the Effectiveness of the American Federal System through Increased Cooperation among National, State and Local Levels of Government (Nov. 1962), U.S. Government Printing Office.

— Directory of Federal Statistics for Metropolitan Areas, An Information Report (Oct. 1962), U.S. Government Printing Office.

Joint Federal-State Action Committee: Final Report to the President of the U.S. and to the Chairman of the Governors' Conference (Febr. 1960), U.S. Government Printing Office.

Constitutional Convention of the State of New York: Revised Records, 1894, Vol. IV, 1900, Albany.

Corwin, Edward S.: The Constitution of the United States of America, 1964, U.S. Government Printing Office.

Corwin, Edward S.: The Doctrine of Judicial Review, 1914, Princeton University Press.

— Court over Constitution, A Study of Judicial Review as an Instrument of Popular Government, 1938, Princeton University Press.

Crosskey, William W.: Politics and the Constitution (in the History of the United States), 2 vols., 1953, University of Chicago Press.

Cuber, John F., *and Kenkel,* William F.: Social Stratification in the United States, 1954, Appleton-Century-Crofts, Inc.

Curtis, Charles P.: Lions under the Throne, 1947, Houghton Mifflin Co.

Dahl, Robert A.: A Preface to Democratic Theory, 1956, University of Chicago Press.

David, Paul T. *and Eisenberg,* Ralph: Devaluation of the Urban and Suburban Vote, 2 vols., 1961—1962, University of Virginia Press (dem Verfasser nicht zugänglich).

— — State Legislative Redistricting, 1962, Public Administration Service, Chicago.

De Grazia, Alfred: Public and Republic, Political Representation in America, 1951, Alfred A. Knopf.

— Essay on Apportionment and Representative Government, 1963, American Enterprise Institute for Public Policy Research, Washington D.C.

Doob, Leonard W.: Public Opinion and Propaganda, 1948, Henry Holt & Co.

Drury, James W. *and Titus,* James E.: Legislative Apportionment in Kansas 1960, 1960, University of Kansas Press.

Elliot, Jonathan, ed.: The Debates in the Several State Conventions on the Adoption of the Federal Constitution, as Recommended by the General Convention at Philadelphia, in 1787, 1896, J. B. Lippincott Co.

Farrand, Max, ed.: The Records of the Federal Convention of 1787, 4 vols., 1911, 4th vol., 1937, Yale University Press.

Faul, Erwin (Hrsg.), Wahlen und Wähler in Westdeutschland, 1960, Ring-Verlag.

The Federalist Papers: Rossiter ed., 1961, The New American Library.

Ferguson, John H. *and McHenry,* Dean E.: The American System of Government, 5th ed., 1959, McGraw-Hill Book Co., Inc.

Fisher, Robert M., ed.: The Metropolis in Modern Life, 1955, Doubleday & Co.

Fraenkel: Das amerikanische Regierungssystem, 2. Aufl., 1962, Westdeutscher Verlag.

Frankfurter, Felix: Law and Politics (Occasional Papers of Felix Frankfurter), MacLeish and Prichard eds., 1939, Harcourt, Brace & Co.

Freund, Paul A.: On Understanding the Supreme Court, 1949, Little, Brown & Co.

— The Supreme Court of the United States — Its Business, Purposes, and Performances, 1961, The World Publishing Co.

Friedmann, W.: Legal Theory, 3d ed., 1953, Stevens and Sons, Ltd.

Garfinkel, Herbert *and Fein,* L. J.: Fair Representation: A Citizen's Guide to Legislative Apportionment in Michigan, 1960, Michigan University Press.

Gemmecke, Vera: Parteien im Wahlkampf, 1967, Verlag Anton Hain.

Gosnell, Harold F.: Democracy, the Treshold of Freedom, 1948, The Rosnald Press Co.

Graham, George A.: Morality in American Politics, 1952, Random House.

Graves, W. Brooke: Major Problems in State Constitutional Revision, 1960, Public Administration Service, Chicago.

— American Intergovernmental Relations, 1964, Charles Scribner's Sons.

Greer, Scott: The Emerging City, 1962, 2d printing 1964, The Free Press of Glencoe.

— Governing the Metropolis, 1962, John Wiley and Sons, Inc.

Griffith, Elmer C.: The Rise and Development of the Gerrymander, 1907, Scott, Foresman & Co.

Griffith, Ernest S.: Congress, Its Contemporary Role, 1951, New York University Press.

Grimes, Alan P.: Equality in America (Religion, Race, and the Urban Majority), 1964, Oxford University Press.

— American Political Thought, 1960, Holt, Rinehart and Winston.

Hacker, Andrew: Congressional Districting: The Issue of Equal Representation, 1963, The Brookings Institution.

Haines, Charles G.: The American Doctrine of Judicial Supremacy, 2d ed., 1932, University of California Press.

Hale, Robert L.: Freedom through Law, 1952, Columbia University Press.

Hand, Learned: The Bill of Rights, 1958, Harvard University Press.

— The Contribution of an Independent Judiciary to Civilization in Dilliard, Irving, ed., The Spirit of Liberty, 1960, Alfred A. Knopf.

Hart, Henry M. *and Wechsler*, Herbert: The Federal Courts and the Federal System, 1953, The Foundation Press.

Havard, William C. *and Beth*, Loren P.: The Politics of Mis-Representation (Rural-Urban Conflict in the Florida Legislature), 1962, Louisiana State University Press.

Hermens, F. A.: Democracy or Anarchy? A Study in Proportional Representation, 1941, Notre Dame.

— (Hrsg.) Verfassung und Verfassungswirklichkeit, 1966, Westdeutscher Verlag.

Hobbs, Edward H., ed.: Yesterday's Constitution Today, An Analysis of the Mississippi Constitution of 1890, 1960, University of Mississippi Press.

Hogan, James: Election and Representation, 1945, B. H. Blackwell Ltd.

Holcombe, Arthur N.: Our more Perfect Union, 1950, Harvard University Press.

Holmes, Oliver W.: The Common Law, 1881, Little, Brown & Co.

Hughes, Charles E.: The Supreme Court of the United States, 1928, Columbia University Press.

Hurst, James W.: The Growth of American Law, 1950, Little, Brown & Co.

Hutchinson, Theodore M.: Metropolitan Area Problems: the Role of the Federal Government, 1961, University of Michigan Press.

Hyneman, Charles S.: The Supreme Court on Trial, 1964, Atherton Press.

Index Digest of State Constitutions, 2d ed.: 1959, Legislative Drafting Research Fund of Columbia University.

Irion, Frederick C.: Public Opinion and Propaganda, 1950, Thomas Y Crowell Co.

Jackson, Robert H.: The Supreme Court in the American System of Government, 1955, Harvard University Press.

— The Struggle for Judicial Supremacy, 1949, Alfred A. Knopf.

Jewell, Malcolm E.: The State Legislature (Politics and Practice), 1962, Random House.

— ed., The Politics of Reapportionment, 1962, Prentice-Hall Inc.

Kaase, Max: Wechsel von Parteipräferenzen, 1967, Verlag Anton Hain.

Kestnbaum-Report: siehe unter U.S. Commission on Intergovernmental-Relations.

Key, V. O.: American State Politics: An Introduction, 1956, Alfred A. Knopf.

— Politics, Parties, and Pressure Groups, 2d ed., 1947, 5th ed., 1964, Thomas Y. Crowell Co.

— Public Opinion and American Democracy, 1964, Alfred A. Knopf.

— Southern Politics in State and Union, 1950, Alfred A. Knopf.

Kneier, Charles M.: City Government in the United States, 3d ed., 1957, Harper and Brothers.

Lakeman, Enid *and Lambert*, James D.: Voting in Democracies, ohne Jahresangabe, Faber and Faber.

Lamb, Karl A., *Pierce*, William J., *White*, John P.: Apportionment and Representative Institutions — The Michigan Experience, 1963, The Institute for Social Science Research, Washington D.C.

Lane, Edgar: Lobbying and the Law, 1964, University of California Press.

Larson, James E.: Reapportionment and the Courts, A Survey of Recent Cases, 1962, University of Alabama Press.

Laufer, Heinz: Verfassungsgerichtsbarkeit und politischer Prozeß, 1968, J. C. B. Mohr (Paul Siebeck).

Lazarsfeld, Paul F.: Political Behavior and Public Opinion, in Berelson, Bernard, ed., The Behavioral Sciences Today, 1963, Basic Books, Inc.

— *Berelson*, Bernard R., *Gaudet*, Hazel: The People's Choice (How the Voter Makes up His Mind in a Presidential Campaign), 2d ed., 1948, 3d ed., 1968, Columbia University Press.

Lewis, Anthony, Gideon's Trumpet, 1964, Random House.

Lindzey, Gardner, ed.: Handbook of Social Psychology, vol. II, 1954, Addison-Wesley Publishing Co., Inc.

Lipset, Seymour M.: Political Man (The Social Basas of Politics), 1960, Doubleday & Co.

Littlefield, Neil: Metropolitan Area Problems and Municipal Home Rule, 1962, University of Michigan Press.

Lockard, Duane: New England State Politics, 1959, Princeton University Press.

Lockard, Duane: The Politics of State and Local Government, 1963, Macmillan Co.

Locke, John: Two Treatises of Civil Government, 1924, E. P. Dutton & Co., Inc.

Loewenstein, Karl: Verfassungsrecht und Verfassungspraxis der Vereinigten Staaten, 1959, Springer-Verlag.

Lubell, Samuel: The Future of American Politics, 1952, Harper and Brothers.

Luce, Robert: Legislative Principles, 1930, The Riverside Press Cambridge.

Macdonald, Austin F.: American State Government and Administration, 4th ed., 1950, Thomas Y. Crowell Co.

— American City Government and Administration, 6th ed., 1956, Thomas Y. Crowell Co.

MacMahon, Arthur W., ed.: Federalism, Mature and Emergent, 1962, Russell and Russell Inc.

MacRae, Duncan: Dimensions of Congressional Voting, 1958, University of California Press.

Maddox, Russell W. *and Fuquay,* Robert F.: State and Local Government, 1962, D. van Nostrand Co., Inc.

Marden, Charles F.: Minorities in American Society, 1952, American Book Co.

Mason, Alpheus T.: The Supreme Court, Palladium of Freedom, 1962, University of Michigan Press.

— The Supreme Court: Vehicle of Revealed Truth or Power Group, 1930 until 1937, 1953, Boston University Press.

— *and Beaney,* William M.: The Supreme Court in a Free Society, 1959, Prentice-Hall, Inc.

McCloskey, Robert G.: The American Supreme Court, 1960, University of Chicago Press.

McKay, Robert B.: Reapportionment and the Federal Analogy, 1962, National Municipal League.

McKean, Dayton D.: The Politics of the States, in The American Assembly, The Forty-Eight States, 1955, Columbia University Press.

McLaughlin, Andrew C.: The Courts, the Constitution and Parties, 1912, University of Chicago Press.

McWhinney, Edward: Judicial Review in the English-Speaking World, 1956, University of Toronto Press.

Mendelson, Wallace: Discrimination, 1962, Prentice-Hall, Inc.

— Justices Black and Frankfurter: Conflict in the Court, 1961, University of Chicago Press.

— Capitalism, Democracy, and the Supreme Court, 1960, Appleton-Century-Crofts, Inc.

— The Constitution and the Supreme Court, 1959, Dodd, Mead & Co., Inc.

Merton, Robert K.: Social Theory and Social Structure, 1957, The Free Press of Glencoe.

Mill, John Stuart: On Liberty and Considerations on Representative Government, 1948, Basil Blackwell.

Munger, Frank J. *and Straetz,* Ralph A.: New York Politics, 1960, New York University Press.

Murphy, Walter F.: Congress and the Court, 1962, University of Chicago Press.

National Municipal League, siehe unter *Boyd,* William J. D.: Compendium on Legislative Apportionment.

Ogg and Ray's Introduction to American Government, by Young, William H., 11th ed., 1956, Appleton-Century-Crofts, Inc.

Page, Thomas: Legislative Apportionment in Kansas, 1952, University of Kansas Press.

Pekelis, Alexander H.: Law and Social Action, Selected Essays, Konvitz ed., 1950, Cornell University Press.

Post, Charles G.: The Supreme Court and Political Questions, 1936, John Hopkins Press.

Pritchett, C. Herman *and Westin,* Alan F., eds.: The Third Branch of Government (Eight Cases in Constitutional Politics), 1963, Harcourt, Brace and World Inc.

— Congress versus the Supreme Court 1957—1960, 1961, University of Minnesota Press.

Reich, Norbert: Sociological jurisprudence and legal realism im Rechtsdenken Amerikas, 1967, Winter-Verlag.

Ribble, F. D. G.: Judicial Review and the Maintenance of the Federal System, in Jones ed., Chief Justice John Marshall, A Reappraisal, 1956, Cornell University Press.

Roche, John P.: Courts and Rights, 1961, Random House.

Rodell, Fred: Nine Men, 1955, Random House.

Rostow, Eugene V.: The Sovereign Prerogative: The Supreme Court and the Quest for the Law, 1962, Yale University Press.

Sabine, George H.: A History of Political Theory, 3d ed., 1961, Holt, Rinehart and Winston.

Sait's American Parties and Elections, by Penniman, Howard R.: 4th ed., 1948, Appleton-Century-Crofts, Inc.

Scammon, Richard M., ed.: America Votes (A Handbook of Contemporary American Election Statistics), 5 vols., 1956—1964, Macmillan Co.

Scharpf, Franz Wilhelm: Grenzen der richterlichen Verantwortung, 1965, C. F. Müller Verlag.

Schattschneider, E. E.: The Semisovereign People (A Realist's View of Democracy in America), 1960, Holt, Rinehart and Winston, 1960.

— Party Government, 1942, Rinehart and Co., Inc.

Scheuch, Erwin K. und *Wildenmann,* Rudolf: Zur Soziologie der Wahl, 1965, Westdeutscher Verlag.

Schmeckebier, Lawrence F.: Congressional Apportionment, 1941, The Brookings Institution.

Schmidhauser, John R.: The Supreme Court as Final Arbiter in Federal-State Relations, 1789-1957, 1958, University of North Carolina Press.

— Judicial Policy-Making, 1965, Scott, Foresman and Co.

Schubert, Glendon, ed.: Reapportionment, 1955, Charles Scribner's Sons.

— The Public Interest, A Critique of the Theory of a Political Concept, 1960, The Free Press of Glencoe.

Schwartz, Bernard: The Supreme Court, 1957, Ronald Press Co.

Shapiro, Martin: Law and Politics in the Supreme Court, 1964, The Free Press of Glencoe.

Silva, Ruth C. *and Boyd*, William J. D.: Selected Bibliography on Legislative Apportionment and Districting, 1963, National Municipal League.

Sindler, Allan P., ed.: Change in the Contemporary South, 1963, Duke University Press.

Snider, Clyde F.: Local Government in Rural America, 1957, Appleton-Century-Crofts, Inc.

— American State and Local Government, 1950, Appleton-Century-Crofts, Inc.

Steiner, Gilbert Y. *and Gove*, Samuel K.: Legislative Politics in Illinois, 1960, University of Illinois Press.

Sutherland, Arthur E.: Constitutionalism in America, 1965, Blaisdell Publishing Co.

Sutherland, J. G.: Statutes and Statutory Construction, 3d ed., by Horack, Frank E., 3 vols., vol. 1, 1943, Chicago.

Taper, Bernard: Gomillion versus Lightfoot, 1962, McGraw-Hill Book Co., Inc.

Tocqueville, Democracy in America, Heffner ed., 1956, The New American Library.

Truman, David B.: The Congressional Party (A Case Study), 1959, John Wiley and Sons, Inc.

— The Governmental Process, 1960, 7th printing Alfred A. Knopf.

Turner, Julius: Party and Constituency: Pressures on Congress, 1951, John Hopkins Press.

The Twentieth Century Fund: One Man — One Vote, 1962, New York.

Vance, Rupert B. *and Demerath*, Nicholas J., eds.: The Urban South, 1954, University of North Carolina Press.

Vanderbilt, Arthur T.: The Doctrine of the Separation of Powers and Its Present-Day Significance, 1953, University of Nebraska Press.

Vogel, Bernhard und *Haungs*, Peter: Wahlkampf und Wählertradition, 1965, Westdeutscher Verlag.

Wahlke, John C., *Eulau*, Heinz, eds.: Legislative Behavior, A Reader in Theory and Research, 1959, The Free Press of Glencoe.

— — *Buchanan*, William, *Ferguson*, LeRoy C.: The Legislative System (Exploration in Legislative Behavior), 1962, John Wiley and Sons.

Warren, Charles: The Supreme Court in United States History, 2 vols., 1922, rev. ed. 1937, Little, Brown & Co.

— Congress, the Constitution and The Supreme Court, 1925, Little, Brown & Co.

Wechsler, Herbert: Principles, Politics and Fundamental Law (Selected Essays), 1961, Harvard University Press.

Wells, David: Legislative Representation in New York State, 1964, International Ladies' Garment Workers' Union.

Westin, Alan F., ed.: The Supreme Court: Views from Inside, 1961, W. W. Norton & Co., Inc.

— ed., An Autobiography of the Supreme Court (Off-the-Bench Commentary by the Justices), 1963, Macmillan Co.

Willoughby, W. F.: Principles of Legislative Organization and Administration, 1934, The Brookings Institution.

Wilson, Woodrow: Constitutional Government in the United States, 1908, 1917, Columbia University Press.

Wolf, Ernst: Verfassungsgerichtsbarkeit und Verfassungstreue in den Vereinigten Staaten, 1961, Helbing und Lichtenhahn.

Wood, Robert C.: 1400 Governments (The Political Economy of the New York Metropolitan Region), 1961, Harvard University Press.

— Metropolis Against Itself, 1959, Committee for Economic Development N.Y.

— Suburbia, 1958, Houghton Mifflin Co.

Wright, Benjamin F.: The Growth of American Constitutional Law, 1942, Reynal and Hitchcock.

Zeller, Belle: American State Legislatures, 1954, Thomas Y. Crowell Co.

B. Aufsätze, Anmerkungen, ausgewählte Zeitungsartikel

Abram, Morris B.: 52 Nat'l Civic Rev. 186 (1963), A New Civil Right.

American Bar Association: 49 A.B.A.J. 984 (1963), Proceedings of the House of Delegates, Chicago, Aug. 12—16, 1963.

The *American Political Science Association*'s Committee on Reapportionment of Congress, 45 Am.Pol.Sci.Rev. 153 (1951), The Reapportionment of Congress.

Antiteau, Chester J.: 50 Geo.Wash.L.Rev. 765 (1962), Our Sometimes Injudicious Review.

Arnold, Thurman: 73 Harv.L.Rev. 1298 (1959), Professor Hart's Theology.

Atleson, James B.: 51 Calif.L.Rev. 535 (1963), The Aftermath of Baker v. Carr — An Adventure in Judicial Experimentation.

Auerbach, Carl A.: 1964 Supr.Court Rev. 1, The Reapportionment Cases: One Person, One Vote — One Vote, One Value.

Aumann, Francis R.: 46 Nat'l Munic.Rev. 189 (1957) Rural Ohio Hangs on.

Baker, Gordon E.: 47 Nat'l Munic.Rev. 16 (1958), One Vote, One Value.

Banfield, Edward C.: 1 Midwest J. of Pol.Sci. 77 (1957), The Politics of Metropolitan Area Organization.

Barclay, Thomas S.: 4 Western Pol.Q. 313 (1951), The Reapportionment Struggle in California in 1948.

Barker, Twiley W.: 53 Nat'l Civic Rev. 170 (1964), A Long, Long Ballot.

Barron, Jerome: 40 N.D.L.Rev. 57, Decision without Power — The Dilemma of the Supreme Court.

Beth, Loren P. *and Havard*, William: 23 J. of Pol. 57 (1961), Committee Stacking an Political Power in Florida.

— 76 Pol.Sci.Q. 11 (1961), The Supreme Court and the Future of Judicial Review.

Bickel, Alexander M.: 75 Harv.L.Rev. 40 (1961), The Supreme Court 1960 Term — Foreword: The Passive Virtues.

— 72 Yale L.J. 39 (1962), The Durability of Colegrove v. Green.

Bischoff, Ralph F.: 1963 Ann.Survey of Am.Law 1, Constitutional Law and Civil Rights.

Black, Charles L.: 49 A.B.A.J. 637 (1963), Proposed Constitutional Amendments: They Would Return Us to Confederacy.

— 72 Yale L.J. 957 (1963), The Proposed Amendment of Article V: A Threatened Disaster.

— 72 Yale L.J. 13 (1962), Inequities in Districting for Congress: Baker v. Carr and Colegrove v. Green.

Black, Hugo L.: 35 N.Y.U.L.Rev. 865 (1960), The Bill of Rights.

— 37 N.Y.U.L.Rev. 549 (1962), Justice Black and First Amendment „Absolutes“: A Public Interview.

Block, Joe M.: 27 Texas B.J. 155 (1964), The „Silent“ Amendments.

Bogue, Donald J.: 60 Am.J. of Sociology 471 (1954/55), Urbanism in the United States, 1950.

Bone, Hugh A.: 17 Law and Contemp.Prob. 387 (1952), States Attempting to Comply With Reapportionment Requirements.

Bonfield, Arthur E.: 46 Cornell L.Q. 108 (1960), The Right to Vote and Judicial Enforcement of Section Two of the Fourteenth Amendment.

— 46 Minn.L.Rev. 513 (1962), The Guarantee Clause of Article IV, Section 4: A Study in Constitutional Desuetude.

— 50 Calif.L.Rev. 245 (1962), Baker v. Carr: New Light on the Constitutional Guarantee of Republican Government.

Braden, George D.: 57 Yale L.J. 571 (1948), The Search for Objectivity in Constitutional Law.

Brennan, William J.: 36 N.Y.U.L.Rev. 761 (1961), The Bill of Rights and the States.

Bromage, Arthur W.: 53 Nat'l Civic Rev. 365 (1964), Home Rule as of Now.

Burchett: 32 U.Cinc.L.Rev. 305 (1963), The Reapportionment Case: Its Political Implications.

Caldwell, Milliard F.: 38 Fla.B.J. 327 (1964), The Bird Legislative Chamber.

Call, Joseph L.: 13 Baylor L.Rev. 1 (1961), The Fourteenth Amendment and Its Skeptical Background.

Campbell, Alan K.: 53 Nat'l Civic Rev. 74 (1964), Most Dynamic Sector (Growth Rate of State and Local Expenditure Revenue Leads All Other Parts of Economy).

Chapell, William V.: 53 Nat'l Civic Rev. 188 (1964), Florida's Hot Struggle.

Clark, Joseph S.: 111 U.Pa.L.Rev. 855 (1963), The Extension of Political and Legal Order to the Metropolitan Area Community.

Clem, Alan L.: 42 Neb.L.Rev. 622 (1963), Problems of Measuring and Achieving Equality of Representation in State Legislatures.

Colman, William G.: 53 Nat'l Civic Rev. 10 (1964), Old Neglect Subsiding?

Cornelius, William C.: 14 Western Pol.Q. 942 (1961), The County Unit System of Georgia: Facts and Prospects.

Cox, Archibald: 30 Tenn.L.Rev. 28 (1962), Current Constitutional Issues — Reapportionment.

Dahl, Robert A.: 6 J.Pub.L. 279 (1957), Decision-Making in a Democracy: The Supreme Court as a National Policy-Maker.

Darden, Colgate W.: 20 Wash. and Lee L.Rev. 207 (1963), Random Thoughts on Government.

Dauer, Manning J. *and Kelsay*, Robert G.: 44 Nat'l Munic.Rev. 571 (1955), Unrepresentative States.

Davis, Kingsley: 60 Am.J. of Sociology 429 (1954/55), The Origin and Growth of Urbanization in the World.

De Grazia, Alfred: 17 Law and Contemp.Prob. 256 (1952), General Theory of Apportionment.

Derge, David R.: 53 Am.Pol.Sci.Rev. 1097 (1959), On the Use of Roll-Call Analysis: A Reply to R. T. Frost.

— 52 Am.Pol.Sci.Rev. 1051 (1958), Metropolitan and Outstate Alignments in Illinois and Missouri Legislative Delegations.

Dixon, Robert G.: 52 Nat'l Civic Rev. 543 (1963), Representation Goals.

— 27 Law and Contemp.Prob. 329 (1962), Legislative Apportionment and the Federal Constitution.

— 63 Mich.L.Rev. 209 (1964), Reapportionment in the Supreme Court and Congress: Constitutional Struggle for Fair Representation.

— 38 Notre Dame Law. 367 (1963), Apportionment Standards and Judicial Power.

Dorweiler, Louis C.: 35 Nat'l Munic.Rev. 115 (1946), Minnesota Farmers Rule Cities.

Duke, Paul: Wall Street Journal, Aug. 7, 1962, p. 12, col. 4, Farm Showdown.

Durfee, Elizabeth: 43 Mich.L.Rev. 1091 (1945), Apportionment of Representation in the Legislatures: A Study of State Constitutions.

Dye, Thomas R.: 14 Western Pol.Q. 473 (1961), A Comparison of Constituency Influences in the Upper and Lower Chambers of a State Legislature.

Edwards: 15 Vand.L.Rev. 1265 (1962), Theoretical and Comparative Aspects of Reapportionment and Redistricting: With Reference to Baker v. Carr.

Egan, Leo: New York Times, April 7, 1962, p. 13, col. 1, G.O.P. Gain Likely in Redistricting.

Eisenberg, Ralph: 51 Nat'l Civic Rev. 489 (1962), Power of Rural Vote.

Eldersveld, Samuel J.: 43 Am.Pol.Sci.Rev. 1189 (1949), The Influences of Metropolitan Party Pluralities in Presidential Elections Since 1920: A Study of Twelve Key Cities.

Elliott, Shelden D.: 33 Notre Dame Law. 597 (1958), The Supreme Court in the American Constitutional System — Court-Curbing Proposals in Congress.

Emerson, Thomas J.: 72 Yale L.J. 64 (1962), Malapportionment and Judicial Power.

— 22 Law in Transition 125 (1962), Malapportionment and Judicial Power: The Supreme Court's Decision in Baker v. Carr.

Engle, Robert H.: 12 Western Pol.Q. 442 (1959), Weighing Legislators' Votes to Equalize Representation,

Erdreich, Ben Leader: 14. Ala.L.Rev. 403 (1962), Alabama's Unrepresentative Legislature.

Eulau, Heinz, *Wahlke*, John C., *Buchanan*, William, *Ferguson*, Leroy C.: 53 Am.Pol.Sci.Rev. 742 (1959), The Role of the Representative — Some Empirical Observations on the Theory of Edmund Burke.

Evans, William: 50 A.B.A.J. 848 (1964), A Lawyer's Trust: Equilibrium in the Federal System.

Farrelly, D. G. *and Hinderaker*, J.: 17 Law and Contemp.Prob. 338 (1952), Congressional Reapportionment and National Political Power.

Fennell, William G.: 35 N.Y.S.B.J. 465 (1963), The States Rights Amendments — Debates of the „Founding Fathers" Cast Doubts on Current Proposals.

Field, Oliver P.: 8 Minn.L.Rev. 485 (1924), The Doctrine of Political Questions in the Federal Courts.

Finkelstein, Maurice: 37 Harv.L.Rev. 338 (1924), Judicial Self-Limitation.

— 39 Harv.L.Rev. 220 (1925), Further Notes on Judicial Self-Limitation.

Fitch, Lyle C.: 71 Pol.Sci.Q. 71 (1956), Fiscal and Political Problems of Increasing Urbanization.

Flinn, Thomas A.: 58 Am.Pol.Sci.Rev. 60 (1964), Party Responsibility in the States: Some Causal Factors.

Fordham, Jefferson B.: 49 Va.L.Rev. 666 (1963), The States in the Federal System — Vital Role or Limbo?

— 52 Nat'l Civic Rev. 418 (1963), To Foster Dismity.

— 53 Nat'l Civic Rev. 474 (1964), A Spur for the States.

Freund, Paul A.: 21 Modern L.Rev. 345 (1958), Storm over the American Supreme Court.

— 25 U.Pitt.L.Rev. 1 (1963), The Supreme Court under Attack.

— 54 Colum.L.Rev. 561 (1964), Umpiring the Federal System.

Friedberg, J. S.: 40 N.C.L.Rev. 131 (1961), Federal Jurisdiction — Political Question — Non-Justiciability of State Reapportionment.

Friedelbaum, Stanley H.: 29 U.Chi.L.Rev. 673 (1962), Baker v. Carr: The New Doctrine of Judicial Intervention and Its Implications for American Federalism.

— 28 U.Chi.L.Rev. 53 (1960), The Warren Court and American Federalism — A Preliminary Appraisal.

Friedman, Robert S.: 49 Nat'l Civic Rev. 184 (1960), Reapportionment Myth.

— 14 Western Pol.Q. 481 (1961), The Urban-Rural Conflict Revisited.

Froman, Lewis A.: 57 Am.Pol.Sci.Rev. 57 (1963), Inter-Party Constituency Differences and Congressional Voting Behavior.

Frost, Richard T.: 53 Am.Pol.Sci.Rev. 792 (1959), On Derge's Metropolitan and Outstate Legislative Delegations.

Fuller, Lon L.: 59 Harv.L.Rev. 376 (1946), Reason and Fiat in Case Law.

Garceau, Oliver *and Silverman*, Corinne: 48 Am.Pol.Sci.Rev. 672 (1954), A Pressure Group and the Pressured: A Case Report.

The Sixteenth General Assembly of the States, 1962: 36 State Gov't 10 (1963), Amending the Constitution to Strengthen the States in the Federal System.

Givens, Richard A.: 47 Va.L.Rev. 1321 (1961), Chief Justice Stone and the Developing Functions of Judicial Review.

Goldberg, Arthur L.: 72 Yale L.J. 90 (1962), The Statistics of Malapportionment.

Goldberg, Arthur J.: 39 N.Y.U.L.Rev. 205 (1964), Equality and Governmental Action.

— New York Times, Nov. 8, 1964, § 6, p. 30, The Court Sits in the Center of the Storm.

Graves, W. Brooke: 40 Neb.L.Rev. 560 (1961), Current Trends in State Constitutional Revision.

Griswold, Erwin N.: 74 Harv.L.Rev. 81 (1960), The Supreme Court 1959 Term — Foreword: Of Times and Attitudes — Professor Hart and Judge Arnold.

Hacker, Andrew: New York Times, July 22, 1962, § 6, p. 15, Message on the State of the States.

— Challenge, Febr. 1963, p. 4, Reapportionment: Who Will Benefit?

— New York Times, Nov. 8, 1964, § 6, p. 31, One Man, One Vote — Yes or No?

Hagan, Charles B.: 11 J.Pub.L. 310 (1962), The Bicameral Principle in State Legislatures.

Hamilton, Howard D.: 36 Notre Dame Law. 312 (1961), Municipal Gerrymander, State Gerrymander and Political Power.

— 53 Nat'l Civic Rev. 244 (1964), Consensus or Tyranny?

Hanes, Paul L.: 12 J.Pub.L. 448 (1963), The Proposed Constitutional Amendments: A New Definition of Federalism.

Hardy, George W.: 17 La.L.Rev. 593 (1957), Reapportionment: Is It Really a Political Question?

Harlan, John M.: 49 A.B.A.J. 943 (1963), Thoughts at a Dedication: Keeping the Judicial Function in Balance.

Hart, Henry M.: 67 Harv.L.Rev. 1456 (1954), Professor Crosskey and Judicial Review.

— 73 Harv.L.Rev. 84 (1959), The Supreme Court 1958 Term — Foreword: The Time Chart of the Justices.

Harvey, Lashley G.: 17 Law and Contemp.Prob. 364 (1952), Reapportionment of State Legislatures — Legal Requirements.

Havard, William C.: 21 J. of Pol. 80 (1959), Notes on a Theory of State Constitutional Change: The Florida Experience.

— *and Beth*, Loren P.: 23 J. of Pol. 57 (1961), Committee Stacking and Political Power in Florida.

Hein, Clarence J.: 51 Nat'l Civic Rev. 429 (1962), Rural Fears Allayed.

Heller, Francis H.: 6 J.Pub.L. 319 (1957), The Supreme Court: Its Role in the Balance of the Federal System.

Henkin, Louis: 109 U.Pa.L.Rev. 637 (1961), Some Reflections on Current Constitutional Controversy.

Hinderaker, Ivan *and Waters*, Laughlin E.: 17 Law and Contemp.Prob. 440 (1952), A Case Study in Reapportionment — California 1951.

Israel, Jerold: 61 Mich.L.Rev. 107 (1962), On Charting a Course Through the Mathematical Quagmire: The Future of Baker v. Carr.

— 38 Notre Dame Law. 499 (1963), Nonpopulation Factors Relevant to an Acceptable Standard of Apportionment.

Jaffe, Louis L.: 74 Harv.L.Rev. 1265 (1961), Standing to Secure Judicial Review: Public Actions.

Jewell, Malcolm E.: 8 Western Pol.Q. 271 (1955), Constitutional Provisions for State Legislative Apportionment.

— 49 Am.Pol.Sci.Rev. 773 (1955), Party Voting in American State Legislatures.

— 51 Ky.L.J. 16 (1962), The 1962 Congressional Redistricting in Kentucky.

Keating, Kenneth B.: Washington Post, April 25, 1964, § 1; p. 2, col. 5, Public Is Fed Up with Congress: Keating.

Keefe, William J.: 48 Am.Pol.Sci.Rev. 450 (1954), Parties, Partisanship, and Public Policy in the Pennsylvania Legislature.

Kennedy, John F.: New York Times, May 18, 1958, § 6, p. 12, col. 1, The Shame of the States.

Key, V. O. *and Silverman*, Corinne: 5 Public Policy 382 (1954), Party and Separation of Powers: A Panorama of Practice in the States.

Klain, Maurice: 49 Am.Pol.Sci.Rev. 1105 (1955), A New Look at the Constituencies: The Need for a Recount and a Reappraisal.

Knowles, Clayton: New York Times, March 28, 1962, p. 22, col. 1, Study Details Rural Domination of Most Legislatures in Nation.

Krastin, Karl: 48 Iowa L.Rev. 549 (1963), The Implementation of Representative Government in a Democracy.

Krock, Arthur: New York Times, April 1, 1962, § 4, p. 11, col. 1, Apportionment Debate.

— New York Times, August 26, 1962, § 4, p. 11, col. 1, Apportionment and '64.

Latham, Earl: 31 Minn.L.Rev. 205 (1947), The Supreme Court as a Political Institution.

Laughlin, Charles V.: 49 A.B.A.J. 1065 (1963), Proportional Representation: It Can Cure Our Apportionment Ills.

Lerner, Max: 46 Yale L.J. 1290 (1937), Constitution and Court as Symbols.

Lewis, Anthony: 71 Harv.L.Rev. 1057 (1958), Legislative Apportionment and the Federal Courts.

— New York Times, Febr. 19, 1961, § 6, p. 17, On the Trail of the Fierce Gerrymander.

— New York Times, April 1, 1962, § 4, p. 3, col. 1, Decision on Reapportionment Points Up Urban-Rural Struggle.

— New York Times, June 17, 1962, § 6, p. 7, Historic Change in the Supreme Court.

— 34 N.Y.S.B.J. 416 (1962) = 51 Ill.B.J. 8 (1962), The Changing Role of the Supreme Court of the USA.

Lockard, W. Duane: 48 Am.Pol.Sci.Rev. 166 (1954), Legislative Politics in Connecticut.

Lucas, Jo Deshua: 1961 Supr.Court Rev. 194, Dragon in the Thicket: A Perusal of Gomillion v. Lightfoot.

— 38 Notre Dame Law. 401 (1963), Of Ducks and Drakes: Judicial Relief in Reapportionment Cases.

— 61 Mich.L.Rev. 711 (1963), Legislative Apportionment and Representative Government: The Meaning of Baker v. Carr.

MacNeil, Douglas H.: 18 State Gov't 59 (1945), Urban Representation in State Legislatures.

MacRae, Duncan: 46 Am.Pol.Sci.Rev. 1046 (1952), The Relation between Roll-Call Votes and Constituencies in the Massachusetts House of Representatives.

Maloney, R. P.: 53 Nat'l Civic Rev. 239 (1964), Easy Does It (Kentucky Legislator Shows How Reason, Common Sense and Patience Achieved Reapportionment).

March, James G.: 21 Pub.Op.Q. 521 (1957/58), Party Legislative Representation as a Function of Election Results.

McCloskey, Robert G.: 76 Harv.L.Rev. 54 (1962), The Supreme Court 1961 Term — Foreword: The Reapportionment Case.

McHenry, Dean E.: 35 Nat'l Munic.Rev. 350 (1946), Urban v. Rural in California.

McKay, Robert B.: 61 Mich.L.Rev. 645 (1963), Political Thicket and Crazy Quilts: Reapportionment and Equal Protection.

— 51 A.B.A.J. 128 (1965), The Reapportionment Decisions: Retrospect and Prospect.

— 17 Vand.L.Rev. 203 (1963), Stability and Change in Constitutional Law.

— 38 Notre Dame Law. 487 (1963), The Federal Analogy and State Apportionment Standards.

— 63 Mich.L.Rev. 255 (1964), Courts, Congress, and Reapportionment.

— 67 Mich.L.Rev. 223 (1968/69), Reapportionment: Success Story of the Warren Court.

Mendelson, Wallace: 12 Vand.L.Rev. 447 (1959), Judicial Review and Party Politics.

— 4 J. L. and Econ. 175 (1961), The Politics of Judicial Supremacy.

— 29 U.Chi.L.Rev. 327 (1962), Jefferson on Judicial Review: Consistency through Change.

Merrill, Maurice H.: 16 Okla.L.Rev. 59 (1963), Blazes for a Trail through the Thicket of Reapportionment.

Miller, Arthur S.: 31 Geo.Wash.L.Rev. 881 (1963), Notes on the Concept of the „Living" Constitution.

— *and Howell*, Ronald F.: 27 U.Chi.L.Rev. 661 (1960), The Myth of Neutrality in Constitutional Adjudication.

— — 5 J.Pub.L. 2 (1956), Interposition, Nullification and the Delicate Division of Power in a Federal System.

Miller, Warren E. *and Stokes*, Donald E.: 57 Am.Pol.Sci.Rev. 45 (1963), Constituency Influence in Congress.

Monroe, James O.: 8 St.Louis U.L.J. 533 (1964), To Preserve the U.S.: A Brief for the Negative on Three Current Plans to Amend the Constitution.

— 11 Hastings L.J. 369 (1960), The Supreme Court on Trial: A Perspective.

Mueller, Addison *and Schwartz*, Murray L.: 7 U.C.L.A.L.Rev. 571 (1960), The Principle of Neutral Principles.

Muskie, Edmund S.: 53 Nat'l Civic Rev. 235 (1964), S and C of Federalism.

Nagel, Stuart S.: 11 J.Pub.L. 328 (1962), Political Parties and Judicial Review in American History.

— 42 Texas L.Rev. 1006 (1964), Applying Correlation Analysis to Case Prediction.

Nahstoll, R. W.: 50 A.B.A.J. 842 (1964), The Role of the Federal Courts in the Reapportionment of State Legislatures.

Nathanson, Nathaniel: 6 J.Pub.L. 331 (1957), The Supreme Court as a Unit of the National Government: Herein of Separation of Powers and Political Questions.

Neal, Phil C.: 1962 Supr.Court Rev. 252, Baker v. Carr: Politics in Search of Law.

N.N.: Cong.Q.Almanac, 1961, 638 et s., 653 et s., 658 et s., Congressional Statistics.

N.N.: 20 Cong.Q.W.Rep. 275 (1962), House Kills Urban Affairs Reorganization Plan.

N.N: 20 Cong.Q.W.Rep. 170 (1962), Rural Overrepresentation Acute in State Legislatures.

N.N.: 20 Cong.Q.W.Rep. 153 (1962), Suburban Areas Most Underrepresented in the House.

N.N.: 331 Annals (1960), Agricultural Policy, Politics and the Public Interest.

Note: 42 Minn.L.Rev. 617 (1958), The Role of the Judiciary in Legislative Reapportionment.

Note: 109 U.Pa.L.Rev. 1173 (1961), Constitutional Law — State Power to Realign Political Subdivisions Held Limited by Fifteenth Amendment.

Note: 62 Colum.L.Rev. 106 (1962), Threat of Enforcement — Prerequisite of a Justiciable Controversy.

Note: 72 Yale L.J. 968 (1963), Baker v. Carr and Legislative Apportionments: A Problem of Standards.

Note: 72 Yale L.J. 1041 (1963), Wright v. Rockefeller and Legislative Gerrymanders: The Desegregation Decisions Plus a Problem of Proof.

Note: 43 B.U.L.Rev. 523 (1963), Small Town Representation: Invidious Discrimination? The Reapportionment Problem in Rhode Island, Vermont and Connecticut.

Note: 13 Buffalo L.Rev. 575 (1964), A Metropolitan Approach to Government in Upstate New York.

Note: 59 Nw.U.L.Rev. 500 (1964), Apportionment and the Courts — a Synopsis and Prognosis: Herein of Gerrymander and other Dragons.

Note: 53 Nat'l Civic Rev. 600 (1964), Party Control Shifts in Many Legislatures.

Note: 79 Harv.L.Rev. 1126 (1966), Reapportionment.

O'Brien, F. William: 72 Yale L.J. 46 (1962), Baker v. Carr Abroad: The Swiss Federal Tribunal and Cantonal Elections.

Odegard, Peter H.: 51 Nat'l Civic Rev. 598 (1962), Freedom and Federalism.

Orfield, Lester B.: 34 Mich.L.Rev. 26 (1935), The Unicameral Legislature in Nebraska.

Patterson, Samuel C.: 14 Western Pol.Q. 460 (1961), The Role of the Deviant in the State Legislative System: The Wisconsin Assembly.

Paul, James C. N.: 111 U.Pa.L.Rev. 878 (1963), The State's Responsibility for the Legal Order in Urban Regional Communities.

Pierson and Capp: 32 Geo.Wash.L.Rev. 1076 (1964), Wesberry v. Sanders: Deep in the Thicket.

Pollak, Louis H.: 11 J.Pub.L. 48 (1962), Constitutional Adjudication: Relative or Absolute Neutrality.

— 108 U.Pa.L.Rev. 1 (1959), Racial Discrimination and Judicial Integrity: A Reply to Professor Wechsler.

— 72 Yale L.J. 81 (1962), Judicial Power and „the Politics of the People".

Pound, Roscoe: 27 A.B.A.J 133 (1941), The Place of the Judiciary in a Democratic Polity.

— 50 Geo.L.J. 653 (1962), Judicial Review: Its Role in Intergovernmental Relations.

Pritchett, C. Herman: 58 Am.Pol.Sci.Rev. 869 (1964), Equal Protection and the Urban Majority.

Radin, Max: 31 Colum.L.Rev. 824 (1931), Legal Realism.

Reed, Stanley: 35 Pa.B.A.Q. 131 (1938), Stare Decisis and Constitutional Law.

Reock, Ernest C.: 5 Midwest J. of Pol.Sci. 70 (1961), Measuring Compactness as a Requirement of Legislative Apportionment.

Reston, James: New York Times, March 28, 1962, p. 38, col. 3, And Who Are the Friends of the G.O.P.?

— New York Times, Jan. 31, 1962, p. 30, col. 3, How To Lose Elections Without Half Trying.

— New York Times, March 27, 1962, p. 1, col. 6, Rural Areas Facing Loss of Political Dominance.

Rhoads, C. Brewster, 35 Pa.B.A.Q. 8 (1963), Three Proposed Amendments to the U.S. Constitution, A Challenge to Our Form of Government.

Rhodes, Irwin S.: 33 U.Cinc.L.Rev. 23 (1964), Marbury v. Madison Revisited.

Rigler, Douglas V.: 31 Geo.Wash.L.Rev. 812 (1963), Senate Reapportionment — The Maryland Experience.

Roche, John P.: 49 Am.Pol.Sci.Rev. 762 (1955), Judicial Self-Restraint.

Rodell, Fred: 50 Geo.L.J. 700 (1962), For Every Justice, Judicial Deference Is a Sometime Thing.

Rogow and Temple: 32 Geo.Wash.L.Rev. 947 (1964), Congressional Government: Legislative Power v. Democratic Process.

Rostow, Eugene V.: 66 Harv.L.Rev. 193 (1952), The Democratic Character of Judicial Review.

— 4 So.Tex.L.J. 1960 (1959), The Court and Its Critics.

— 33 Notre Dame Law. 573 (1958), The Supreme Court in the American Constitutional System — The Supreme Court and the People's Will.

— 34 Rocky Mt.L.Rev. 123 (1962), American Legal Realism and the Sense of the Profession.

— Cambridge L.J. 174 (1960), The Enforcement of Morals.

Rudolph, Wallace M.: 43 Neb.L.Rev. 854 (1964), The Reapportionment Cases: A Conservative Defense of Individual Rights.

Sabine, George H.: 61 Philosophical Rev. 451 (1952), The Two Democratic Traditions.

Sandalow, Terrance: 48 Minn.L.Rev. 643 (1964), The Limits of Municipal Power under Home Rule: A Role for the Courts.

Sawer, Geoffrey: 15 U.Toronto L.J. 49 (1963), Political Questions.

Scammon, Richard M.: 27 Law and Contemp.Prob. 299 (1962), The Electoral Process.

Scanlan, Alfred L.: 38 Notre Dame Law. 415 (1963), Problems of Pleading, Proof and Persuasion in a Reapportionment Case.

Schaller, Lyle E.: 24 Pub.Admin.Rev. 175 (1964), Is the Citizen Advisory Committee a Threat to Representative Government?

— 76 Pol.Sci.Q. 402 (1961), Home Rule — A Critical Appraisal.

Schattschneider, E. E.: 259 Annals 17 (1948), Pressure Groups versus Political Parties.

— 72 Yale L.J. 7 (1962), Urbanization and Reapportionment.

Schmidhauser, John R.: 61 Mich.L.Rev. 823 (1963), Residency Requirements for Voting and the Tensions of a Mobile Society.

— *and McAnaw*, Richard L.: 52 Nat'l Civic Rev. 430 (1963), Calhoun Revisited.

Schubert, Glendon *and Press*, Charles: 58 Am.Pol.Sci.Rev. 302 (1964), Measuring Malapportionment.

Shanahan, Frank E,: 49 A.B.A.J. 631 (1963), Proposed Constitutional Amendments: They Will Strengthen Federal-State Relations.

Sharp, Malcolm P.: 2 U.Chi.L.Rev. 385 (1935), The Classical American Doctrine of the „Separation of Powers".

Short, Lloyd M.: 17 Law and Contemp.Prob. 377 (1952), States That Have Not Met Their Constitutional Requirements.

Shull, Charles W.: 17 Law and Contemp.Prob. 417 (1952), Political and Partisan Implications of State Legislative Apportionment.

Shumate, Roger V.: 5 Western Pol.Q. 504 (1952), The Nebraska Unicameral Legislature.

Silva, Ruth C.: 32 Fordham L.Rev. 1 (1963), The Population Base for Apportionment of the New York Legislature.

— 27 Law and Contemp.Prob. 408 (1962), Legislative Representation — with Special Reference to New York.

— 31 Fordham L.Rev. 1 (1962), Apportionment in the New York Assembly.

— 30 Fordham L.Rev. 581 (1962), Apportionment in New York.

— 55 Am.Pol.Sci.Rev. 870 (1961), Apportionment of the New York State Legislature.

Sindler, Allan P.: 72 Yale L.J. 23 (1962), Baker v. Carr: How to „Sear the Conscience" of Legislators.

— 27 Law and Contemp.Prob. 213 (1962), Presidential Election Methods and Urban-Ethnic Interests.

Silverman, Corinne: 18 Pub.Op.Q. 180 (1954/55), The Legislators' View of the Legislative Process.

Srb, Hugo F.: 40 Neb.L.Rev. 626 (1961), The Unicameral Legislature — A Successful Innovation.

Steamer, Robert J.: 77 Pol.Sci.Q. 546 (1962), The Legal and Political Genesis of the Supreme Court.

Steiner, Gilbert Y.: 70 Pol.Sci.Q. 387 (1955), Notes on the Formation of State-Municipal Fiscal Policy: Chicago and New York.

Stokes, Donald E.: 24 J. of Pol. 689 (1962), Party Loyalty and the Likelihood of Deviating Elections.

Strout, Richard L.: Harper's Magazine, Nov. 1959, p. 35, The Next Election Is Already Rigged.

Sutherland, Arthur E.: 30 Fordham L.Rev. 415 (1962), The American Tradition and Its Implications for Constitutional Law.

Swindler, William F.: 52 Nat'l Civic Rev. 422 (1963), Congressional Bypass.

Symposium on Baker v. Carr: 72 Yale L.J. 7 (1962).

Supreme Court Symposium: 33 Notre Dame Law. 521 (1958), The Supreme Court in American Constitutional System.

Symposium: 111 U.Pa.L.Rev. 855 (1953), The Rule of Law in the Urban Community.

Symposium: 50 Geo.L.J. 653 (1962), Judicial Review.

Symposium on Legislative Reapportionment: 17 Law and Contemp.Prob. 253 (1952).

Reapportionment Symposium: 63 Mich.L.Rev. 209 (1964).

Symposium: 6 J.Pub.L. 275 (1957), Policy-making in a Democracy: The Role of the United States Supreme Court.

Tabor, Neil: 16 Md.L.Rev. 277 (1956), The Gerrymandering of State and Federal Legislative Districts.

Taylor, William L.: 34 So.Cal.L.Rev. 179 (1961), Legal Action to Enjoin Legislative Malapportionment: The Political Question Doctrine.

Thayer, James B.: 7 Harv.L.Rev. 129 (1893), The Origin and Scope of the American Doctrine of Constitutional Law.

Thornton, H. V.: 35 Nat'l Munic.Rev. 295 (1946), Oklahoma Cities Weakened.

Truman, David B.: 50 Am.Pol.Sci.Rev. 1023 (1956), State Delegations and Voting Alignments.

Tyler, Gus: New Republic, June 21, 1954, p. 8, The House of Un-Representatives.

— 27 Law and Contemp.Prob. 390 (1962), Court versus Legislature (The Socio-Politics of Malapportionment).

— and *Wells*, David: New Republic, Nov. 27, 1961, p. 9, Camel Bites Dachshund.

Vickrey, William: 76 Pol.Sci.Q. 105 (1961), On the Prevention of Gerrymandering.

Wahlke, Buchanan, Eulau, Ferguson: 22 J. of Pol. 203 (1960), American State Legislators' Role Orientation toward Pressure Groups.

Walter, David O.: 195 Annals 11 (1938), Reapportionment and Urban Representation.

Warren, Earl: 1963 Duke L.J. 387, Dedication of the New Duke Law School Building.

— 12 J.Pub.L. 3 (1963), Science and the Law: Change and the Constitution.

Warren, Robert: 24 Pub.Admin.Rev. 180 (1964), Political Form and Metropolitan Reform.

Weaver, James B. *and Hess*, Sidney W.: 73 Yale L.J. 288 (1963), A Procedure for Nonpartisan Districting: Development of Computer Techniques.

Wechsler, Herbert: 73 Harv.L.Rev. 1 (1959), Toward Neutral Principles of Constitutional Law.

Weston, Melville F.: 38 Harv.L.Rev. 296 (1925), Political Questions.

Wheeler, John P.: 48 Nat'l Civic Rev. 68 (1959), Towns in Transition.

— *and Bebout*, John E.: 51 Nat'l Civic Rev. 246 (1962), After Reapportionment.

Wicker, Tom: New York Times, Aug. 24, 1962, p. 11, col. 4, Districting Aids Coast Democrats.

Williams, G. Mennen: 17 Pub.Admin.Rev. 225 (1957), Federal-State Relations.

Wright, Benjamin F.: 40 Texas L.Rev. 599 (1962), The Supreme Court Cannot Be Neutral.

Young, William H.: 348 Annals 156 (1963), American Government and Administration: Recent Developments.

Zon, M. Goddard: 27 Law and Contemp.Prob. 234 (1962), Labor in Politics.

C. Entscheidungen des Supreme Court zum reapportionment

(Auswahl)

Colegrove v. Green, 328 U.S. 549 (1946),

Gomillion v. Lightfoot, 364 U.S. 339 (1960),

Baker v. Carr, 369 U.S. 186 (1962),

Scholle v. Hare, per curiam, 369 U.S. 429 (1962),

WMCA, Inc. v. Simon, per curiam, 370 U.S. 190 (1962),

Gray v. Sanders, 372 U.S. 368 (1963),

Wesberry v. Sanders, 376 U.S. 1 (1964),

Wright v. Rockefeller, 376 U.S. 52 (1964),

Reynolds v. Sims, 377 U.S. 533 (1964),

WMCA, Inc. v. Lomenzo, 377 U.S. 633 (1964),

Maryland Committee v. Tawes, 377 U.S. 656 (1964),

Davis v. Mann, 377 U.S. 678 (1964),

Roman v. Sincock, 377 U.S. 695 (1964),

Lucas v. Forty-Fourth General Assembly of the States of Colorado, 377 U.S. 713 (1964),

Swann v. Adams, per curiam, 378 U.S. 553 (1964),

Meyers v. Thigpen, per curiam, 378 U.S. 554 (1964),

Nolan v. Rhodes, per curiam, 378 U.S. 556 (1964),

Williams v. Moss, per curiam, 378 U.S. 558 (1964),

Germano v. Kerner, per curiam, 378 U.S. 560 (1964),

Marshall v. Hare, per curiam, 378 U.S. 561 (1964),

Hearne v. Smylie, per curiam, 378 U.S. 563 (1964),

Pinney v. Butterworth, per curiam, 378 U.S. 564 (1964),

Hill v. Davis, per curiam, 378 U.S. 565 (1964),

Fortson v. Dorsey, 379 U.S. 433 (1965),

Burns v. Richardson, 384 U.S. 73 (1966),

Swann v. Adams, 385 U.S. 440 (1967),

Sailors v. Kent Board of Education, 387 U.S. 105 (1967),

Dush v. Davis, 387 U.S. 112 (1967),

Avery v. Midland County, 390 U.S. 474 (1968),

Kirkpatrick v. Preisler, — U.S. — (1969), 22 L.Ed. 2d 519,

Wells v. Rockefeller, — U.S. — (1969), 22 L.Ed. 2d 535.

Stichwortverzeichnis

Die Ziffern bedeuten Seitenzahlen
Eingeklammerte Ziffern beziehen sich auf Fußnoten

FSC
www.fsc.org
MIX
Papier | Fördert gute Waldnutzung
FSC® C083411

Kolibri 360 GmbH
Ferdinand-Jühlke-Straße 7
99095 Erfurt, Deutschland
produktsicherheit@kolibri360.de

Druck:
CPI Druckdienstleistungen GmbH
im Auftrag der
Kolibri 360 GmbH
Ferdinand-Jühlke-Str. 7
99095 Erfurt